陕西省社会科学院社会学研究所　陕西省社会学会　主办

质性社会学研究

QUALITATIVE SOCIOLOGICAL RESEARCH

2015年第1期　总第2期

主　编　石　英
副主编　尹小俊

社会科学文献出版社
SOCIAL SCIENCES ACADEMIC PRESS (CHINA)

《质性社会学研究》编委会

主编简介

主　编：石　英

石英，陕西省社会科学院研究员，博士生导师。研究领域为质性社会学、人口社会学。主要涉及质性社会学理论与方法，区域人口与可持续发展，人才资源开发，社会政策及项目评估等方向。担任中国社会学会副会长，中国人口学会理事，陕西省社会学会会长，陕西省人口学会副会长。著有《陕西人口与人力资源开发》《西安城市社会问题研究》《贫困对教育的呼唤》《贫困对健康的呼唤》《新人才观与陕西人才强省战略研究》《多元学科视角下的社会管理读本》等著作。

副主编：尹小俊

尹小俊，陕西省社会科学院社会学研究所副研究员。主要研究方向为质性社会学、理论社会学。主持完成国家社会科学基金青年项目1项，参与国家社会科学基金一般项目、省部级课题多项。主编《质性社会学的探索：理论 · 方法 · 应用》《社会管理创新25题——社会学与社会管理》《文化建设24题：社会学视角下的文化建设》等著作。

摘　要

本期包括刊首语、专题研究、理论视界、田野印迹、影像笔记等栏目。在刊首语中，书写“质性社会学的文化结构及其内容特质”：质性社会学展现出与文化特色紧密勾连的另一面，由此质性社会学研究进入一个新的发展阶段——“回归”与“拓展”，既折射出其对思想文化传统的继承性，又连带表明质性研究对文化的兴趣指向。专题研究聚焦在社会治理主题，共涉及三篇文章，逐一从村民自治、乡村社区治理、城市社会治理等维度进行阐述和讨论，其在一定程度上涵盖了城乡语境下社会治理的现时脉络和发展图景。进入理论视界后，较多的研究视角停留在“抽象化”文本层面，本栏目内容一方面勾勒宏观的社会分析架构，另一方面也回应时下的社会现实热点议题。田野印迹更多地体现出文化的主旨和意涵，分别从文化实践认同和文化关联传承的角度进行论述。本期影像笔记融入了历史性、文化性、文学性等多个特征，既有“行走田野”的文本，也有“凝聚历史”的素材，丰富了质性社会学研究观察、关注、关怀社会的深度和广度。

目录

C O N T E N T S

刊首语

专题研究：社会治理

理论视界

田野印迹

目录

CONTENTS

影像笔记

目录

CONTENTS

目录

C O N T E N T S

Field Marks

Imaging Notes

刊首语

质性社会学的文化结构及其内容特质

石 英

任何时期的社会学知识都有其适用的范围和界限，有与之相对应的社会特征。这里要说的是，质性社会学是如何发生、发展的？质性社会学有哪些文化特征？为了质性社会学的健康发展，是否需要建设一种新的文化？这些会影响到质性社会学研究的终极指向，即为什么思考和如何思考的问题。要理解质性社会学，仅靠一般意义上的表层认知是远远不够的，还要追问它的文化根基是什么？质性社会学文化是什么？

一 寻找质性社会学的历史记忆

从韦伯、迪尔凯姆到米德、弗洛伊德，乃至哈耶克，这些名家已经悄无声息地为社会学研究埋下了"质性社会学"的"种子"。甚至可以说，他们就是质性社会学的前辈。无论是韦伯的理解社会学、迪尔凯姆社会分工论中含有的文化意蕴，还是米德阐释的社会机制下的心理意识与自我互动，都在不同程度上表明了质性社会学内在的理论张力。尤其值得关注的是，弗洛伊德的梦境精神分析实践，为我们拓展了质性社会学的思考空间，而哈耶克对感觉的秩序分析，重新勾勒出心智秩序与社会秩序的内在关联，将我们引入一个观察社会的全新视域中。不幸的是，这些大师的思想贡献已经被不同时期的社会学家们忽略和遮蔽了。

从广义上看，当下时兴的关于社会学理论的集体记忆和假设都是建立在实证主义基础上的。这种“社会学文化”的形成，既汲取了经典社会学理论的传统，也表现出了对经典社会学理论的部分拒绝。这样说是因为，被社会学主流吸收的往往是实证主义、社会结构先验性和确定性知识及其研究方法，而舍弃的则是在结构主义者看来与“唯心主义”相关的、不确定的知识，涉及观念、情感的社会学理论。正是在这样的集体误读中，社会学渐渐远离了“质性社会”分析，取而代之是以技术、数量、市场等指标为取向的“工业社会”“后工业社会”，甚至直接宣称为“信息社会”“数字化社会”的社会认识观。也是在这样的氛围中，像弗洛伊德一样的学者，因知识上的偏见被“切割”到心理学领域。其实，他关于人的潜意识的分析和关注心理的特点，说白了就是将人的意识、观念置于行为和结果之上，强调观念对社会事实建构的影响。

为了寻求质性社会学的记忆，我们也不妨追忆一下“社会”被建构的过程。在“前农业”和“农业社会”，人与自然的关系处于平行的和谐体系中，欣赏“和合”的人们没有太多的“颠倒”，这时的社会思想是以“大同”为代表的。中世纪之后，随着“上帝死了”的呼喊，人与自然的神圣关系转变成人是一切的主宰，随之而来的是科技发明和工业革命，尤其是资本主义的发展，市场和商品不断刺激着人的欲望，社会问题增多，加之媒体的共谋，更加快了人的异化，完全打破了人与自然仅存的一点儿依赖关系。这时的社会思想或是社会学理论实际上也是与之相契合的。随着“后工业社会”“后现代社会”的到来，人的欲望进一步膨胀，导致人类文化共识、普遍价值的丧失。在人的作用下，人类发展的内在逻辑出现偏差，纷杂的文化产品“搅拌了”生活的世界，人们的思想处于“真空”状态。终于，对发展的文化反思带来了“后现代社会学”的出现。人们开始质疑发展主义，渴望回归自然，追求社会和谐，寻求感情和心灵的慰藉。于是，“质性社会”的内在特征显现出来，敏感地意识到“社会转型”的质性社会学也恰逢其时地诞生了。

我们需要用长时段的眼光看待质性社会学，在社会学理论体系中找到恰当的对接点，以梳理从“自然社会”“数字社会”到“情感社会”不同社会类型的历史脉络，从而进一步明晰质性社会学思想的成长轨迹。在农业社会/自然社会，人们生活自然而平静，情感生活厚重，处于简单的被自然支配的“敬畏自然”阶段，人与自然的关系和谐且相互依赖；到了工业社会/数字社会，在科学力量的驱动下，“自然”已变得不自然，人们开始强调对量的追逐与争夺，逐步实现了自然让位于人、多元文化并置的“改造自然”阶段；再到质性社会/情感社会，人们发现技术并不是万能的，在频繁的自然灾害面前，人显得脆弱、渺小、无力。对自然的改造、对物的占有引发的量的思维定式已经进入“死胡同”，且渐感疲惫，萌发了重新尊重自然的想法，寻求进入人类真、善、美本性的“回归自然”阶段。我们还需要从短时段的拐点上发现质性社会学的意义。中国在经历了改革开放30多年经济总量高速增长之后，人们对“量”的关注已经渐渐地被对“质”的渴望所替代，更加追求和谐、包容和核心价值观的建设。如果说，前者表现的是“量”的社会特征，那么，后者则突出地体现了“质”的社会特点。社会现象存在于社会实践中，有什么样的知识及其实践就会有什么样的“社会”结果。质性社会学强调的历史感正出于此。

社会事实是由社会建构的。每一位研究者都是“社会”的建构者，一些人处于实践的行动部分，一些人则处于理论的建构部分，正是这种互构性建构了“社会”。当然，这种认识社会的观念并非是“唯我论”的，“我执”“妄想”不可能认识社会的真相，只会形成更大的误区。

二　揭示质性社会学的文化取向

质性社会学与被视为“传统的社会学”之间存在根本性的差异。它在人们的一般意识中很可能是合二为一的。其实不然，质性社会学有一种关于重新思考“社会”的研究路径。从理论逻辑上看，它继承了社会批判理论的理念，甚至有更强的批判意识。从凸显的特征看，它更关注人们的日常生活，关注文化，关注思维观念，关注情感与行动。在形式上，它虽然延续了社会学的核心概念，却用颠覆性的思考为这些概念添加了新的意义内涵，并试图在实践中体现自身的文化特征。

质性社会学研究不断提醒我们在对社会现象的分析中一定要有社会—历史探究的意识，并自觉地创造相关的分析条件。毋庸置疑，历史学家、社会学史的研究者对我们的启发是最大的。他们总可以从纷乱复杂的历史现象中找到发展的脉络。当然，他们也存在一定的局限，他们的社会观总是习惯于先入为主地将“自然社会”“农业社会”“工业社会”等类型作为自己的分析范式，缺乏从“质性社会”的意义上去建构关于“社会”的理论，他们的误区在于总是“孤独地徘徊”于线性的、实证主义的和唯物的世界中。

“社会”是在人们的“解释”中建立的。不同的社会现象与社会一样是被人们所解释、理解和建构的，其社会生态图像会随着人们的价值取向和关注点的不同而发生极大的改变。被社会学界不断引用和讨论的“后工业社会”“现代社会”“后现代社会”等“社会”类型，只是研究者站在各自的视角揭示的社会实质的象征形式，其图像很可能已经脱离了原有的“社会”背景，而依照人们的知识框架和思维逻辑，“位移”到了另一种“社会”的图像中。可见，“社会”的“客观性”与“建构性”就成为不争的议题。质性社会学强调的就是社会的建构性。为此，要穿越人们日常生活的认识层次，去发现研究其中可能被忽视的“角落”。

社会现象是透过互动中的“社会关系流”“社会结构流”予以“动态”呈现的。这样，社会研究中静态的分析框架或方法根本无法解释相关的问题，就需要分阶段、分顺序地进行分析：社会—历史的分析、描述和质性的分析，以及建构和再建构的分析，这样才能发现社会聚合—离散现象的外在象征与内在本质，从动态的、文化的、有想象力的视角去认识、触摸和感知社会。同样，对社会现象也不大可能做“科学”的预设和先验的解释，为此，要根据特定的研究对象，在不同阶段、不同取向中运用各种各样的研究方法，反对“过度区隔”，只要满足研究环境的需要就是可取的。

社会处于一种“聚合—离散”的状态。对日常生活的“聚散论”解释是质性社会学的出发点。因此，它必须植根于对生活世界、人与人之间互动的解释，从而将具体的“方法”使用拓展到对社会现象存在的性质，以及非自然科学认识逻辑的反思中。它努力关注人类行为中“能量”流向和互动过程中产生的处于弥漫状态的权力关系等问题。然而，它又不是静止的，历史想象力的影子不时闪现，它突出以历史话语和实践话语来关注社会的变迁过程，从而发现社会现象存在的意义。社会现象的聚合与离散观，既是一种对现象的描述，也是一种对现象的解释，它们之间的互补形成相互支持。

社会是人们在特定的时空范围内互动的结果。社会互动更强调的是过程，尽管它也会显现出不同的“类型”，但这些类型的划分实际上是研究者依托不同的思维视角而建构的，有多少视角就会有多少“特征”，它们的相对“固化”结构总处在不断变化的状态中。在以规范性知识理解社会角色的背景下，社会角色当然有其不变的一面，但在“创造性”知识的理解下，互动中产生的“角色距离”恰恰是对原有社会角色规范性知识的创新，其影响力不仅局限在社会角色本身，还会影响到“社会结构”的变迁，而作用力正是角色扮演者的观念思维，是他们求变的力量。

质性社会学在认识“社会”这一通常被看做重要的具象特征时，更倾向于把现象、事实、关系、结构、时空作为建构的“对象”，呈现一种动态的轨迹，时间的长短、变化是内在与外在相结合的结果。从时间维度上看，时间也是社会建构。时间的建构者不是别人正是人类自己。由于这种建构的力量，人们随着欲望不断膨胀而不断挤压着时间，使时间变得越来越短，人们的节奏越来越快，平静的社会变成了一条咆哮的大河。可见，

"社会"及其社会现象又是由各种社会资源的占有者来决定和影响的。

三 建构质性社会学文化

社会学有自己的文化，被称为"社会学文化"。它的特征实际上很难用几个词去概括。因为，社会学在发展的不同时期，表现出了不同的文化特征，既有终极关怀的哲学思考，也有实用主义的技术取向，既有社会批判，也有社会辩护，既有在社会动荡时期表现出的激进意识，也有在社会平静时期所持有的温和保守。它就是这样一个多面体。但从整体上看，当下社会学的确有知识技术化、理论碎片化，并充斥着实用主义风格的文化倾向。并且，与其他任何知识的生产一样，社会学通过权力统识、自我规训，形成了相对稳定的社会学文化的基础。

质性社会学是在对社会学文化的质疑基础上出现的。尽管仍然不能对质性社会学做出全面的定位和描述，但是，我们相信，它一定有其生长的社会文化基础和研究的文化氛围。文化的本质特征在于实践。在这里，先谈一下如何建构质性社会学文化的问题。

以质疑的态度认识"社会"。对"农业社会""工业社会""后工业社会"等"社会"的划分似乎已经成为社会学通用的理论前提与惯例，这是一种下意识的认同，是没有必要讨论的"事实"。但是，这样的"社会"是从哪里来的，它的真实性存在吗？对此我们未必有十分明晰的结论，甚至连这些理论的鼓吹者也未必能做出合乎逻辑的解释，不过是笼而统之的论辩罢了。同样，"社会结构"等社会学核心概念也似乎成为确凿无疑的概念。质性社会学研究明确提出，社会学知识是通过权力的统识来建立的。要更好地理解社会就要在知识的规训中解放出来，对习以为常的知识体系发出质疑，抱着对人类的关怀重新看待我们生活的社会和世界。

以创新的思维丰富社会知识。在技术化的背景下，社会学已经渐渐远离现实生活，在数字游戏和模型增殖中享受着"专家的乐趣"。纵观社会学的发展史，有人提出了"所知世界的终结"这样的论断，就是说，现在的社会学知识生产和创新难度较大，在承担揭示社会、建设社会的任务方面面临新的挑战。这种情况其实不仅发生在国外学术界，就是在国内学术界也隐约存在。我们要么是依照套用过来的西方理论说明中国社会，要么用不变的概念生硬地描述社会现实，缺乏“新鲜”感。不是社会现实影响我们的研究，而是西方的学术思想左右着我们的研究取向和关注点。

以系统的思维理解人、社会与自然的关系。自然与社会不是截然不同的两极，人类社会是社会、自然集合体之连续状态的一个相同的、并行的产物。只是由于人的意识的力量造成自然、文化、人的分化。历史经验已经表明，自然被破坏是人类“理性”胜利的结果，也是人类自身的悲哀。时间在变，空间在变，自然在变，社会在变，这些都是由于人心在变。以往的研究使人们已经忽视了自然与社会文化的深度关联，而包容性的提出正是对现代社会发展方向的警示和引导。质性社会学更期望从人与自然的关系中获得对社会发展方向和人的发展的理解。

以建构的思维发展质性社会学理论体系。社会正是在人们的想象和行动中“聚集而成”，也因着这些想象和行动而发生“离散”的现象。“社会聚合—离散”论在一定意义上解释了社会现象及其过程中蕴含的根本性和实质性的关系机制，也试图体现人类行为的实践性和价值性，为描述、理解、建构质性社会提供了认识的途径。为此，质性社会学要有建构理论体系的魄力，将零散的思考整合到理论体系中来。

以积极的态度思考社会建设。社会的本质是存在的。只是有相当一部分人被纷乱的数字“现象”所迷惑，看不清其本质是什么，也找寻不到本质的认知方向，随着社会学文化统识的知识而流转。这样，显然不可能拥有真正意义上的社会学想象力，只会成为阻碍我们探索的“障碍”。难怪有人提出社会研究的“复魅”现象，认为科学和实证主义已无法解决诸多的社会现实问题。社会需要秩序，需要一种整合的力量，它不是来源于物质的丰富和社会福利的高水平，而是来自人心的建设。人可以摆脱外在多余的控制，却不能摆脱内心的自我控制，缺少道德的控制，社会必将“失序”和混乱。

质性社会学要形成一种文化并非易事，无论在过去还是现在，它都还面临着不少的挑战，包括传统社会学文化的挑战，社会发展环境的挑战，以及社会科学、自然科学等其他学科的挑战。然而，它也有积极的文化基础，这就是“质性社会学”的提出已经完全颠覆了社会科学对自然科学的依赖，既回应了社会学面对的困境，也回应了社会发展的需求。

专题研究：社会治理

村民自治的地方性知识：效果、问题与期待

——对陕西资源匮乏型社区的一项质性研究

吴　南*

摘　要　村民自治经过多年的发展，取得了基于本地实践的经验和效果，不仅创新了村民自治的实践形式，也为村民自治的发展注入了生机和活力。同时，在诸多的实践过程中也存在一些不容忽视的问题，尤其在资源匮乏型社区，其表现出的需求、困惑或期待更有其特点，需要引起更多的关注。本文通过质性的研究和书写方法对此议题进行了呈现，其目的是通过贴近生活的话语勾勒出西部资源匮乏型社区村民自治的形态。

关键词　村民自治　质性研究　资源匮乏

村民自治经过二十多年的发展和探索，已成为完善农村民主建设的亮点，并被广大农民群众所接受。陕西的村民自治实践，对促进陕西农村民主建设具有重要的意义。但是，也要清醒地看到，伴随经济和社会发展的不同过程，村民自治也出现了一些不利因素，制约着村民自治的良性运转。因此，有效记录和深入分析这些经验，就需要深入不同类型的社区中去，采用体现人类学精神的质性研究方法获取信息。不仅如此，还要敏感地意识到“研究者”在文本呈现中的特殊意义，关注呈现方式的转向。

*　吴南，陕西省社会科学院社会学研究所。

一　村民自治的经验

在实践《村民委员会组织法》和《选举办法》的过程中，陕西资源匮乏型社区探索出了一系列“民主选举、民主决策、民主管理和民主监督”的做法，也确有其本土性的特征和价值，对促进村民自治在地化积累了较为实用的经验。

1. 激励村干部的方式

（1）以连任职务激励村干部做出政绩

村民委员会成员可以连选连任。对此，村干部却有着不相同的感受。FZL村主任谈道：

> “群众把自己选上，自己就要好好干。当上主任以后，给村里办了不少的事情，修村委会办公场所、修广场，干了好几件事，但是有些人不理解，找麻烦，尤其是当过干部的人，更过分，自己也很心凉，不想干这个事了。但是，又被村民选上了，还要好好干。”

村干部连任在多数情况下是村主任的威信高、办事能力强，或是缺乏强有力的竞选对手而当选。在调研中，连选连任三届及以上的村主任有几位，有年轻的，三十多岁；也有年长的，五六十岁。基本特征是他们在村民中威信较高，办事公道。同时，也观察到，有近八成的村都是无集体收入，资源相对匮乏，竞选活动平淡，只能依赖一些有一定能力和热心的人来持续掌管村中事务，用一定的社区声望评价激励连任干部的工作责任意识。

（2）以社会舆论延续村干部的热情

首次当选的村主任，不论是主动参与竞争，还是“被选上”都会面临不少的考验。其中，是否能得到村民的认可十分重要。尤其在资源匮乏性社区，村干部履行自己的职责，首要的任务就是积极寻找项目、广筹资金，完善村里的基础设施，帮助农民发展经济作物等。如H村，村民对本届两委班子赞叹不已。

> “这届班子确实好，为村里办了不少实事，把村里巷道硬化了，用水也解决了，班子也团结，比以前好多了。”（村民）
>
> “村主任有能力，人也厚道，都支持他。”（村民）

村委会的工作得到了村民的认可。据村委会主任介绍，他上任时，给村民许诺了十件事，现在已办成了六七件，这些事村民看在眼里，记在心里。这样的评价反过来又鼓舞了他的工作热情。

（3）以利益需求刺激村干部的付出

无论是在选举前还是在选举成功后，为赢得村民的认同，参选人往往会尽可能扮演集体利益维护者的形象。为了兑现选举时的承诺，有的村主任会为了村中的公共事务私人借款、贷款，甚至不惜负债累累。其目的就是尽量回应社区的需要，同时获得个人利益。

> 我们村地理位置偏僻，交通不便。倾全村之力，修了两条路，共5.98公里，政府每公里补贴15万元，实际修路成本每公里33万元。通过“一事一议”决定，村里人均集资750元，分三年交清，每人每年交250元。第一年大家把钱交了，第二年，收不上来钱了，有人说，党的政策是不收费，村里搞的这个是违法的。大部分人不交钱。还欠施工队20万元，村主任自己贷款把钱还了。但是，怎么还贷款，成了最令村主任头疼的事。不过，事情还是要做的。（DZP村支书）

2. 丰富选举形式

经过多年的实践，陕西村民自治逐步趋向成熟。但是，其制度化、规范化、民主化的足迹依然持续发展。一些生动的本土实践实在有呈现的必要。

（1）自发“海选”提名和无提名候选人选举

候选人提名对选举的竞争性和公平性具有决定性作用。村委会选举改革之初，提名方式多种多样，以海选和无提名候选人最引人注目。

我们村在选举时，选举委员会提名了几个候选人，但是，村里人也有自己的想法，没有完全按照村里面的提名，有人要求把自己满意的人也提名。有的人觉得自己可以，虽然选委会都没有提名，但是他自己提名。（MP 村民）

有的村在选举前，并没有提名候选人，而是在选举当日，由村民自己填村委会主任和委员。随着选举的推进，提名权越来越得到重视。特别是“海选”及“无提名候选人选举”创新了候选人的提名方式，提高了效率，降低了成本，对选举的竞争性和公平性具有决定性作用，因此备受关注。

（2）村民代表或上级提名选举

经过几届村委会选举的实践，各种推选候选人的形式已经为选民所接受，并得到《村民委员会组织法》的支持。其中主要提名方式包括“协商”“上级指定”“组织提名”等。

我们村的候选人，是村委会召集村上的代表，在一起开个会，会上大家提名，推选上几个人，然后给村民公布。（DT 村，村民）

村里开了多次选举会，都没有选出来，最后县上选了一个人，给人家做工作，那也是我们村里人，一直在镇上开小卖部，不参与村里的事。村里人投票通过了。现在看来，人家也干得很不错。（H 村，村民）

在难点村或问题村，乡镇政府的提名起着关键的作用，尤其是派系矛盾较大，多次选举都不能产生候选人，导致村庄几年内无村委会主任。为实施对农村社区的正常管理，常需要基层政府调节矛盾。一般情况下，有的村庄由村小组、村民代表开会提名，有的村庄由村委会、村党支部提名，也有的村庄由村内有实权的人提名。

（3）“个体竞选”和“搭班子选举”

在村委会成员的选举中，候选人的参选大多是以个人行为为主进行的。但在村委会选举模式中，也有一种选举是这样的：

> “先由村民提名，推选村民委员会主任候选人，然后由村民委员会主任候选人在村民推荐的基础上提名委员，组成竞选班子，再通过村民两轮投票选举产生村委会主任及其他成员。”

这种选举模式，尝试把选民的意愿与村委会主任、委员候选人之间的“组合”结合起来，为选举制度的进一步完善提供基础与借鉴。

3. 发挥选举委员会的作用

在村民选举过程中，为保证选举程序公开和公正，选举委员会的成立必不可少。然而，工作机制建设只是其中之一，能否真正发挥作用还有赖于一些策略的运作。

陕南N村的候选委员会为了选举的顺利举行，村支书对此进行了精心安排。

> 选举前的几日里，村里很平静，没有想象中村委会换届选举前的激烈竞选场面，本届村换届选举委员会主任同时也是村党支部书记的L支书14日下午在村办公地点召开换届选举委员会。在会上他讲到，明天村委会选举一定要成功，各组组长负责召集选民，争取每户都要来人，当晚回去就通知，争取12点以前投票。因为是差额选举，主任要确定两个候选人，A某，你要陪主任选举，委员三个候选人；J某，你陪委员选举，给群众要说明选谁。今年要设两个会场，一个主会场，一个分会场，我负责主会场，T负责分会场。另外，再准备两个流动票箱，谁家要是实在来不了，就拿流动票箱到他家去，M、C带人负责流动票箱。要把票箱准备好。
>
> N村地处山区，村民居住比较分散，所以还要设分会场，支书

本人负责主会场，上届村长负责分会场。被指定陪选的J某，沉着脸往门口走，一边走一边说，“我明天没有时间，我不来，我不参加，莫要叫我”。L支书也很不客气地说，“明天你一定要到”。J某是村党支部成员，也是村委会上届委员、村多个领导小组的成员，一直参与村务管理，因本次委员中要求有女委员，所以村长要求她陪选。第二天，J某参加了选举。选举结果出来后，J某当选了村委会委员。

4. 体现选举的社区功能

选举的功能分为正功能和负功能，正功能发挥选举的优势，提升社区的信任度、增强凝聚力，改善了社区的管理；反之，负功能则显示出制度的缺陷与不适应性，与社区环境、文化、历史传统的对立造成了社区分离。

（1）提高村委会在村民中的地位

在程序公平的前提下，村民对选举的结果会采取接受的态度。

现在村委会主任都是由群众一票一票选举出来的，群众承认。村干部要为群众办事，不办事群众就不信任，办事还要办好，透明度要高。把群众的事情当成自己的事情，主要是要搞好服务。这样把群众的心都拢在村集体上来。不然的话，群众不信任，工作没法开展，下一次也不会再选你了。（N村村干部）

在访谈中，有党支部书记就提到，现在有的村党支部没有以前威信高，有的村群众更信任村委会，因为村主任和委员都是通过村民选出来的。

（2）增强村民的参与性

相对于自上而下的安排村干部，村委会选举使村民有了更大的权利，村民可以通过选举更换村干部。这在一定程度上激发了村民的参与意识，增强了对社区事务的实际参与。在访谈中，县民政局干部讲到：

村选举委员会在选举前一天，一定要召开会议，安排好村干部，个人负责几户，分片包干，保证第二天投票各户都有人去。在选举当天，村干部骑着摩托车村庄前后跑，逐户叫人，有一户家里有事情不能到现场投票，村选举委员会主任就让村干部拿了流动票箱到家里去，让他们把票投了。

当然，影响村民参与的因素复杂，包括选举的公平性、政府对于选举的干预程度、参与选举的成本、经济发展状况、村民对村庄认同、候选人的可信度、宗族派别影响力等。

（3）改善社区管理质量

村委会主任要成为好的社区领导人，就需要关注选民的意愿、调解村内矛盾、改善村委会的管理质量。

某村前几年化工厂占地，村里环境污染，粮食种不成了，村民收入成了问题，村委会、党支部因为没有解决好这个问题，受到村民的抱怨。上一届村委会也没有选出来，村民意见很大。新的村委会组成后，首先与化工厂协商，解决环境问题，减少空气污染、水质污染，给村民争取粮食补贴等各种补贴。村委会组织打井，解决村民用水问题。发展苗木，政府免费提供树苗，村委会帮忙找销路，村民收入增加。争取政府的各种惠农项目，改善社区环境，得到村民的赞同。一年一个变化，如果不干事，就不好弄了，要让老百姓放心、满意。（村干部）

在一般情况下，资源匮乏型社区的整体状况都较为稳定。这是因为，地理位置较为偏僻，较少存在因征地而引发的种种矛盾。此外，外出务工人员较多，或居住分散，日常事务较少也是重要的因素。

（4）增强村民对制度的信任

公平、公正的选举能够增强村民对制度的信任。村民自治不仅促进了农村社会的发展，也提升了村民对基层政权的信任度。Lj村村干部在社区内威信很高，也得到人们的认同。村支书说：

制度建起来，如果执行时，对你一个制度，对他一个制度，群众就反感，制度就不起作用了，群众就不支持了。如果群众不认同、不信任，心不齐，没法开展工作。村里的干部对谁都一样，群众就会认可。不管是自己人、其他人都一样，这样制度才能起作用。村里制定了村规民约，18岁以上的都来，各家认可，一家一张，10多年来一直如此。如果村里要办什么事情，一事一议各户都来人，小组长发动群众，由群众决定群众意见，做还是不做。（Lj村干部）

二 村民自治实践中出现的主要问题

《村民委员会组织法》实施以来，也出现了一些不容忽视的问题，需认真加以解决。这些问题有大有小，有些看来是一个家庭的，但它们都直接或间接地折射出人们对村干部、对村民自治实践效果的不同看法。在这里将呈现不同相关群体的表达，用他们的感受、思考和话语描述村民自治中的实际困扰。

1. 村民感受到的问题和担忧

村民是村民自治的直接实践者和受益者，他们对村民自治中存在问题的认识和评价至关重要。调查结果主要体现在以下几方面。

（1）对生产、生活问题的认知

◆今年干旱，原土地里的花椒树旱死了，也没人帮助解决这个问题，庄稼需要水，村干部不关心这事，也没人解决。

◆家里很穷很苦，住的房漏水，又小又破，没人管。生活很贫困，吃住都很艰难，基本上属于揭不开锅。村干部也不管，也没有低保。

◆家门口的垃圾成堆，村里也没人帮着解决。

◆村里低保户不是按实际情况分配名额，村干部把名额基本上分给他们家亲戚、朋友和关系要好的人了，一些真正很贫困的人不是低保户，没有得到救济，明显以公谋私。

◆现在是个人顾个人，各挣自己钱，村民遇到纠纷，无人出面解决。

（2）对参与社区事务及村干部的评价

◆有的村民有一定的能力进行政治参与，但是缺少一定的途径，有些制度与规章名存实亡。

◆村民自治，根本就没有达到村民自治，而是形式上的自治。几乎都是上级决定好的，只是走过场而已。这是农村普遍存在的问题。

◆本村支书开始想当村委会主任，但是村民都不同意，他就用钱买，结果当上了村支书。他以前当过村委会主任，把社员闹得差点去要饭。现在的支书和书记，都是一个样子，队里有了什么好事，他俩就叫亲朋好友去。

◆对村干部有意见，憋在心里不说，不想惹人。领导要有责任心，领导要村民投票选举，每年账务要在村委会公开。

◆村干部要公平、公正，为村民办实事，少做表面文章。

◆有的事项村干部不当回事，建议村干部能给村民及时解决问题，尽自己的职责，做个让村民满意的干部。

◆现在农村生活得到了改善。但是，农民的合法权利受到侵害，不能得到很好的保护，农村有些人及村干部的素质有待提高。

◆村里集体经济的收入，村民没有得到一点儿好处，也没听说分给谁。

◆上级拨付的专项款不知道怎么用的。

◆村干部在开会时，应该通知村民，村民想参加村里的财务会。

◆监委会有和没有一样。

（3）对公共物品提供和社区安全等的态度

◆不要说我们村，就是我们镇，什么民间组织、文体活动、休闲场所统统没有，我们老百姓就这样年复一年、日复一日地过着。

◆我们村有条河，经常发洪水，近些年都发过洪水。对本村的影响很大，很多农田被冲毁。

◆整个村里的垃圾都没人清理，村里的垃圾堆积如山。

◆村庄道路差，道路不畅通。

◆用水灌溉农田，缺少设备，村里也不管。

◆我们村是新农村示范村，但是文化生活单调。建议加大农村道路建设、水利基础设施建设、养老保障、文化和体育设施建设等。

从访谈中可以看出，村民们对村干部既有不满，更有期望。他们既希望从制度方面制约村干部的权力、参与社区的管理，也希望村干部能有责任心，公平公正地处理社区事务，解决具体问题。

2. 村长的观点和看法

村长在村民自治中扮演重要的角色。他们的看法来自实际工作，有更深的感触。作为相关利益群体的代表，他们的意见建议需要高度重视。

群众的问题难处理，有一户多占了半亩多地，影响了村里六户的庄稼，多次说都没解决。现在不向群众收钱，集体资金困难。做了工作，搞建设，才能要钱，有项目才有钱，结余一些钱用在村里。上面纸上谈兵，不符合农村实际，村会计大量的时间用于应付上面安排的工作，乡镇硬性任务，必须要完成。就像计划生育每月报一次，外出务工人员每月报一次。还有上面卖种子，6000多元，村干部各户做工作。上面安排的事情先解决，就像养老，农村养老要覆盖70%，村民没有那么多人愿意交，为了完成任务，自己把钱先垫上。（WJH村主任）

村里上几届遗留下来的债务，我这一届也还不了，现在没有集体经济，村上就没有钱，现在正在盖村委会办公楼，钱都欠着，有些钱现在我也还不了，那就往下拖。村里的事情主要就是处理村民纠纷，

家庭矛盾、邻里矛盾，穷地方事情多，你就像不扶养老人这种事，像我们这种地方就多，好多事都是经济矛盾。（SCC 村主任）

上级强派任务，政策好，实际落实不太好，如养老参加人数，全村全覆盖，难度大。每个月只有几百元，还不够油钱、电话费。镇领导把人不当人，今年我也不干了。（SZZ 村主任）

以前大家关系都很好，都是街坊邻居，起码表面上也要过得去，现在，因为要投票，投谁的票，不投谁的票，就成了问题，有的闹得矛盾越来越深，见面都不说话了。（HC 村主任）

相关调研资料显示，在一些村民选举过程中还会出现"派系斗争"，个别地方甚至爆发较激烈的对抗性冲突事件，这些都对基层治理和社会稳定带来了负面影响。在一些因为土地问题导致的群体性事件中，我们发现，很少有村在转让、租赁集体土地时，召开过村民会议或者村民代表会议，这就为出现土地纠纷埋下了隐患。又如，有些村的村民代表并不是一人一票选举的，而是按某种"潜规则"指定的。如果村民代表都一人一票严格选举产生，如果每个村在转让或租赁村集体土地时，都按照中央的规定召开村民会议或村民代表会议，情况无疑会比现在好得多，因土地问题引发的纠纷和群体事件也会大为减少。

3. 县级部门的担忧和问题

作为政府职能部门，县乡在村民自治权过程中起到了至关重要的作用，他们负责和承担了鼓励、策划、监督、指导等不可替代的作用。同时，他们又时常与外界接触，了解更多有关村民自治的信息。这样，对评价村民自治的发展状况、发现相关的问题也更有洞察力。

"我县 Y 乡 S 村、C 镇 X 村因主任候选人得票未过半数未能当选。问题出现后我们及时深入村组户调查了解情况。广泛与村民座谈，认真分析原因。Y 乡 S 村主任未能选出的主要原因是该村党组织软弱涣散，组织本次村委会换届工作不力，加之家族势力的干扰影响导致主任候选人投票分散；C镇X村主任未能选出的主要原因是原任村干部对所属村民小组利益分配不均衡和在重大村务决策上不民主、不公开等，村民在选举时只选本组村民，导致主任候选人投票分散。”

某县在村务公开和民主管理“难点村”综合报告中写道：

一是村“两委会”班子不健全，村级组织软弱涣散，致使全村经济发展相对落后，公益性设施建设项目少，村民意见比较大，存在不稳定因素。

二是村民民主组织不能正常发挥作用，村民参与重大村务决策的民主权利得不到有效保障，致使群众意见大，干群关系紧张。

三是民主监督流于形式，村民不能对村干部进行有效监督。村民的合法权益得不到有效保障，致使群众上访时有发生。

村民自治是让村民真正参与到民主监督、民主管理中来，把党的政策交给群众，重大事项告知村民。对村民普遍关注的财务等敏感性问题不公开或不详细公开；对村内重大事项没有坚持做到事前、事中、事后公开，对事情的决策、实施情况和各种变化没有及时征求群众的意见，影响了村民自治的质量和效果；对群众提出的意见、建议及举报的事项不能正确对待，该正面答复解释的不答复解释，该及时整改解决的不整改解决，导致群众上访，在一定程度上影响了农村社会的稳定。

三 对村民自治实践的期待

对村民自治实践不必要以放之四海而皆准的标准去衡量。正是不同社区村民自治实践的丰富性和多元创新，才使得村民自治更加具有生命力。同样，为了使不同社区的村民自治更具有实际效果，就要更加尊重各相关群体的建议，通过研究者的归纳放大这些声音。

1. 村民的需求与建议

随着社会经济的发展，最初的需求也在不断地发生变化。在对村民调研的过程中发现，村民的需求与其自身利益关系密切，范围从生活、生产到自我权利的保护，从不同层次、不同角度提出了多方面的要求，我们将其分为三大类。

第一，与个人生活、生产相关，其中由于个人的经济条件、社会地位等不同，需求也不同。

◆我们家贷款修池塘养鱼，但是去年鱼都死了，贷款都没法还，利息太高。希望政府能帮忙，少收些利息。

◆孩子在城里打工，是临时工，挣不了几个钱，要结婚了，家里也没钱。

◆医疗，看病难，医保报销少。

◆生活困难，儿子看病没有钱。

◆家庭纠纷头疼。

◆现在个人顾个人，各挣自己钱，村民遇到纠纷，无人出面彻底解决。

◆生活困难，经济困难，希望上级扶持。

第二，关于社区事务参与及对村干部要求等方面的需求。

◆希望村干部说话算数。

◆希望干部能认真办实事。

◆多关心群众，给群众办实事、好事。

◆村规民约或章程，必须与村民商量决定执行。

◆支持老年活动经费。

◆两委搞活经济，给村民找好销路。

◆建议村委会能建一个老年活动中心及街道两边的垃圾池。

第三，关于本村公共物品提供、社区安全等社区面临的问题需求。

◆修建村组道路。

◆资金支持是关键。

◆建议政府给予信息指导和帮忙。

◆经济落后、观念落后，群众40%温饱没有解决，基础设施落后，无主导产业。

◆解决孩子读书，帮助群众解决难题。

◆发展经济，经济弱。

◆解决道路交通问题。

◆村委经济薄弱，村民经济困难，希望上级部门加大扶贫力度，建设新农村。

◆把现在的泥巴路变成水泥路。

◆山区收入低，生活条件差，工作推行效果差，一事一议群众集资困难，应该搞的工程不能搞。

◆农村水利设备要改进。

◆村民要求有活动场所，各河道架桥，完善水利设施，道路拓宽，请求上级部门帮助。

◆多支持我村资金。

◆加强塘库的修复。

2. 县上的建议

县级政府是解决村民自治问题的基层行政组织，在多年农村实践工作的基础上，累积了丰富的经验，从他们的视角出发，提出的建议也更具针对性。根据调研样本县工作报告的文本分析，可归纳如下。

（1）乡镇党委、政府加强对村委会换届选举工作的指导

具体组织和指导本辖区内的村委会换届工作，明确党委书记第一责任

人和乡镇人民政府是信访工作的第一受理人，同时落实干部包村制度。在换届选举前，把各村的底子摸清楚，注意收集群众意见，协调好村两委的关系，根据各村的实际情况，因地制宜、一村一策，将矛盾化解在基层。

（2）推行村委会换届选举责任制

在换届选举过程中，将村委会换届选举列入目标考评，层层落实责任，明确各职能部门的职责。在村委会换届选举工作中，实行“一把手”负责制，对在换届选举过程中出现的问题，按照职责要求，认真查处。对因工作不力引发矛盾的，要追究相关部门的责任，确保选民的民主权利落到实处。

（3）补充、完善选举办法

根据选举实际问题，及时补充、完善选举办法。建议一是经过两次大会投票选举后，如村委会班子仍未选出或有缺额，在进行另行选举时，可以“以得票相对多数当选”;二是对于村选委会在两个月内未能有效组织选举的，可以视为其主动放弃职责， 进行重新推选;三是在全市选举工作开展后，如原村主任在十五日内不组织召开村民会议或各村民小组会议推选选委会时，可由乡镇(办)村委会换届选举工作指导小组安排召开村民会议或各村民小组会议推选选委会，以保证换届选举工作正常启动;四是贿选问题由纪检监察部门进行查处、认定;五是在村委会换届选举前，先对村党支部进行换届。

（4）加大村务公开力度

各乡镇(办)要按照“九公开、四规范、一满意”的要求，认真扎实搞好村务公开工作，特别是要从解决村上热点、难点、焦点问题入手，做到“一查一清一结”(“一查”就是深入农户，走访群众，内查外调，查存在问题；“一清”就是对查出的问题，组织力量分类排队，逐个搞清楚;“一结”就是根据问题的性质，区别处理，并及时公布处理结果)，真正“给群众一个明白，还干部一个清白”，为换届选举工作的顺利开展扫清障碍。

村民自治从制度层面由上而下推进，在实施中，不断与乡村既有的传统文化、习俗、惯例等相互碰撞，是彼此持续的调适过程。同时，实施的边界也不仅仅局限在村庄的内部，而是向外延伸到国家，向内深入个人的心理感受、对村庄及国家的认同。因此，在村民自治的发展过程中，要面对不断出现的新问题和困难，深入调查研究，顺应社会发展趋势、结合现实需要和本地实际，制定行之有效的办法加以解决，以维护村庄社会秩序，推进村庄的全面发展。

Local Knowledge of Villagers Autonomy: Effects, Problems and Expectations

—A Qualitative Research Based on the Communities of Scarce Resources in Shaanxi Province

Wu Nan

Abstract: After several years of development, villagers autonomy gained some experience and effects based on local practice, not only having created the practicing form, but also put vigor and vitality for the development of villagers autonomy. At the same time, there are some problems which can not be ignored, especially in communities of scarce resources, the demand, puzzles or expects have more characteristics and need more attention. This article presents these issues through qualitative method and way of writing, trying to draw the shape of villagers autonomy in communities of scarce resources in Western China through lively discourse.

Keywords: Villagers Autonomy；Qualitative Research；Scarce Resources

（责任编辑：张影舒）

乡村社区治理的理论逻辑与中观视角

闫　臻*

摘　要　本文分析了乡村社区治理的模式及其困境，在此基础上，从社会资本的视角探讨了乡村社区治理的内涵和社会资本的构成，以及乡村社区治理与社会资本的互动关系。通过深入剖析理论关系，本文认为，社会资本是乡村社区治理的基础，是提高乡村社区治理绩效的有效手段。此外，社会资本的积累也是乡村社区治理的重要目标。

关键词　乡村社区　治理　社会资本

一　乡村社区治理

（一）乡村社区治理概述

1. 乡村社区治理的界定

从治理理念的引入和乡村社区发展的实践来看，乡村社区治理实际上是将多样化的管理、横向管理等思想贯穿在乡村社区的行政和社区公共事务管理模式中的一种延续与发展，它的崭新之处在于，将乡村社区管理的实践放置到更加广阔的视界中来展开，即：探悉市场化与乡村社会变迁交织背景下社区结构、国家权力与乡村社区关系、社区各治理主体间关系的

* 闫臻，西安交通大学人文社会科学学院社会学系。

转变。在学术领域内，它恰恰映射了一种思维方式的变化，学者们开始突破二元对立的思考模式，逐渐形成类似于吉登斯“第三条道路”的思想。不管是在西方世界还是在中国，乡村社区治理都逐渐放弃单一集权制，开始寻求网络合作、社区各主体参与的新模式。而在实践领域，乡村社区治理强调这样一种体系：在村民生活的乡村地理空间内，政府组织、乡村社区组织、民间组织和普通村民形成组织化的网络体系，以便应对乡村社区的公共问题，共同完成和实现乡村公共服务和社会事务管理。

乡村社区治理作为一个概念，在20世纪90年代后期开始被国内学界使用。一般来讲，乡村社区包括以地理区域划分的自然村和以行政范围划分的行政村，自然村指的是以血缘联系为基础而形成的地缘群体，而行政村则是行政区划体系中最基层的一级。目前，多数乡村实行的是“乡政村治”，即国家将最低一级政权设在乡镇，在村设立党支部，在社区内部设有村民自治组织，即村民委员会。需要指出的是，行政村既可以是一个自然村，也可以包含几个地理上邻近的自然村，同时还可以是一个大的自然村包含几个行政村，在很多地区，自然村和行政村是重合的，本研究中涉及的个案村即为这种社区。

由于社区划分的不同，以及学者们研究侧重点的不同，学术界对于乡村社区治理的界定也有所不同，国内学术界普遍使用的概念是“乡村治理”“村治”“村级治理”“村庄治理”等，笔者认为对乡村社区治理的界定有两个方向，一个方向是强调治理的“权威性”，这与乡村社区政治发展的历史有关，乡村社区自人民公社解体后，以国家权力为中心的统治方式也随之变化，中国乡村基层社会结构面临重组，乡政村治成为一种制度选择，在这个背景下，国内一些从事政治学研究的学者对乡村社区治理进行了界定。张厚安认为，乡村治理是指乡镇以下的农村治理，是村民自治的治理结构，村委会的管理行为属于群众性自治行为[①]。贺雪峰、肖唐

① 张厚安：《中国乡镇政权建设》，四川人民出版社，1992。

镖认为，“村治”是对村级治理的简称，是指在村民委员会管辖的社区内对与村社区相关的公共事务的组织、管理和调控[①]。在徐勇等人看来，村级治理是通过公共权力的配置和运作，对乡村社会进行组织、管理和调节，从而达到乡村社会管理目标的政治活动[②]。郭正林则认为，所谓乡村治理，就是乡镇的党委政府、“七站八所”、扶贫队、工青妇等政府及其附属机构，村里的党支部、村委会、团支部、妇女会、各种协会等村级组织，民间的红白喜事会、慈善救济会、宗亲会等民间群体及组织，通过一定的制度机制共同把乡级以下的公共事务管理好[③]。党国英认为，乡村治理是指以乡村政府为基础的国家机构和乡村其他权威机构给乡村社会提供公共品的活动，乡村政府或乡村其他权威机构构成了乡村治理的主体[④]。

随着治理理念的深入，对乡村社区治理的界定也开始关注更加广泛的社会基础，这就是第二个阶段，强调“多元性”，认为国家与社会的合作，自治组织和非政府组织的参与，公共部门与私人部门的协作和广大村民的普遍参与，是现代乡村社区治理的方向，在这种思路下，治理的界定也有所变化。吴毅等人认为，乡村治理的含义包含着国家权力和农村社区公共权力在乡村地域中的配置、运作、互动及其变化[⑤]。赵树凯认为，在乡村治理体系中，多种主体相互依存，通过“参与”“谈判”和“协调”等合作的方式来解决冲突，实现一种良好和谐的秩序[⑥]。王晶晶等认为，乡村治理是一个由国家和社会共同作用而形成的公共权威实现对乡村社会调控和治理的动态过程[⑦]。俞可平等人认为，乡村社区治理，就是乡村公

---

① 贺雪峰、肖唐镖：《村治研究的分层与深化——对乡村政治研究的一项初步分析》，《江海学刊》1999年第6期。

② 徐勇、项继权：《中国农村研究(2009年卷 · 上)》，中国社会科学出版社，2009。

③ 郭正林：《乡村治理及其制度绩效评估：学理性案例分析》，《华中师范大学学报》2004年第4期。

④ 党国英：《我国乡村治理改革回顾与展望》，《社会科学战线》2008年第12期。

⑤ 吴毅、贺雪峰：《村治研究论纲———对村治作为一种研究范式尝试性揭示》，《华中师范大学学报》2000年第5期。

⑥ 赵树凯：《乡村治理：组织和冲突》，《战略与管理》2003年第6期。

⑦ 王晶晶、郑小霞、王景军：《浅析“乡政村治”》，《甘肃农业》2005年第9期。

共权威管理乡村社区，增进乡村社区公共利益的过程，乡村治理中的公共权威既可以是官方的，也可以是民间的，或官方与民间机构的合作。[①]

从上述关于治理概念的梳理中可以知道，强调乡村社区治理“权威性”观点的，认为乡村社区治理是由政府及其他社会公共权威来完成的；而强调“多元性”观点的，则认为政府及其他社会公共权威只是治理主体一个比较重要的组成部分，良好的社区治理应该是基于普遍信任和横向合作的村民参与，以及政府与村民的双向互动。笔者赞同某些学者提出的思路，认为治理实际上是一个国家权力向社会回归的过程，它的本质是：在政府之外，存在多个治理主体，第三部门和自愿性社团与政府合作，实现在特定的领域内对公共事务的有效管理。因此，治理从内涵和外延上来说都比“统治”理念更加宽泛和丰富，其相同之处在于都需要权威体系对公共事务进行管理，但二者在运作方式、权威来源和管理手段上都存在差别。

由此可见，治理并不是自乡村社区诞生之日起就存在的，在探讨乡村社区治理之前，有必要对乡村社区治理本身进行定位。本研究在以往学者研究的基础上认为，乡村社区治理是指社区多主体特别是村民自治组织参与社区公共事务决策与实践的一种过程，具体来说，就是多元治理主体——基层乡镇政府、乡村公共权威，以及各类村民自治组织和广大农民——积极参与合作，对社区公共事务进行管理的过程。因此，乡村社区治理应该是既有政府的统治，又有村民的自治；既有法定的制度，又有村规民约；既有国家的介入，又有民间的参与[②]。治理的最终目的是解决村庄范围内的公共问题，实现乡村社区公共利益，各种参与主体之间是协作与依赖、互惠与合作的持续互动过程。

---

① 俞可平、徐秀丽：《中国农村治理的历史与现状：以定县、邹平和江宁为例的比较分析》，《经济社会体制比较》2004年第3期。

② 俞可平、徐秀丽：《中国农村治理的历史与现状：以定县、邹平和江宁为例的比较分析》，《经济社会体制比较》2004年第3期。

2. 乡村社区治理的基础

以上对乡村社区治理概念的界定表明，乡村社区治理不应该仅仅强调国家的制度安排，以及这些制度对乡村社区产生的影响，还要关注乡村社区本身，具体来讲就是，激发乡村社区内部存在的可利用的治理资源，如：民间组织、广大村民的参与合作，这样，才能更好地运用公共权力对社区进行有效的治理。

但是，从目前的乡村社区治理情况来看，首先，相对于快速发展的现代化城市社区，乡村社区仍然是小农经济，现代性和市场化并未得到充分的发展，这种状况使得乡村社区无法支撑起现代的乡村治理制度体系。其次，国家主导农村社会的格局并没有发生根本性的变化，乡镇政权仍然代表国家权力主导着乡村社区的权力体系，对乡村社区政治、经济和文化的发展起着决定性的作用。再次，乡村社会性质深刻地影响着乡村社区的治理发展。农民的组织化程度不同，参与程度也不同。例如，在宗族组织发达的地方，治理的格局必然会受到宗族的影响，在原子化程度较高的乡村社区，治理则呈现出不同的情况。这样一来，似乎治理模式并未在乡村社区真正建立起来。

事实上，治理的兴起是国家权力对地方社会控制方式发生转变的反映，治理也是现代社会多层管理结构中的重要组成部分，当我们将目光转向乡村社区实际情形时，就会发现，由于历史和社会环境的不同，中国乡村社区治理的实践完全不同于西方，因此，要理解中国乡村社区治理的发展状况，必须植根于乡村社区基层的实践和中西制度的差别。

从乡村社区发展实际出发，仍然能够发现乡村社区存在治理的基础。一方面，村民自治的实践正在改变农村政治的性质和运作路径。从制度安排上看，村民自治的制度要求村委会由全体村民民主选举产生，实行民主决策、民主管理和民主监督，它有助于维护村民正当的、合法的权益，表明以往的乡政府与村委会的关系不再是领导与被领导关系，而应该是一种指导与被指导的关系。从自治的实践来看，农民逐步认识到，根据《村民委员会组织法》，村民既可以通过民主机制来决策和管理村内事务，也可以对村干部执行决议的过程实行民主监督。因此，乡村社区自治至少在制度上促使了社区内部权力结构的调整，以及社区组织网络的变迁，换句话说，村民自治意味着政府应该逐步退出直接管理的层面，乡村社区自治组织应该逐渐崛起和壮大，并且越来越多地参与到乡村社区事务中来。

另一方面，村民的公共参与意识逐渐提高，公共参与的主体和形式呈现多元化，乡村社区新的公共权威体系逐渐形成。随着乡村社区经济体制的改革，乡村社区政治体制也发生了相应的变革，基层民主制度的推行重新整合了乡村社会，由此也带来了农民主体意识和自由意识的增强。例如，乡村社区直选的推行，增强了村民参与选举的积极性，在一些经济相对发达、村民自治制度实施较好的社区，村民享有民主选举权、村务的决策权与管理权。据民政部不完全统计，2002年村委会选举中，各地平均参选率在80%以上，其中广东省为96%，海南省为97%，四川省为93.5%；选民亲自投票率为77.88%①。而根据中国科学院地理科学与资源研究所中国农业政策研究中心与美国瓦萨大学政治科学系部分学者对中国吉林、河北、陕西、四川、江苏和福建6省120个乡村社区的调查，即使在参与率较低的陕西和河北两省，村民对村委会选举的参与度也达到了82%和78%②。此外，当村民的合法权益，例如：选举权或公共事务的管理权等受到侵犯时，部分农民能够拿起法律武器维护自身的利益，据统计，仅2005年，全国就发生因土地引起的农民群体性突发事件19700起，占农村群体事件的65%以上；2009年，维权抗争型事件占农村群体性事件的90%以上。再如：近年来，乡村社区出现经济合作组织，这是农民经济参与的一种形式，在有些乡村社区，经济合作组织也越来越多地参与社区公共事务的治理，形

① 王金华：《村民直接选举村委会成为农民政治生活重要内容》，《瞭望周刊》2002年12月23日。

② 孙昕、徐志刚、陶然、苏福兵：《政治信任、社会资本和村民选举参与——基于全国代表性样本调查的实证分析》，《社会学研究》2007年第4期。

成了新的公共领域和公共权力。这些都表明，村民公共参与意识的提高，而公共参与意识的提高，也推动了乡村社区由统治向治理方式的迈进。

以上两点为乡村社区治理的发展奠定了良好的基础，因此对乡村社区研究治理具有重要意义。

（二）乡村社区治理的两种模式

治理变革在西方社区治理中已经非常明显，多中心治理模式、第三条道路、集体选择和集体行动模式、社会资本模式、学习型组织和共同愿景、社群共同体等都构成了西方在治理实践上的不懈努力。20世纪90年代以来，治理的变革在各个层级上连续性地展开，而这一过程也在中国乡村社区中得以扩展，社会学视野中的乡村社区不仅仅是一个表示地理区位的概念，而且包含着成员间的文化连接、惯例认同和心理归属等文化与心理的内涵，这些维系了地方整合与发展所需要的传统、地方性知识和观念。中国乡村社区变革的路径虽然与西方不同，但是，从本体论的角度来看，二者治理模式的变化都可以从两个相反却相连的方向来理解，一方面，国家在乡村社区内部的直接控制受到了各个行为主体的反抗和挑战；另一方面，作为治理层级的乡村社区一直在主动地寻求变革，力图避免传统的管理模式对治理效率的影响。

因此，治理是要改变国家介入乡村社会的方式，并且激发乡村社区社会组织的发展，逐步实现政府一元化的统治模式向多元主体协商、合作方式的转变。但是，乡村社区的治理并不是简单的权力下移，社区本身不是政府的延伸，而是来自草根社会的区域性“共同体”，是一种民间社会[①]。所以，在社区发展的过程中，应该反思传统的和现有的治理模式，解析这类模式及困境，以便探索社区治理的新模式，这是一项基础性工作。在乡村社区，传统的管理模式在从传统乡村管理模式向现代乡村治理模式转变的过程中，两种模式对于治理结构的变革起着特殊的作用。

---

① 卢汉龙：《“善治”从社区治理开始》，《文汇报》2006年3月20日。

1. “人民公社”的管理模式

从1958年人民公社建立到1983年重建乡镇政府，人民公社的治理模式对乡村社区产生了深远的影响。人民公社产生于国家政权建立的初期，体现了国家力量对乡村社区的全面渗透与控制，用美国学者詹姆斯·汤森和布兰特利·沃马克的话就是“人民公社把政府、经济和党的职能结合在一起”[①]。人民公社作为一种模式，在乡村社区治理中有以下两个特点：第一，土地改革、农业合作化和人民公社的建立导致了阶级分化，对乡村社区传统的宗族治理产生了巨大冲击，集体化的生产方式打破了传统家庭生产方式，在组织方面造成了乡村社区家族和宗族网络的削弱。第二，在这种高度集中的管理体制下，多样化的乡村民间组织逐渐消弭，取而代之的是单一的集体主义。对此，于建嵘以岳村为例，详细阐述了人民公社化时期，国家政权是如何与自然村社区发生联系的。他认为，国家通过“建制村”的形式，弱化了乡村社区的族权势力，集体化的生产生活使得小农家庭和家族网络不同程度地被集体组织取代，集体经济组织掌握了乡村社区的基本生产生活资料，这是一个“规划性的制度变迁过程”，在村民参与上就表现为“集权式乡村动员体制”[②]。在于建嵘看来，人民公社的治理模式是一种“剥夺式”的制度，完全压抑了乡村社区的个性发展。

2. “乡政村治”模式

公社体制解体后，农村基层社会出现了普遍的混乱和失序，乡村社区管理出现了暂时的权力“真空”，许多社会公共问题也随之产生，因而，乡村社区为寻求维持社区安全，迫切需要建立新的管理方式。在一些乡村社区[③]，产生了村民委员会组织，国家试图通过这一自治组织方式将

① 〔美〕詹姆斯·汤森、布兰特利·沃马克：《中国政治》，董方、顾速译，江苏人民出版社，2003。

② 于建嵘：《岳村政治——转型期中国乡村政治结构的变迁》，商务印书馆，2001。

③ 这主要出现在广西宜山、罗城一带，1979年，实行家庭联产承包责任制后，一些乡村社区反而陷入无人管事的混乱局面，因此，村民自发建立村民委员会组织，这一乡村治理模式很快受到国家重视，更为详细的资料可参见徐勇《乡村治理与中国政治》，中国社会科学出版社，2003，第3~8页。

农民重新组织到国家可以控制的秩序内[①]。“乡政村治”就是从人民公社制脱胎而来的，它是指在乡镇建立基层政权，对本乡镇事务行使国家行政管理职能，乡镇以下则按居民居住地区设立基层群众性自治组织的村民委员会，对本村事务行使自治权。在这种制度中，乡镇基层政权是农村最基层的一级政权，代表国家对本乡镇行使行政管理职能，但在形式上，它并不直接管理基层社区的公共事务，而是由乡镇以下的村民自治组织——村民委员会来行使自治权。推行直选后，村民委员会由村民民主选举产生。因此，“乡政村治”在形式上确立了乡村社区两个相对独立的权力主体，即代表国家政权的乡镇政府和代表村民权益的村委会。乡政村治模式具有两个鲜明的特征：首先，乡村社区由“政社合一”到“政社分离”。把原来的公社改为乡，建立了乡政府，改生产大队为“村”，村民委员会、村民小组相继成立。这一转变表明，至少在形式上承认了村民的主体地位，国家开始把一部分权力下放。其次，乡政村治模式的核心内容是在乡村社区实行村民自治。实施村民自治的基本意义在于，第一，村民自治组织是社区治理的核心，包括村民委员会和村民代表会议等，《中华人民共和国村民委员会组织法》对村民和村民自治组织的活动原则做了明确的规定，村民必须依法办理自己的事情，坚持基层民主原则；村民委员会是村民自主管理、自主教育、自主服务的群众性自治组织，实行民主选举、民主决策、民主管理、民主监督的原则；村民委员会承担本村的公共事务与公益事业。第二，社区社会组织的出现，提高了乡政村治的绩效。这类组织包括：乡村社区中各类合作组织、民间文化娱乐组织、社区公益组织等等，这些组织为建立乡村社区治理网络奠定了基础。

从人民公社到乡政村治，这两种模式都对不同时期的乡村社区治理产生过积极的作用。任何一种制度都必须植根于特定的制度和文化特性，因而，乡村社区治理不可能有一种普适性的架构，但也正是乡村社区的复

① 许崇德：《各国地方制度》，中国检察出版社，1993。

杂性和差异性，使得乡村社区的治理模式具有可选择性，正如贺雪峰所说，“制度安排对乡村社会性质有着深刻依赖，同一制度安排在不同性质的乡村可能极具不同的效果”[①]。

（三）乡村社区治理的困境

乡村社区治理模式的变化，意味着形成中的社区治理模式实际上充满着不确定性，一方面，它动摇了原有的建立在国家权威统治基础上的垂直型（纵向)治理结构，预示着在治理模式中鲜明的理论转向和思维方式的转折。乡村社区治理是现代社会多中心治理结构中的重要组成部分，它不仅涉及国家与乡村社区以及地方政府间关系，还涉及政府组织与乡村合作组织、民间社会组织、普通村民之间的互动关系，以及乡村社区内部自治组织（主要指两委）的权力配置和权力行使方式。另一方面，多元主体、多元中心的复杂性和多种手段不合理的运作也使社区治理困境重重，在这种意义上，乡村社区治理实际上更为脆弱，因此，如何维持一种最为基本的治理有效性和确定性也成为乡村社区治理中必需的最低限度的要求。

张乐天对改革开放之前乡政村治中自治权的局限性进行了分析。他认为，首先，在村的组织系统中，村委会的权力比党支部要小，在很多情况下，社区事务的决定权也基本在党支部，村委会只是执行支部的决定。其次，村民委员会受乡镇政府领导，乡镇政府在乡村社区生活的许多方面，如土地分配、计划生育、建房面积、婚丧嫁娶等，也都占主导地位，村委会有执行上级政府各项规定的责任，却没有改变这些规定的权力。再次，上级政府对村民委员会的领导还是行政命令的方式。当出现村委会或农民的意愿与上级政府不一致的情况时，上级政府会习惯于运用强制性手段来干预村委会的执行工作，结果往往是“胳膊拧不过大腿”，农民意愿让位于政府意志。最后，村委会选举中的行政干预在某种程度上确保了村民委

① 贺雪峰：《乡村治理的社会基础（第一编）》，湖北人民出版社，2004。

员会的绝对服从性，也就是说，在乡村社区，村长人选往往是乡镇党委和政府意愿的体现，所以在一些乡村社区，村干部人选在选举以前就已经确定，在一般情况下，乡镇政府推荐的这些人都很有可能当选，而村民对谁当村长也持无所谓的态度[①]。

徐勇、吴理财等人分析了改革开放以后乡政村治的困境，他们认为，当前乡村治理中存在的问题主要表现在以下几个方面：一是干群关系恶化，农民群体性抗争逐步升级；二是村民自治对传统的乡镇权威提出挑战；三是农村基层合法性式微，基层政府逐渐沦为“收费性”政府或掠夺性政府；此外，政府也无法有效生产乡村公共品[②]。

笔者认为，在乡政村治的语境下，乡村社区治理结构形成了一个具有层级的、相对封闭的“政治链条”，处于这一链条的主体包括：中央地方政权、乡镇政权、村民委员会以及农民，分别承担着政治生产、政治供给、政治需求和政治消费四个治理功能，这一链条的核心是基层政权和村委会两级之间的政治博弈[③]。由于乡政村治模式中的公共权威体系始终存在两级利益结构，因而，乡村社区内部的结构紧张就不可避免。这些困境在三个方面表现突出：首先，是国家权力的“控制”与“放权”的矛盾。无论是人民公社时期的国家全能主义，还是现代化时期的国家间接治理，国家权力一方面要加强对地方的控制，另一方面又要避免全能主义的弊端，退出乡村社区的直接管理，赋予乡村社区一定的自主性，这种二律背反的困境一直是现代乡村社区困境的重要根源之一。其次，是两委矛盾。在“乡政村治”格局中，村民委员会是村民的自治组织，并不属于国家行政层级，但是村党支部仍然是国家权力干预社区治理的重要组织，二者由于代表利益不同，存在矛盾。再次，村民委员会与村民的矛盾。从根本上

① 张乐天：《告别理想：人民公社制度研究》，上海人民出版社，2005。

② 徐勇、吴理财：《走出“生之者寡，食之者众”的困境——县乡村治理体制反思与改革》，西北大学出版社，2004。

③ 陈云松：《乡政村治的总体分析》，《华中师范大学学报(人文社会科学版)》2004年第4期。

说，村委会和村民之间并不存在根本的利益冲突，因此，这一矛盾并非来自于乡政村治的结构性矛盾，而是由乡政村治结构中缺乏横向组织的监督，以及缺乏制度再生机制而造成的。

上述治理困境揭示了乡村社区治理在结构和体制上的两个根本性问题：一方面，乡村社区治理结构内部权力配置不合理；另一方面，现有模式的一个根本性短处在于社区治理的主体之间缺乏有效的合作与沟通。前者既包括了政府统治与村民自治的内在结构性冲突，又包括了乡村社区政权组织内部的权力结构不均衡。政府与其自治乡村存在紧张的关系，政府需要更多的资源和权力，而且需要在社区内部与市场和个体保持合作关系，以此来达到治理，并且限制其他主体的权力。而乡村社区也有着自己独立的利益诉求，那么地方治理的效率和责任之间就存在严重的冲突，就会在所谓的“民主”的外壳下，形成新的集权主义。这样做的后果之一，就是政府将自己不愿承担的公共利益转嫁出去，而市场、团体、机构等公共物品提供渠道在乡村社区发育不完善，因此，公共物品提供的困境就会出现。后者直接与前一点相关，对于社区治理的其他主体来说，隐患和可能的弊病也同样存在，这种权力和利益的严重不均，削弱了传统的社区信任和认同，隔断了人们建立联系的渠道，从而破坏了社区的公共利益和集体信仰，造成乡村社区原子化的困境，社区主体之间无法有效地合作与沟通，正如普特南所说的那样，在原子化的情景下，村民只能“独自打保龄”。

二 乡村社区治理的中观图景：社会资本的视角

（一）乡村社区治理的社会资本视角

从社会资本视角来认识乡村社区治理，笔者认为其源于三个方面。

第一，治理自身的要求。德国学者托马斯·海贝勒通过对中国城市社区内居委会、业委会选举的研究，发现城市社区治理逻辑是一种自上而下的权威社群主义，社区动员也是政府自上而下推动的，通过法律、制度和政策，从整体上规范、制约和引导着城市社区治理的结构、职能和方向。一些乡村社会学者通过对中国乡村社区治理实践的观察和治理模式的分析也发现，中国的乡村治理与城市社区有着相同的治理机制，即使是现在的村民自治也是一种政府主导的治理模式。这种治理模式表现为政府通过各种方式基本上控制着农村的治理精英，在必要时甚至直接派出官员参与村级治理，这样就会产生上级对下级、乡镇主导对社区自治强大的压力。

第二，乡土社会的特性。20世纪30年代末，费孝通出版了对于中国社区研究具有里程碑意义的著作《江村经济——中国农民的生活》，该书通过对乡村社区经济生活的生动考察，成为理解和研究中国乡村社会，乃至整个中国社会最重要的著作之一。它也在很长一段时间里，主宰着人们对乡村社区的认识，如：小农“私”的本性，基于血缘与地缘的亲属关系，差序格局等等。在研究领域，无论是对乡村社区宗族的研究，还是对村域政治和经济的研究都是立足乡土中国这些传统的特征。在传统向现代的转型过程中，基于血缘和地缘的联合形式也在不断面临功利化、利益分化、村民原子化的挑战，传统的私民性、家本位的封闭精神、对权力的依附性，以及以个体为中心的社会资本逐渐显现出其消极的一面，成为阻碍乡村社区发展的重要因素，这样一来，如何整合乡村社区的集体性资源，实现乡村社区的整体效应，就成为不能回避的问题。在乡村社区治理中，那些组织和制度能够给成员提供共享信息，协调村民个体行动和集体决策的社区，就呈现善治的局面；而那些原子化的、缺乏民主决策和心理认同的社区，则面临危机。因此，在社区治理中注重乡村社会资本就成为必然。

第三，社会转型的特性。90年代后期，乡村建设的重心逐渐从统治转向治理，这一转向意味着过去党政独大的模式向着多种主体平等合作、共治的模式转变，开始强调作为村民生活世界的社区内部资源对社区治理的重要性，社区治理的重点也应该侧重于利用社区自身的社会资本解决社区治理中的实际问题。事实上，乡村社区治理的转变与国家经济、社会体制转型相关，也与国家权力结构状况相关，这一转变经历了三个过程。

第一个过程：新中国成立后，由国家建立起来的新的乡村社区秩序，是国家权力在乡村社区的直接体现。国家对乡村社区采取的是直接统治的方式，经过合作化、人民公社运动等一系列政策与措施，国家的基础权力渗透进乡村社区的日常生活，形成了有序、稳固的控制力量。国家既是制度变迁的供给者，同时也是执行者，它的重心全部放在如何配置自己在乡村社会中的强制性权力上。这样一来，国家在很大程度上决定了乡村社区基层管理格局的根本特质及其运作机制，乡村社区治理的可能性空间也在国家—社会关系的框架中进行，乡村治理中首先要解决的问题就是国家、乡镇、两委关系问题。

第二个过程：家庭联产承包责任制到改革开放以来，社区治理不再主要关注国家权力的直接渗透，而是转向指导和协调，逐渐将乡村社区治理与国家政权的运作分离开来，1988年《村民委员会组织法》颁布实施，根据此法，在乡村社区开始实施民主选举、民主决策、民主管理和民主监督，这表明乡村社区成员作为主体有权参与对经济、文化和社会事务的管理，行使民主权利。村民自治制度是国家政治体制改革中的一部分，它对乡村社区结构产生了深远的影响，它逐渐使乡村社会非政治性领域的权力运作方式与国家政治性领域的权力运作方式区别开来，在此后的20多年里，“乡政村治”治理结构不断使乡村社区获得自主发展的空间，但根据诺斯的“路径依赖”理论，任何一种制度都会产生一种惯性，这种惯性将在很长一段时间里对现有的政治和社会制度产生影响，中国社会长期以来形成的强国家意识，使得社会力量弱小，社区意识缺乏，因此，在很长一段时间里，乡村社区的治理仍然徘徊在政治体系的轨道中，乡村社区的主体性和独立性并未真正实现。相反，制度的治理绩效大打折扣，出现了两委矛盾、社区普遍缺乏信任，村民对社区事务普遍漠视，集体行动出现困境等等，20世纪90年代，乡村社区治理进入了一个瓶颈时期。

第三个过程：90年代后期，最先在西方兴起的新制度主义、公共选择理论、社群主义理论等，也不断地被应用到地方治理的实践中，这些理论实践普遍注意到社区的原生性、内源性因素在社区治理中的重要作用。因此，治理的实践越来越关注乡村社区本身，如乡村社区长期形成的社会网络、社区成员对于治理者的普遍信任，以及社区在长期社会生活中形成的规范等。而且，社区是善治的组成部分，社区治理的历程表明，某些问题不能仅仅依赖国家权力和市场化管理，市场和国家在治理过程中出现的某些方面的失灵，在一定程度上源于这些机制本身与社区地方传统资源的差异。因此，注重社区社会资本对国家和市场治理的互补作用至关重要。

（二）乡村社区社会资本的构成

根据前文对社会资本的定义和社会资本研究类型的探讨，本研究认为，规范、网络和信任是构成社会资本的三个关键性因素。但是，由于社会资本的概念源于西方社会，因此，在将其用于研究中国乡村社区之时，有必要对乡村社区社会结构以及传统社会资本的变迁做简略的分析。

传统中国是在农耕经济基础上形成的乡土社会，农民聚村而居，形成一个个村落，这些村落社会被费孝通看做“中国社会的基层”。在费孝通那里，乡村社会是一个“熟悉”的社会，是一个没有陌生人的社会，是一个 “无讼”的社会。他认为，熟人社会的社会结构与人际关系的特征表现为差序格局，即社会关系由已逐渐向外推出，正如丢石头形成的同心圆波纹，这种社会结构是以血缘关系为基础的网络，而他们之间发生互动时也遵循一种秩序，即“从自己推出去和自己发生社会联系的那一群人里发生的一轮轮波纹的差序”[①]，费孝通称之为“人伦”。另一位致力于乡村研究的学者梁漱溟也认为，乡村社会是一个伦理本位的社会，伦理关系从家庭开始，但是并不止于家庭，人和人都在相互关系中，从血缘关系推及朋友，再到一切相关的人，这就有别于西方的法制和权利关系[②]。这种社会结构特征使得乡村社区农民的行为方式遵循两种特殊主义原则：一是行动

① 费孝通：《乡土中国》，三联书店，1985。

② 梁漱溟：《乡村建设理论》，上海人民出版社，2006。

遵循伦理本位和差序格局；二是行动遵循公私差异。

20世纪80~90年代以后，差序格局和伦理关系在经济体制改革与乡镇企业发展，以及乡村现代化的背景下已经发生急剧的裂变，但是传统乡村社会的这些特征在乡村社区发展中仍然发挥着作用。郭于华的实证研究表明，与现代社会的获致性关系，如契约关系、正式的组织关系等相比，传统乡村社会的亲缘关系的社会关系范畴是与乡村社会更为匹配的一种关系，这种关系既包含了按照父权社会规范形成的宗族群体，也涵盖了由婚姻关系构成的姻亲群体，而姻缘关系在我国农村社区的经济、社会生活中也发挥着重要的功能。作为乡村社会的一种基本社会结构，亲缘关系的存在正是目前许多乡村社区宗族、家族势力再次兴起的原因，同时它也形成了整个社会人情关系网的基础和模本[①]。但是也有学者认为，尽管是这样，以血缘和差序格局为主的熟人社会的内涵毕竟已经发生了变化。正如贺雪峰在其著作《新乡土中国》中所指明的，乡村社区实际上已经由传统的熟人社会变成了半熟人社会，而乡村社区传统的“人情”原则，也逐渐掺入了现代社会的“理性”和“利益”等因素，从而出现“差序格局的理性化”趋势[②]。在这种情况下，传统小范围的、封闭性的、同质性的关系网络日渐衰落，而与之并存的则是大范围的、开放性的、异质性的现代社会关系网络。

上述乡村社区的结构特点构成了乡村社区社会资本最重要的来源，根据这些特征，以及本研究社会中心的社会资本视角，本文将目前乡村社会资本类型概括如下。

1. 规范

本研究的规范是指在社区治理过程中，人们所遵循的正式和非正式规范的总称。正式规范包括法律、法规，以及社区管理体制和相关的社区

---

① 郭于华：《农村现代化进程中的传统亲缘关系》，《社会学研究》1994年第6期。

② 杨善华、侯红蕊：《血缘、姻缘、亲情与利益——现阶段中国农村社会中“差序格局”的“理性化”趋势》，《宁夏社会科学》1999年第6期。

治理制度，具有正规性和强制性；非正式规范则是指社区居民在长期的社会生活中按约定俗成的方式互动的行为规范，是乡村社区的“地方性知识”，对社区成员通常是一种潜在的心理参考原则和行为准则，包括村民互动时所遵循的乡规民约、互惠，以及有效的惩罚等。社区规范是乡村社区治理中重要的社会资本，对乡村社区很多事务，如纠纷调解、村民参与与合作都发挥了重要作用，也是村民们行动时必须遵循的规则。正是村民们对这些规则的遵循，使社区维持着和谐的秩序。

2. 网络

乡村社区的网络关系是一种潜在的社会资本，它是行动者能够支配和利用的某种能量或资源，具有生产性，能够为社区创造价值。根据上面的分析，本研究中的网络社会资本包括三类。

第一类是亲属关系，以及其他熟人关系。这类关系在乡村社区比较普遍，它既产生于宗族、家族关系，同时也是在宗族组织衰落过程中的一种延伸与变迁。在“生于斯，长于斯”的传统乡村社会，亲属和熟人关系是农民的主要生活方式和共享资源，它是建立乡村社区信任的基础，这种信任是因“熟悉”而产生的特殊信任，而不是建立在契约基础上的普遍信任。现代乡村社会流动性大，交往日益理性化和功利化，亲属关系、熟人关系已经发生了深刻变迁，但熟人关系网络作为社会资本仍然是乡村社会交往和合作的前提。

第二类是邻里关系。邻里关系是指邻里之间结成的关系网络，传统的邻里关系建立在较为亲密的相互信任基础之上。费孝通说，“邻里就是一组户的组合，他们日常有很亲密的接触并且互相帮助……他们互相承担着特别的社会义务”[①]。也就是说，邻里之间的相互关系更多取决于人们之间亲密的关系而不是按照正式规定，用费孝通的话说就是“乡土社会是从熟悉中取得信任”[②]。而现代社会，经济体制的改革和社会变迁已经使邻

① 费孝通：《乡土中国　生育制度》，北京大学出版社，1998。

② 费孝通：《乡土中国　生育制度》，北京大学出版社，1998。

里关系也发生了变迁，邻里之间建立在情感基础上的亲密关系大大减弱，更多的是靠工具性互惠来维系关系。

第三类是各种乡村社会组织。主要是村民为了多元化的利益而自发组织的各种功能性组织，它包括：专业化合作组织，如各种农业协会、各类经济合作组织、互助组等；民间文化、生活组织，如民间宗教组织、舞狮队、舞龙队、纠纷调解小组等；非营利性社团，这些组织都对社区治理来说意义重大。但目前乡村社会组织是乡村社区发展中较为薄弱的环节。

3. 信任

信任是人与人之间连接的纽带和润滑剂，信任能够维持组织效能，促进合作。正如德国社会学家齐美尔所说：“信任是社会中最重要的凝聚力之一。”[①]传统乡村社区信任由“亲”而信的特殊主义的信任模式，是一种人格信任（personal trust），正如费孝通先生所说：“乡土社会的信任并不是对契约的重视，而是发生于对一种行为的规矩熟悉到不假思索的可靠性。”[②]而现代社区越来越倾向于建立在契约基础上的普遍信任，它能够使不熟悉的人进行合作。治理是多主体之间的合作共治，因而根据各主体间的互动关系，本研究将信任分为三个方面的内容：社区治理主体之间的信任关系，即村民、村干部、村组织之间的信任；社区与居民的信任关系，即村民对本村的认同和归属感；村民与村民的信任关系。

以上是乡村社区社会资本的主要表现形式，它们在社区治理的过程中都发挥了一定的作用，同时也影响了乡村社区的治理结构，不仅是乡村经济、社会发展的润滑剂，也是乡村社区有序治理的重要因素，但需要指出的是，社会资本对乡村社区治理的影响是双重的，即既有积极的一面，也有消极的一面。

---

① 〔德〕齐美尔：《货币哲学》，许泽民译，华夏出版社，2002。

② 费孝通：《乡土中国》，三联书店，1985。

三　乡村社会资本与社区治理的关联

乡村社区的政治生活、社会结构和经济体制的根本性变迁，使得社会资本在乡村社区治理中的重要作用凸显出来。公共选择理论的创始人埃莉诺·奥斯特罗姆认为，社会资本在公共治理中具有重要作用，一方面，它是一种无形的资产，具有生产性和增值性；另一方面，它具有准公共物品的性质，不易受外部条件的干预。在农业生产方式市场化转变、农村人口进入城市、农村政治文化转型，以及农民价值观发生巨变等内外部因素的影响下，重新关注社区社会资本，不仅是对社区人性化的回归，而且是探索实现乡村社区善治的有效途径。本研究认为，乡村社区社会资本与乡村社区治理密切相关，并能提升乡村社区治理的绩效，是村民们在村级治理开展经常性活动的互动中所形成的共享知识，是促进村庄社区良性发展的积极因素，是解决村庄社区集体行动困境、提高村级治理绩效、实现村级善治的关键。

（一）社会资本是乡村社区治理的基础

对于公共用地的悲剧、集体行动的困惑、公共产品及囚徒的困境，普特南提出了社会资本，他认为，信任、规范和网络能够推动、协调行动，从而提高社会治理的效率，不仅如此，普特南在意大利的经验调查也支持了他的结论，良好的公民规范、公民参与网络和政府与居民之间的相互信任不仅能够减少机会主义和胡作非为，而且能够支撑一个好政府和经济进步的出现。因此，社会资本是善治的基础。

中国乡村社会资本与西方的社会资本在存在形态、表现形式和影响结果上都有着明显的差异，但同样能对社区治理起到基础性作用。传统乡村社区中社会资本有着明显区别于西方的特点，即：社会资本具有很强的内生性，也就是说，乡村社区存在两种主要的内生性社会资本，一是以血缘、亲缘为基础的宗族网络资本；二是以地缘、业缘为基础的邻里关系资本，这两种资本构成了传统乡村社区发展机制和成员行动的逻辑，以这两种主要社会资本为核心，又形成了乡村社区生产的功能性组织网络，以及传统习俗、宗教信仰的文化网络，这些资源构成了乡村社区的基础性社会资本，以至于使乡村社区在现代性不断渗透的情况下仍然保持了较高的封闭性。因此，探讨乡村社区治理必须了解乡村社区内部的这些原生性社会资本的特点、表现以及影响，这是乡村社区治理的基础。

（二）社会资本是提高乡村社区治理绩效的有效手段

1. 社会资本可以促进乡村社区成员的合作，有助于解决治理中集体行动的困境

乡村社区不同于城市， 城市治理的关键在于协调政府、其他社区组织和社区居民等多元权利主体的利益，促成合作网络的建立，从而达到对城市社区的有效管理。而乡村社区内部社会组织并不发达，缺乏协调各种复杂利益的组织与机制，反而导致了集体行动的困境，因此治理的关键在于厘清乡村社区内部的各种利益关系。社会资本所蕴含的信任与互惠规范能够解决社区居民之间的信任与承诺问题，从而更好地解决集体行动的问题。社会资本作为一种为促进共同利益而采取集体行动的正式和非正式的规范和网络，它不仅能够使个体的利益和集体的利益有机地结合起来，实现二者之间利益双赢，同时还能够控制个人的“搭便车”行为，因此，利用社区内部丰富的传统社会资本，对于个人、组织之间的信任和合作，乡村治理乃至整个社会的进步和繁荣都具有重大积极意义。

2. 社会资本的积累能够减少交易成本，提高乡村社区治理的绩效

善治的本质特征就在于它是政府与公民社会的合作管理，是政治国家与市民社会的一种新型关系，是两者的最佳状态[①]。普特南认为，在民主社会的政府治理中，拥有良好信任、丰富的组织网络和合理的规范能够增加政府治理的绩效，公民正是通过社会资本的这些形式来促使地方政府部

① 俞可平：《治理与善治：一种新的政治分析框架》，《南京社会科学》2001年第9期。

门或机构为他们的利益服务。意大利不同地区的实践证明，丰富的社会资本有助于减少社会的等级关系，增强公民社会的自治能力，降低社会的治理成本。

在乡村社区，善治是国家与乡村社区成员自治组织、村社区内部的信任与有效合作，乡村社区社会资本在降低治理成本、提高绩效方面有两个作用：首先，乡村社区内部的各种社会组织与村社区内的基层自治组织构成的正式与非正式的网络，构成了乡村社区治理网络。这些网络一方面推动了村民积极参与社区自治，另一方面也促成了政府与乡村社区成员之间的良好互动，从而形成政府与村民、政治国家和乡村社会合作治理的局面；其次，社会资本为乡村治理提供了信任与互惠机制，促进了社区参与，改善了农民由于分散性和无组织状态而在激烈的市场竞争中处于劣势的现状，也降低了政府与村民因利益博弈而产生的管理成本，有利于乡村社区的制度建设。

（三）社会资本的积累也是乡村社区治理的重要目标

乡村社区治理的过程，是乡村公共权威通过管理乡村社区以增进社区公共利益的过程，具体来说，乡村社区治理的目标就是要维护农村社区的安定，推动乡村社区公共事业的发展，增进村民的公共利益。然而，乡村社会最重要的两个特征——“乡土性”和“差序格局”造就了乡村社区独特的物质与精神文化和特殊的社会结构与人际关系——在某种程度上影响了公共利益的实现。乡村社区中家庭或家族内部的社会资本程度很高，而家族以外的社区社会资本则相对缺乏，加之乡村社会中错综复杂的关系网络严重影响着农村法定权威的产生，从而使得乡村社区中村民更加重视对家庭、家族、亲属的责任与义务，而缺乏对社区的关怀，缺乏西方社会所倡导的公共精神和团体格局。实际上，社区治理的目标不仅在于国家权力在乡村社区有效的政治治理，更为重要的是建立被村民认同的公共利益格局，这包括具有民主观念的制度、法律、政策等社区规范，建立在信任基础上的互惠性治理网络、团结、合作和信任的公共精神等。因此，在乡村社区实施有效的治理可以确保村民主体权利得到保障，建构乡村社会平等参与的社会基础，有利于社会信任、合作和共识的普遍建立，也能够推动政府与农民之间进行积极而富有成效的合作，建立开放的治理网络，使村民重新建立起对乡村社区的归属感和认同感。

The Theoretical Logic and Meso-perspective of Rural Community Governance

Yan Zhen

Abstract: Based on analyzing the model of rural community governance and their plight, this paper discusses the connotation of rural community governance, the composition of social capital and the relationship between social capital and community governance. Through in-depth analysis, this paper argues that social capital is the basis of rural community governance and it is also an effective way to improve the performance rural community governance. In addition, the accumulation of social capital is an important objective for the rural community governance.

Keywords: Rural Community; Governance; Social Capital

（责任编辑：王旭瑞）

质性访谈语境下的社会治理：论述城市吸引力与竞争力

郭俊伟*

摘　要　本文旨在比较不同城市发展的吸引力与竞争力，透过生活在杭州市与上海市的海外与境外华人之生活经验，进一步分析社会拉力与推力。研究方法采取深度访谈，并以诠释法加以论述。研究发现：（1）“浙江杭州”面对“世界上海”竞争，城市优劣势需跳脱传统的“纯粹经济”思维；（2）“法规”的理解与遵守以及“公务体系”的人际网络建构，面临抉择与适应问题；（3）“语言”屏障消除化下存在中国式多元城市竞争。

关键词　质性访谈　社会拉力　社会推力　中国式多元城市竞争

一　前言

自从改革开放以来，海外与境外华人到中国大陆来长期工作与生活的人数有显著增加趋势，且逐渐出现当地出生与成长的下一代，尽管发展快速导致了环境与社会质量问题，但很多第一代在生活上都选择停留在经济重镇：上海市。不同于上海市的高度经济发展样貌，杭州市拥有世界遗产

* 郭俊伟，浙江大学公共管理学院，浙大求是青年学者。本文为浙江省人民政府台湾事务办公室委托调研《从海外与境外华人在地认同感来比较杭州市与上海市的社会拉力与推力》（201307，项目负责人：郭俊伟）获得“一等奖”课题经修改后的一项成果。

认证的西湖风景区、传统历史风味的都会风情以及适宜生活步调与质量的环境资源，但在整体发展上，尤其对于海外或境外这些外来人才，却不如上海市具有吸引力。到中国大陆的海外与境外华人已从过去单纯经商赚钱的角度转变，出现可能会有长期居住的打算，开始关注不仅仅经济层面，而且有其他社会层面，这导致学界的研究兴趣也逐渐从商业经营面向转移至社会层面的实质关怀，甚至从移民或长居的角度，来探讨这些海外与境外华人与中国大陆人在广泛接触之后，对于本地文化、制度的认同转变与社会融入情况。

过去有相关研究探讨台湾人对于中国大陆的社会融入情况，诸如：林瑞华、胡伟星与耿曙所发表之《“阶级差异”或“认同制约”？大陆台湾人当地融入的分析》以长居大陆的台湾人士为研究对象，观察他们在历经长期的社会接触后，对于当地社会的融入情况以及因素差异，研究发现“社会阶级”与“身份认同”对台湾人的当地融入影响显著，其中，前者主要影响台湾人生活层面的融入，而后者则对深层的社会交往和心理层面具有显著影响[①]。林平撰写之《从居住空间看台湾人对中国大陆当地的认同》对过去台商的研究，在“台湾人移居后的身份认同”上，根据受访者观察这个指标下“购置不动产”“居住位置”“邻里关系”三方面的现象[②]分析后发现，受访者多具备充裕的资源，他们对当地社会的认同其实是非常有限的。但是该研究尚未说明为何会造成这种“油归油，水归水”的现象。

以往研究多停留在台湾人评估自身与中华文化的距离方面，交流多了，很多原本属于政治性认同概念也有转变，变成一种城市性的社会认同，也逐渐将研究对象扩大到台湾人的生活层面[③]，并且将“非商人”

---

① 林瑞华、胡伟星、耿曙：《“阶级差异”或“认同制约”？大陆台湾人当地融入的分析》，《中国大陆研究》2014年第4期，第29页。

② 林平：《从居住空间看台湾人对中国大陆当地的认同》，《台湾政治学刊》2009年第2期，第57页。

③ 方孝谦：《全球化冲击下大陆台商的认同问题》，许永泰主编《世贸组织与两岸发展》，2003，第489～504页。

（例如眷属、学生与老兵）纳入研究范围[①]；之中认同也转化为涉及一种所谓的社会融入与社会排除的问题。类似法国学者勒努瓦（Rene Lenoir）最早于1974年所提出之“社会融入”（social inclusion）与“社会排除”（social exclusion）相关之理论[②]，而一般这样的探讨，强调相关记忆牵涉到种族、阶级、文化资本等因素[③]，但如果其身份能够使其快速移动而改变其生活空间，则其认同的重点就更能凸显出该地城市的整体特征、内在城市的认同感[④]，也逐渐成为海外与境外华人深层心理的分析焦点。

本研究从两地（杭州市、上海市）的海外与境外华人为分析焦点，抽样范围以主要待在杭州市与上海市工作或生活的海外与境外华人为研究对象，调查时间设定在2013年5月1日至11月30日；以半结构式问卷，采以定性研究方式贯穿于理论视角、研究用语的主研究中。这样的设计方法也有不同的类型：互补式、独立式、同步进行式以及系列进行式等[⑤]，共完成有效样本37份，其中杭州市案例10份，上海市27份，在时间与经济成本考量下，以“立意抽样”（purposeful sampling）方式来进行，所有个案均由研究者亲自前往面访，以定点访谈与滚雪球模式进入其社交生活圈中逐步搜集相关面访个案，总样本数即为成功样本数，期望能让样本数量具有推估母群体的代表性[⑥]。以文字符号，说明描述行动与网

---

① 陈铿任、吴建华：《是故乡，还是异乡？从东莞台校学生的学习经验看台商子女的身份认同意象》，《师大学报教育类》2006年第2期，第173～194页；刘胜骥：《台湾学生在中国》，（高雄）复文书局，2002。Lin, P. (2007). “Men in Double Marginality, Chinese Diaspora ‘at Home’.” Paper presented at the annual meeting of Taiwanese Sociological Association, Taipei, Taiwan；Shen, H.H. (2005). “The First Taiwanese Wives’ and the Chinese Mistresses: the International Division of Labour in Familial and Intimate Relations across the Taiwan Strait.” *Global Networks*, 5 (4): 419-37。

② Lenoir, R. (1989). Les Exclus: Un Francais sur Dix. 2nd. ed. Paris: Editions de Seuil.

③ Lareau, A. and Horvat, E. M. (1999). “Moments of Social Inclusion and Exclusion Race, Class, and Cultural Capital in Family-School Relationships.” *Sociology of Education* 72(1): 37.

④ Hanson, P. (2003). “The Politics of Inner City Identity in ‘Do the Right Thing’.” *South Central Review* 20(2/4): 47-66.

⑤ 胡幼慧：《多元方法：三角交叉检视法》，胡幼慧主编《质性研究：理论、方法及本土女性研究实例》，2002，台北：巨流，第278～279页。

⑥ 董时叡：《跨越数字陷阱：统计上常犯的14种错误》，台北：远流，1991，第172页。

络中意义的诠释资料[①]。本研究使用“诠释法”（hermeneutic method）进行之，亦即理论对象是一个已经受到日常意义所解释的状态，需要透过再次赋予并诠释其意义以及与研究对象的关系[②]。根据以上论述脉络，本研究中所型塑的问题如下所列：

（1）描述杭州市与上海市的城市拉力与推力，分析其优势与劣势，并考虑到人与环境的关联性；

（2）探讨海外与境外华人的生存适应与融入的问题，并论述整体法规适应与公共部门互动观感；

（3）比较上海市外溢人口的流出，杭州市是未来潜在的竞争城市，分析是否符合西方社会中双元城市概念。

二 “世界的上海”与“浙江的杭州”

论述一个城市的竞争力，如果从其吸引人之处的拉力，以及使人产生负面印象的推力来看，不论是杭州市或是上海市，都存在着城市本身的优势与劣势，然而进一步分析可能会发现，有些属于整个中国大陆文化现象，有些则偏向于地方性的特征，而这地方性的特征，也恰巧成为外来者看待该城市的观点以及主观上的意象感受，城市的符号象征更是凸显了其在中国大陆境内的地位。

上海作为一座典型崛起于近代的城市，其发展模式具有相当的独特性与复杂性[③]，具有本身几乎不太容易被中国大陆任何城市取代的优势。而这样的条件，也成为吸引海外与境外华人最主要的核心点。

① Polgar, S., & Thomas, S. A. (2008). *Introduction to Research in the Health Science* (*5th ed.*). Sydney: Churchhill Livingstone.

② Giddens, A. (1977). *Studies in Social and Political Theory*. New York: Basic Books.

③ 连连：《萌生：1949年前的上海中产阶级》，中国大百科全书出版社，2009，第53页。

（一）亲近上海之“拉力”与远离之“推力”

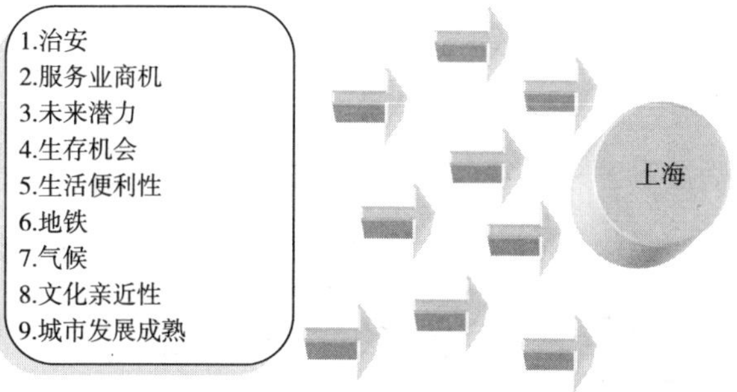

图 1　海外或境外华人眼中的上海市主要拉力因素

上海具有相当多优良条件。然而，大城市所衍生的问题也使得生活在其中的人无法加以改变，除了适应之外，也更加将目标转移到仅仅追求经济价值的获利层面上。

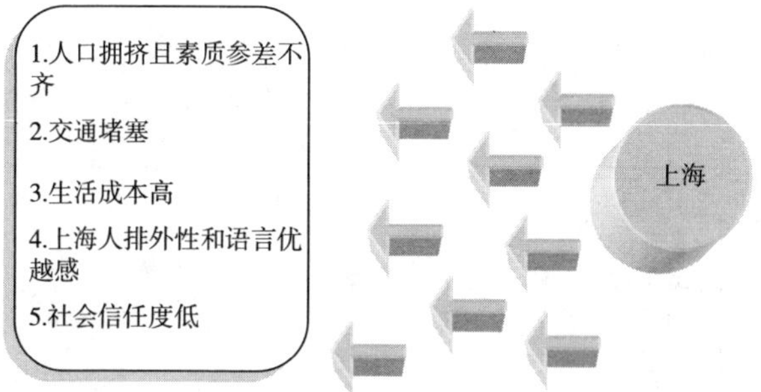

图 2　海外或境外华人眼中的上海市主要推力因素

（二）亲近杭州之“拉力”与远离之“推力”

杭州市在经济总量、用地面积、人口规模方面，成为长江三角洲仅次于上海的第二大城市。[①]因此对海外或境外华人而言，仍具有相当多吸引

① 杭州课题组：《杭州》，当代中国出版社，第124～125页。

其前来发展的竞争优势。印象中的杭州，大多在“自然环境”上留下深刻印象，尤其是世界遗产“西湖”所带来的正面“城市品牌效应”。

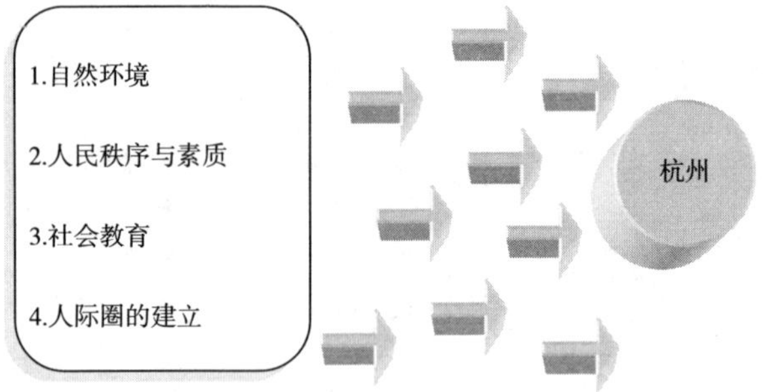

图 3 海外或境外华人眼中的杭州市主要拉力因素

杭州许多单位，尤其是传统的国营企业，并未形成一种“以民为尊”的思维，而是坚持相对“官僚本位”的态度，在尚未建立起“职业道德”的自我约束之前，很容易产生强烈的认知上的问题，更严重的是某些当地小官员因为“过度自我中心的非理性”而演变成一种“文化距离”的“必须不认同感”。

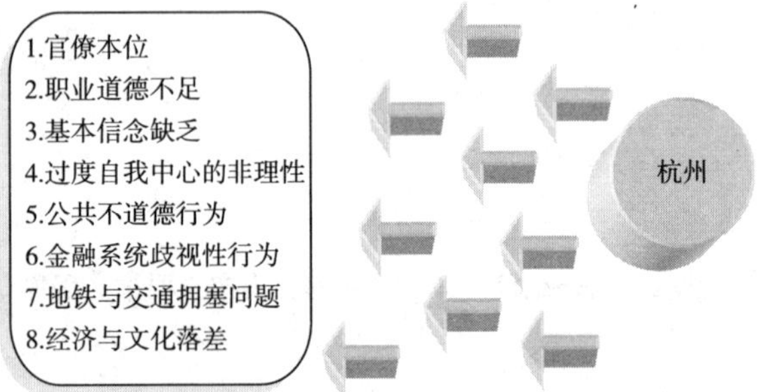

图 4 海外或境外华人眼中的杭州市主要推力因素

（三）综合比较上海市与杭州市的独特优点

上海市与杭州市对于海外或境外华人具有不同的吸引之处。虽然同样是大都市，不过其规模与多样性仍然有所差异；因此，透过受访者主观与经验上的比较方式，更能看到上海市与杭州市的细微差异点。

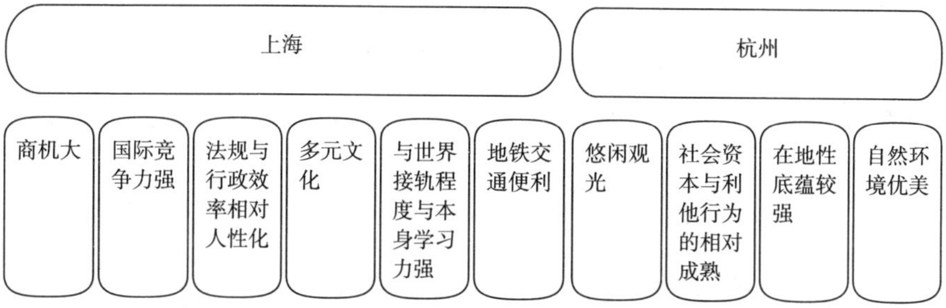

图 5　海外或境外华人眼中的杭州与上海的比较优势

三　面对华人差序格局中的公共部门“潜规则”：人际网络的建构

（一）法规问题的求解：制度外的私人关系走向与两套标准规范

中国大陆对于海外或境外华人因为文化与教育差异，会在遭遇到法规问题时不知所措，仍提出相关的配套措施。例如：设立各省台办或是其他相关台商协会等，以协助其更能专注于专业上的发挥。

> 因为我们本身协会的功能就是处理台湾投资企业来这里的一些问题，当然这些台商会碰到一些法规问题，台商就是透过协会这样的平台来与政府谈一些法规问题。我们算是一个中介……（H1）

民众与官员在“态度”上的差异，使得双方认知有极大落差，很容易导致海外或境外华人（尤其是本身生活环境更为自由者）有很大的不谅解性。

> 就是你在外面碰到的事在这边都碰得到……你觉得很奇怪的事，他们觉得你才奇怪……反正就是他们的“态度”吧……比如说我车子不晓得怎样在路上，可能是我没有搞清楚，我记得，交警就很凶地指

着我的车子说："你，你给我过来。"我觉得，他们好像"把每个人都当贼一样"，我觉得……我反应很平淡，就看着他，我就看他怎么跟我讲……讲完后，我就好好跟他讲，其实你可以好好讲啊，不必跟抓贼一样。讲完之后，他可能觉得不好意思，后来就没事了，就放我一马。（H6）

两套标准的施行，导致海外或境外华人感觉到一种"实质上的歧视"，就会有认知或认同上的嫌隙；除此之外，有许多法规上的"契约精神"并未落实，当地被认为属于白领阶层人士或是行政人员的"不专业"与"不公平"对待，导致"高端人才"对于当地信任度大幅下降，甚至产生全然无法信任的短暂状况，加之"信任机制未落实"的法规象征，以操弄方式实行两面手法，更是导致其"难以认同与融入"的主要原因。

没有涉及很深。就是房东会帮你处理好所有事情……就是说你拿不到那个什么"营业执照"……其实说这个执照应该是"经营者"拿的……可是你"不可能拿到"……房东要拿这个营业执照是因为大家都在等"拆迁"……然后拆迁的时候，他如果有营业执照的话，"赔偿就是双倍"的……我们没有得选择……你如果要这个的话，就变得很弱势……对啊……就是要妥协……应该也没有人来帮忙保障或捍卫吧……（S6）

一般不太会遇到……不过倒是常常有"次等人"的感觉，因为很多对台湾的法规没有出台，但也有些人真的对台湾人比较友善……会以个人方式帮忙。我没有特别要什么利多，这感觉自己很糟、很贪……但希望最起码的公平吧……（H4）

"台办"是海外或境外华人（尤其是台湾人）主要的沟通单位，因此发挥极大的作用；如果功能一切都发挥得宜，能够真正让海外或境外华人感受到温暖，非常有助于彼此的认同与信任之建立。

这边的法规法律……我办学校嘛……所以一开始跑那个流程……遇了很多的……走了很多弯路……有可能就是局跟局之间，他的沟通不是很畅通，就是这个局说可以……那个局说不行……然后有些事情需要几个局都同意才可以做成的，所以就会碰到一些……就是一些流程上跑起来会比较卡……不像……不像台湾……台湾可能说你要办一件事情，就是一路到底……没有那么复杂，没有那么多程序要跑……应该是这样，流程上这里比较多。另外，收购问题……就是说如果碰到是那个非法想要收购你，我们就会走“台办”路线……我们会跟台办申诉……他们就会介入，一定会介入……其实“杭州市台办”在整个中国来讲，还是“对台商真的很用心在照顾”的一个单位……因为其他地区的台办没有接触过，所以不知道……但是有时候在网上我们看到其他地区的台商也在反映嘛……就是说我们杭州市的台办对台商的照顾都还是满好的，基本上你反映什么事情，都还是会想办法帮你去解决的……这边就是有时候……比如说我办学校，在拱墅区的法规法令是这样，它的操作流程是这样……但是你到了余杭区……它又是另外一套东西……同样都是杭州市，它却不一样……可是如果说你到其他区又是不一样，所以说每一区对于法规法令的解释，它有一些当地的土政策，它都会不一样……就是开业之前要先做好调查，地区性的法规法令它有怎样的限制，要调查清楚，然后呢，按照每一区的规定去做，这样子就会避开很多走弯路的问题……（H7）

在商业性行为中，如果不是属于太大的问题，一般可能都会委托“房东”去帮忙处理，而这样是非常典型的利益关系，但能简化许多手续与麻烦，也有不少海外或境外华人运用此通道。

对啊……一定会有的，所以我们开店……会有什么工商、消防、卫生等等什么的……都会有“当地人”帮忙解决啊……不需要用律师……“房东”就可以帮忙处理了。因为他把店租给你，就会讲好可以做什么……（S1）

而很多到这里生活的海外或境外华人，感受最大的就是这里的“高赋税制度”，但这属于整体国家政策，很难因为个人而有非常大的改变，不过有些产业则有可能因为“返税”等不同优惠措施，而让更多人愿意前往，不过最重要的还是“利润”与“效益”的评估。

我们没有大到这种程度，所以不用跟当地政府互动……通常大的公司是因为“税”的问题……这里的“税太重了”……工厂、制造业啊……光税这一块有很多问题要处理了。（S1）

法规部分，之前有给台湾一些优惠……但是自从两岸逐渐互动比较缓和密切之后……只能说“愈来愈好”的话，之前的一些“优惠都逐渐消失”……现在就看这里的“返税”，就是征收之后再返给你。上海要看区，像现在我所在的这个区域，基本上已经完全没有这种优惠，当然“产业”还是有差别，要看它的“效益”，就是在获取“利润”与“毛利”的情况之下，看产业是不是适合在这个区，所以返税不一定是一个最重要的因素，也不会因为当地返税高所以就选择那个地方……除非它“上市”，上市的话，我们就考虑会去（笑）……（S2）

“信赖原则”的不完全适用性，导致经济互动需要多“交友”来比较与知悉何者为正确的可做事情；甚至连带让自己变得不相信当地法律制度，或是采取与当地人相同的方式来看待或处理事情。

法规喔……各个城市都差不多……可能“上海”会好一些，就比较“规范”吧……比如说，有些事情你可能问一些律师能不能做，律师说能做，基本上应该都是能做的吧……在北京可能就不一样，比如说你问一件事情，这家公司、这种行业我们台湾人能不能做……问了以后，可能就会有5种答案，有3个答案说能做，因为业务很厉害，他所有的事情都会说“没问题”……可是没问题之后当然不会真的没问题，有些可能本来就真的没问题，但是他会刻意给你“制造问题”来“凸显他的重要性”……比如说今天会跟你讲哪个领导又说这件事情不能做了啊，不能办了啊……那你要搞清楚这个事情是不是真的这个样子，确定这个销售是不是有意的…你就要“找不同人”啊……找不同的公司，去问你目前遇到的这个问题是不是问题，或是从一些朋友的口中去了解，然后再去跟这个销售说：我知道这一般都可以做的，你帮我办好，这钱我是不会付的。这里信任度不高，只为了赚钱……（S13）

我认为喔……可能一些人的生活环境导致，不会把“诚实”当做重要的品格标准，所以说谎话很正常……不过还是有一些很好的人，非常善意帮助别人，就是人跟人之间差异性太大了，“没有底线”的感觉让人适应上会有点不知所措……（H4）

整体社会的“漠然”态度，即便遇到一些法律上的冲突，人们也无法期待社会正义的出现，凸显出个体的无助感。

我在上海没有遇到这种问题，我在北京遇到比较可怕的是……当遇到事情发生的时候，好像叫警察也没有用，比如说我遇到扒手或是什么的时候……大家就是……OK你就自认倒霉吧……但是大家都这样，你能怎么办呢？……所以我就离开那里了……我有遇到过……我就跟他们（扒手）吵架……不过还没有发生就被我发现了……结果他就笑笑地走了……觉得这边的人很夸张……当扒手或有人在犯罪，他们被发现的时候“不会感觉到任何的羞耻”……他们反而很悻悻然或是很得意……那旁边的人不愿意做任何的阻止跟干扰，因为他们怕惹祸上身……因为我后来跟当地同事抱怨的时候，他们就说你以后遇到这件事情，不要说有小偷，你要说“失火了”……才会有人去注意，然后以后你遇到这种事情发生在你旁边，最好不要去鼓动，因为他们有刀子，会有危险……在上海没有遇到，我只有在北京遇到过……（S25）

法规的复杂导致海外与境外华人在工作上遇到相当大的困扰，但是无法避开此问题。

会有法规……很多……餐饮的……餐饮的部分其实条条框框很多……就像食药监（食品药品监督局）……然后餐饮……然后公共卫生……其实很多……然后……倒是灰色地带很多……对……那……所以……其实还满痛苦的……（S16）

多数海外与境外华人的观感还是接受“法治”概念，毕竟当真正有争执或纠纷时，他总是弱势的一方，而法律可能就是最后的一道防线。

台湾人来这里喔……一定二话不说，一定就是“遵守他的法条”……非常地守法……我们在台湾都是非常守法，所以到这里还是守法，不走旁门左道……但是有些“私底下的必要”，这是非常的必要……入境随俗喔，这个是“聪明人”做的……（S5）

法规比较……麻烦些，就规规矩矩地去做……比较不会有问题……（S11）

整体而言，在法规层面上，不论是在上海市还是在杭州市，海外与境外华人都面临到相当大的挑战，而这样的感受都环绕在法规问题求解上。基本上，海外或境外华人相对较有“法治”概念，一开始都比较愿意守法做事，而因此遇到问题时，都尽量寻求机构的协助，以获得本身权利的保障。

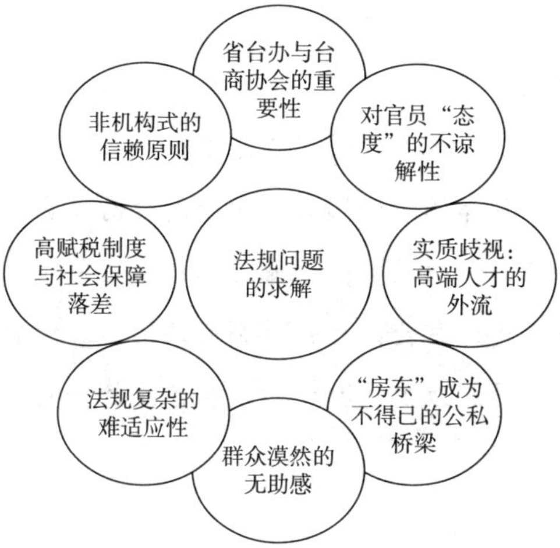

图 6　海外或境外华人面对法规上的挑战与适应

（二）“深入浅出”与当地政府的互动

传统上的一些华人文化，由于习俗的相近性，多数海外或境外华人都能够理解。“吃饭”“喝酒”只是非常简单的一种互动形式，其他更加游走在法律边缘的互动，也因为当地文化逐渐改变，而有“收敛”或转为“地下化”。

> 跟当地政府我们互动很多，有些打交道会要“喝酒”。嗯……目前还存在一些其他吃饭喝酒之外的“潜规则”……明示、暗示都会有，一些都很大胆的……可能刚好只是这一段时间，十八大之后是比较收敛了……“会所”是有点改变了，但是基本上，不是在那些比较巨大的有价东西方面，还是满不避讳的……（S2）
>
> 我的工作大部分是跟政府互动，我们工作内容还不太需要……

嗯……就会吃饭，其他不会去做太多……我们不太需要因为跟他们吃饭而拿项目，我们有的部门专门在做这个……（S25）

海外与境外华人与当地政府的互动关系，涉及诸多观感与信任程度的培养，而当今许多投资与工厂因素，更是涉及“利益”与“补偿”的问题。

常常……潜规则……杭州跟其他城市比起来是比较少，基本上来讲，杭州政府官员在处理事情的工作态度上，应该也是对台商……大部分是肯定的……具体的……因为这牵涉到台商投资环境的问题，比如说……他现在“工厂折迁”……他是工业土地要改成商业土地，这些投资企业要被迁走，就会产生投资利益的问题。你要我迁走，你要补偿我多少……这是跟政府谈判的时候会产生的一些问题……这是比较深刻的……（H1）

华人社会，不可避免地在于“关系拉拢”，所谓“有关系，没关系；没关系，有关系”的价值体系建构了整套人际网络互动的模式。传统上，“节日”就是送礼物该有的“礼数”，诸如：端午节、中秋节、春节等被称为“三节”的象征，开启较为灰色地带的政商人际交往空间。

以行业……像台湾早期一样……就是“三节”嘛……“价码是随意的”，一般都是几百块钱嘛……就是“关系”的问题嘛……关系比较深的就可以稍微少一点，关系比较不好的，就多一点……送的单位……像是一些“卫生”啊、“税务”啊……因为税务每年都在加税，而且加税是不合理的，价格不合理……中央说降税，地方是加税……所以这是常发生的……一般就是我们不要去做一些违法的事情，最好是循规蹈矩嘛……该办的证办好，人员该管制的管制好……（H2）

在“送礼文化”中，除了要找对关系之外，也要知道“潜规则”中的

“价码”才能够在人际网络中建立起一个方便的途径。

也还好……我觉得我们算比较幸运，运气都还不错……碰到的是一些不错的领导……偶尔吧，不过还好，不是那么麻烦……会有很多互动机会……很多私底下都是好朋友……我觉得“物以类聚”……很麻烦的人，基本上你也不会很愿意跟他走得很近……就尽量不去碰……（H5）

主动与当地官员保持好关系，并理解当地人彼此的“利益关系结构”，更能够提高本身的存在条件，并避免过度信任当地人的任何“两种话语体系”内容，让自己减少吃亏上当。

会啊……像是什么机会……我们就跟教育局、民政局……卫生局我们也有接触，因为我们学校里面有食堂，食堂也是归卫生局的一个单位管的嘛，所以我们每年也是有卫生许可证……跟公安局、城管也有一定的联系，对……我们这边的协警是公安分局下的保安公司的吧……像我们有装报警系统，学校有什么事情按那个钮，因为这是校园安全嘛……所以我们跟公安局也有很多互动，然后他们会固定时间来巡察，签字这样子……像派出所那边我们每天上学的时候，他就会派两个民警在那边站门口啊，协助我们啊……教育局就是定期来检查啊，检查我们的教学、教育质量啊……就是例行公事吧……他这个检查就是每个月都有的，其实就是按照他的规定，定时地上交报表、定期去汇报，然后……教学开会园长要去开……然后遵守这边的一些法规法令吧……就不会有太多的问题……就我个人的经验就是说……要放下自己是……比如说我是台湾人……我要“放下台湾的那个思维模式”……然后呢……尽可能去融入他们的思维模式，然后呢……要很诚心诚恳地去跟他们做朋友，去理解他们，然后呢……这样子会减少很多争议……我们在学校里面，送卡是稍微不大……不大……不大有的……学校可能跟那个企业不一样喔……学校比较没有这个现象，学校就很单纯啊，只要说你这个学校办得好，口碑好，就是给教育局带来面子嘛……然后他觉得有面子……他对你这个学校印象好，他就会支持你嘛……那你就是学校要尽量去争取一些荣誉啊……（H7）

不会，太小了还互动不到（笑）……只会跟房东互动，因为我去过工商局，才知道房东跟工商局的关系。因为我去工商局，我本来傻傻的，然后就去工商局……就是就是说想要“注册”……注册公司……然后去的时候才发现说，原来像上海这种“私人的老房子”，“营业执照都是房东的”……你经营者是拿不到的，所有的人都一样……不过大家都接受啊……就像你看这一片……这一片大家都没有营业执照……其实对于我们来讲的话呢，就是我的目的就是想“做生意”……当然营业执照拿到会很好，但是拿不到也没有关系。因为拆迁，你不是内地人也拿不到太多的好处……因为影响也没有那么大，所以也无所谓……对……所以就算了……（S6）

必须清楚相关法规游戏，不能贪小便宜，否则很容易陷入整个体系中无法自拔。

不过大多在法规上的问题，都还是属于“简单的违规事件”，而产生与政府官员的联结，一般也不太会为了一些钱加以抗争或产生负面印象与观感。

没有……嗯……有啦，就“城管”……就是街道清洁的问题……还有摆桌椅的问题……嗯……会罚款……罚款都还好，就几百块钱人民币……来一年多就罚了一次……所以还好（S8）

“便利性制度”的设计，在行政流程上确实导致办事效率的提升，也更加提升对于政府效率观感上的建立。

会……有的时候就因为办证照……但是因为上海我觉得相对比较规范……因为它的窗口每一区都越来越统一……不会说你这东西有问题，他就会说：啊，你要去找别的……然后你就要去很远的地方……上海的区域还满大的，行政区还满大的……像以前就是你在这个区……东西南北都有窗口……到北部的窗口，他就说这是南部的事……然后你要开车去那个区的南边……然后到南边，就说这是北边的事……就一直在踢皮球……但是现在越来越规范，就是一个区域就完全办证照……如果有问题，他当场“窗口”就能解决……就说相对来说会比较好……（S16）

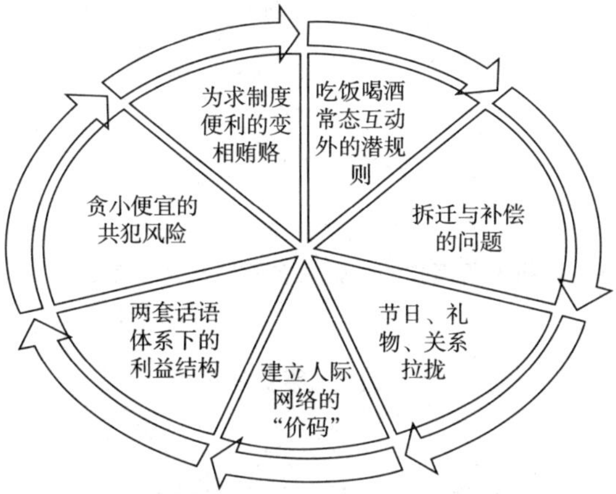

图7　海外或境外华人与当地政府的“无间道”人际互动模式

四　外溢人口流向

综合评析上海市与杭州市的双元城市特性时，可根据其推力产生时的前往城市来判断，发现到海外或境外华人的选择上，几乎都集中在相对发达或者本身有关系网络的城市，形成一种“回流现象”，文化与发展程度的亲近性，仍是很重要的考量原因，根据上述，由图8可看出其流向与竞争分布的城市。此外，如果分析上海推力而离去的人，在交叉看待其重复性时，真正构成杭州人口移入竞争的城市，大致上还是首推：上海、北京、深圳、厦门、成都。前三者为经济上所谓的一线城市，厦门在台湾文化亲近上具有绝对优势，而成都则具有西部开发潜力的吸引条件。

中国大陆在“语言”的一统性上具备“城市之间屏障的消除化”，不同于欧洲城市发展模式，其对于人口流动性具有一定的挑战。因此，杭州所面临的是一种中国式多元城市竞争模式，而非简单的二元城市概念所能描述。其具备的城市特质，却是一种更为全面性的挑战与竞争，形成一种可循环跳动式的移动。

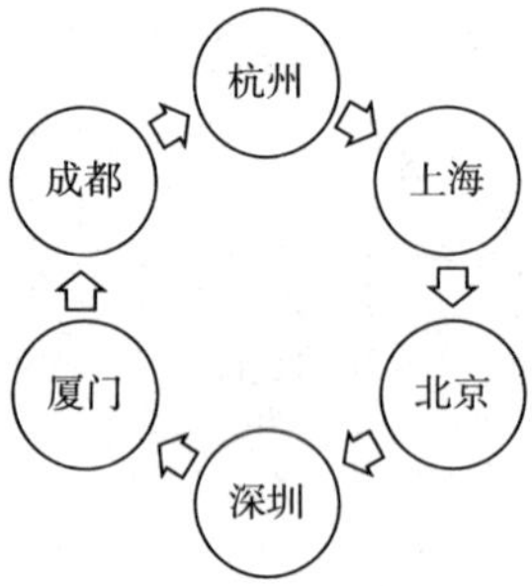

图8　杭州市所面临的中国式多元城市竞争模式

五　结论

本文透过海外与境外华人的生活经验，并访谈其在地认同感来比较杭州市与上海市的社会拉力与推力。运用描述城市中人与地的关系，从城市的符号意义到人的情感联结等相关概念谈起，以进一步了解到这群海外或境外华人对于城市的认同感。由城市外在竞争力发展，并探求个人内在深刻情感联系，来分析城市属性与双元化意象。也发现到这样的论述模式，确实在本研究中可找到相互对应的实证呈现：（1）海外与境外华人眼中“浙江杭州”面对“世界上海”的竞争转型；（2）法规的理解与遵守以及公务体系的人际网络建构；（3）海外与境外华人的其他选择：杭州面临的中国式多元城市竞争模式。

参考文献

（一）中文部分

陈朝政：《大陆台商的认同与变迁：理论的归纳与推论》，《东亚研究》2005年1期。

邓建邦：《我们是谁？跨社会流动下中国大陆台商的认同》，第二届跨界流离：公民身份、认同与反抗国际学术研讨会，台北：世新大学，2005。

耿曙：《“信息人”抑或“台湾人”？大上海地区高科技台商的国家认同》，第二届政治与信息研讨会，宜兰：佛光人文社会学院政治研究所，2002。

郭俊伟：《以视觉艺术语言诉说城市意象：高雄市与台北市文化场域中的地标》，第五届城市学研究学术研讨会，高雄：美丽岛会廊，2012。

柯司特(Manuel Castells)：《双元城市的兴起——一个比较的角度》，曾旭正译，夏铸九主编《空间的文化形式与社会理论读本》，台北：明文，1999。

李永展：《永续环境规划之新思维》，《环境教育季刊》1999年第37期。

李志勇：《台商异／己，异域／故乡之认同区辨》，中山大学人类学系硕士论文，2008。

林志明：《符号学巴黎学派的叙述模态研究》，《中山人文学报》2004年第19期。

刘胜骥：《台湾学生在中国》，高雄：复文书局，2002。

刘玉照：《移民化及其反动：上海农民工与大陆台商反移民化倾向的比较分析》，《探索与争鸣》2005年第7期。

马西恒、刘中起：《都市社区治理：以上海建设国际化城市为背景》，上海世纪，2011。

石计生：《天文社会地理信息系统：理论、资料与Major GIS解析》，台北：儒林，2003。

（二）外文部分

Anderson, B. (1991). *Imagined Communities: Reflections on the Origin and Spread of Nationalism*. New York: Verso.

Castells, M. (1972). *La Question Urbaine*. Paris: Maspero.

Castells, M. (1989). The *Informational City: Information Technology, Economic, Restructuring, and the Urban-Regional Progress*. Oxford: Blackwell.

Castells, M. (1997). *The Power of Identity*. Oxford: Blackwell.

Greimas, A. J. and Courtés, J. (1993). *Sémiotique: Dictionnaire Raisonné de la Théorie du Langage*. Paris: Hachette Supérieur.

Greimas, A. J. and Keane, T. M. (2007). *Moyen Français*. Paris: Larousse.

Kjellén, R. (1918). Die *Grossmächte der Gegenwart*. Berlin: B.G. Teubner.

Moscovici, S., Argyle, M., Beauvois, J., Doise, W., Dubois, N., & Emile, N., et al. (2006). *Psychologie Sociale des Relations à Autrui*. Paris: Armand Colin.

Rogers, R. (1997). *Cities for a Small Planet*. London: Faber & Faber.

Social Governance in the Context of Qualitative Interview: Discussing Urban Attractiveness and Competitiveness

Jeffrey J. Guo

Abstract: The purpose of this article is to compare the attractiveness and competitiveness of different urban development through overseas Chinese experience of living in Hangzhou and Shanghai; moreover, analyzing the social inclusion and exclusion. In-depth interview and interpretation are the research methods applied in this article. The findings are, (1) the competition is “Zhejiang Hangzhou” versus “World Shanghai,” and the city needs to get rid of traditional “purely economic” thinking to reshape its strength and weakness; (2) understanding and following “regulations” as well as the “officially systematic” interpersonal network building, facing the choices and adaptation, and (3) elimination of “language barrier,” the Chinese pluralistic-city competition.

Keywords: Qualitative Interview; Social Inclusion; Social Exclusion; Chinese Pluralistic-city Competition

（责任编辑：王旭瑞）

理论视界

性别与方法：女性学者质性研究解析

李　芬*

摘　要　在经验研究中常常会发现，女性学者偏好选用质性研究方法探讨女性话题。通过比较国内外研究趋势，发现性别与研究方法偏好之间只是阶段性的相关；诸如父权制、消费社会、大众传媒等。“想象的他者”是女性学者构建理论解释的重要切入点；而研究关系中，研究主体对研究客体的“情感剥削”与研究客体对研究主体的“权威依赖”，对于具有“天然优势”的女性研究者亦不能幸免，继而引发了对质性研究本土化及学者自省性的反思。

关键词　质性研究　性别研究　社会学研究方法　女性学者

翻阅文献，我们常常会发现一个有趣的现象：大多数情况下都是女性学者研究女性问题，而且经验研究中多以质性为主。其研究的领域包括：性别意识、女性形象、婚姻、择偶、生育、家庭、女性教育与就业等。譬如，《性、社会性别与充权：关于四川地震灾区妇女刺绣小组领袖的个案研究》《城市女性的打扮意识：主题、内容与母女关系——以广州的个案研究为例》《彝族村落社会中女性择偶观的转变及影响——滇中Z村的个案研究》《妇女的教育与生育——美国社会个案研究》《婚

* 李芬，南京大学社会学院。致谢：感谢导师风笑天教授在论文写作过程中的悉心指导，也感谢匿名评审专家对本文提出的宝贵意见。文责自负。

前同居女性心理状况的个案研究》《劳动与姐妹分化——“和记”生产政体个案研究》。再如，*An Exploration of First-Time Motherhood: Narratives of Transition*(《叙述的转变：对初为人母者的探索性研究》)、*Exploring Women's Experiences with Job Loss and Community College Retraining*（《重返社区大学的新体验：下岗女工的个案研究》）、*Women in the Academy: The Impact of Culture, Climate and Policies on Female Classified Staff*（《文化、学术氛围及政策的影响——女性学者的个案研究》）、*A Qualitative Study of Women in Polygynous Marriages*（《对一夫多妻制婚姻中女性的质性研究》）。

综上观之，就研究主题而言，女性学者多围绕女性所特有的生活经历来展开；研究方法上，相较于男性学者所常用的量化方法，女性学者更偏爱质性研究方法；研究主体上，能做到女性主题与质性研究方法相结合的也多为女性研究者，而男性学者在女性（生活）研究中经常处于一种缺席的状态。这究竟是一种巧合，还是潜藏着某种内在联系？是我国所特有的现象，还是放之四海皆然？在我国质性研究本土化的历程中，其出现究竟是昙花一现，还是最终宿命？本文试图从研究方法偏好、研究的理论出发点、研究关系的博弈及学者的自觉性等四个维度，来解析女性学者在研究中的特有视角、立场及其自我反思。

一 性别与研究方法偏好

尽管有的学者将社会学中量化方法与质性方法之间的范式争斗视为“两性战争的另一种形式”，但不可否认，性别与研究方法似乎确实存在一种天然的联系。首先，由于质性方法能够和女性与生俱来的处理情感与关系的技巧相匹配，故女性学者更可能采用质性研究方法。换言之，采访者（或咨询师）需要经过训练才能做到女性由于其性别属性和社会性就可以“自然地”“自发地”做到的事情：乐于表达同情心，敏感捕捉他人的情绪；善于“感情疏通”，抚平对方心灵创伤；倾听和理解没有明说的“言外之意”。其次，质性方法被认为特别适合应用于性别问题及女性生活体验领域。因为，按照Bernard对于两性处于不同衡量标准的区分，男性所处的“金钱关系”（cash nexus）世界能被有效地量化并进行跨情境比较（如收入和职业地位），而女性所处的“身份关系”（status nexus）世界则因情境、个人体验等多样性而使量化的功效受限[①]。再者，质性研究方法还被视为矫正男性中心主义理论体系的利器。如今许多理论都是以男性视角发展而来，但当将其应用于女性经验时，往往发现二者的匹配度相当低。因此，重构融入女性体验、“重归中性”的知识体系是质性研究方法的潜在能量所在。

当然，两性在研究方法上的偏好差异并非中国独有，放眼全球，这种情况屡见不鲜。即使是量化方法占主导地位的美国，也经历了从女性学者偏好质性研究方法到女性学者向主流研究方法（即量化方法）看齐的过程。Carlson指出，尽管在已发表的心理学论著中以量化分析居多，但男性比女性更频繁地运用定量的方法[②]。Mackie则发现，相较于1967年、1973年，男性和女性学者在1981年都明显呈现量化研究方法运用增强的趋势[③]。Grant则通过分析十年间发表在诸如《美国社会学评论》（ASR）、《美国社会学》（AJS）等十家北美社会学类权威学术期刊的214篇文章，发现大多数文章属于量化研究，但女作者还是比男作者更多地运用质性方法；对于性别主题的探讨将会增加（而非减少）使用量化研究方法的可能性，这一点在两性上表现一致。而且，时间对于两性在研究方法及主题的倾向

---

① Jessie Bernard, *Changing Women in a Changing Society* (Chicago: University of Chicago Press, 1973), pp.11-29.

② Rae Carlson, “Understanding Women: Implications for Personality Theory and Research”,*Journal of Social Issues* 28(1972), p.17.

③ Marlene Mackie, “Female Sociologists' Productivity, Collegial Relations, and Research Style Examined through Journal Publications”,*Sociology and Social Research,* 69(1985), p.209.

上意义重大[①]。具体言之，在早期，无论研究主题是否关乎性别或女性经验，女性都比男性更倾向于选用质性方法；后期，随着更精细的量化分析技术普及、数据的公开与易获得，女性开始涉足男性传统研究领域（如职业、高等教育），而且从实用主义的角度，“守门者”[②]会有（无）意识地将方法或选题不符合主流要求的文章从主流刊物上分流出去，从而最终改变了早期在研究方法与研究主题上的关联。所以，部分文章以主流倡导的定量方法来研究相对新颖但少见的性别话题，这样似乎更符合大众编辑与读者的口味，同时也提高文章在权威刊物上的发表概率。

那么，比照我国的研究方法现状，量化研究如火如荼、质性研究方兴为艾，其间既可以发现西方主流研究方法的影响轨迹，亦可觉察到我国对舶来方法本土化的因地制宜。严格说来，无论是方法还是理论，中国的社会学都受到西方社会学的极大影响甚至是“全盘移植”。但是，从源头上来说，文化土壤的差异可能会造成西方社会学在中国的“貌合神离”或“转向”。西方社会崇尚科学，从孔德时期社会学被冠以“社会物理学”之名，到如今数理统计学的蓬勃发展，西方社会学都向我们展示了向追求普遍规律与精准定位的自然科学靠拢之决心，因此，量化研究不仅仅是必经之地，更可能是不可或缺的终极归宿。然而，中国社会则充满了辩证与人文气息，无论是“观一发而知全身”的传统中医，还是早期社会学（或人类学）诸如《江村经济》《金翼》等田野调查式的努力，无不体现了对于“价值理性”“情境理解”“整体观”等中国传统思维的内在呼唤。而被国外社会学研究裹挟着前进的过程中，我国所出现的片面追求大数据与复杂模型的“过度量化”、以国内数据去验证国外理论而未有新学术建树的“重复研究”、费力调查却

① Linda Grant, “Is There An Association between Gender and Methods in Sociological Research?” *American Sociological Review,* 52(1987), p.856.

② 守门者：对应于英文Gatekeepers，这里是指对来稿从遴选、编辑、发表到出版等一系列环节都遵从主流方法（量化的）与意识形态（西方的、白人的、男性中心主义的）的一种形象比喻。这种潜规则使得质性研究在西方社会学类主流刊物中出现频率不高，进一步导致了质性研究的影响力有限、对学科的建设力甚微。

换以不言自明式常识性结果的“鸡肋研究”等种种问题，似乎给我们敲了一记警钟：亦步亦趋地模仿只是研究的初级阶段，或者在熟练掌握了必备的研究利器之后，应该舞出自己的节拍。因此，质性研究在中国的兴起，既是对早期优良学术传统的回归，更是顺应文化土壤之必需。相信在不久的将来，会有越来越多的学者自觉并自如地以此为工具来研究中国社会之现状这个天然实验场。

二　批判驱动力：“想象的他者”

若说上述性别与方法范式之间呈现的是一种“间歇性相关”，那么性别问题与特定的解释视角则趋向于一种“强相关”，即一旦遭遇性别问题，维护与建构女性压迫的工具及场所便成为“众矢之的”，众人得而批判之。而“想象的他者”正是这种批判的动力来源，它以假想敌的形象强化了（女性）研究者的逆向思维，并规划了研究的解释路径。具体说来，“想象的他者”来源于这么一种假设：长久以来，女性是被客体化、在“他者的凝视”下而被塑造的；欲打破此僵局，唯有弄清楚女性的压迫来源并瓦解其运作机制才可能迎来女性解放的春天。在《中国女性的感情与性》《身体·性·性感：对中国城市年轻女性的日常生活研究》《台湾都会女性的新身体观：以台北市女性为例》等女性主题的质性研究中可以看到，“想象的他者”往往会被具体化为父权制、消费社会、大众传媒及合谋，强调其对女性的身体打造与心灵规训，而女性主义与建构主义则是内嵌于其间的两大理论主线。

首先，父权制、消费社会、大众传媒，可谓女性主义视角下的关键狙击点。女性主义批判的焦点在于，现有理论模式都是以男性经验与父权结构为参照的，妇女是被“放入”其中而其自身的经验却被排除在分析框架之外；若以妇女自身的经验去分析性别问题，将会别有洞天。因此，如果说，“三寸金莲”摇千年、三从四德定一生是旧时代父权制的显性基因，那么如今铺天盖地的瘦身、丰胸与整容等身体管理则是父权制的当代变种——毕竟，身体塑造中隐含着男性审美文化价值趋向对女性身体的支配。同时，大众传媒利用其特有的展现技巧推波助澜，营造了对美丽、时尚与消费的“欲望之镜”，并使之不断地繁衍与再生,继而麻痹了女性自我意识与主体性。进一步，旨在通过消费以获得身份认同并构建差异的消费社会中，作为“被看者”的女性蜕变为识别男性社会阶层的符号之一，女性的外在形象取代内在特质成为标准化的性别符号。三者的精细合谋，织就了环环相扣的“凝视”之网，“用不着武器，用不着肉体的暴力和物质上的禁制，只需要一个凝视，每个人就会在这一凝视的重压之下变得卑微，就会使他成为自身的监视者，于是看似自上而下的针对每个人的监视，其实是由每个人自己加以实施的”①。但需注意的是，作为“被看者”“消费者”的女性并非一味地逆来顺受，既有因内化了“想象他者”凝视而进行的自我管制，也有颠覆与反抗。只不过，根深蒂固的“想象他者”能够迅速采用“收编”（incorporation）策略来迎合（女性）反抗者的颠覆需求②。“收编”起到了一种安全阀的作用，它容许异议者和反抗者有一定的自由，这自由足以使他们相对感到满意，却又不足以威胁到其所抗议的体制本身。而反抗者又会创造出新的“抵抗”和“颠覆”来消解“收编”现象，如此循环往复。

其次，自反性与客体的主观能动性则是建构主义输送给质性研究的黄金养分。就研究内容而言，建构主义的启迪在于，研究对象（特别是女性、弱势群体）虽然在话语权方面一度“失声”，却从未在社会事实的构建中缺席，这也是为何众多质性研究一直强调以研究对象的感受和体验(而非研究者的认知) 为基础，更侧重去研究其自我建构的过程(而不仅仅是天然存在的或环境决定的)。就研究过程而言，建构主义激发我们思索：收集整理资料和文本产生的过程，究竟是一种镜面展示，还是一

① 李银河：《女性主义》，山东人民出版社，2005，第102页。

② 费克斯：《解读大众文化》，中央编译出版社，2001，第96页。

种拟态还原？换言之，研究过程其实是置于“想象他者”的滤镜之下而进行的。譬如，研究访谈。业界已形成了一项共识：它并不是一扇通向受访者经历的透明的窗户，而是采访者和受访者之间动态的互动而共同形成了报告。由于“想象的他者”塑造了访谈过程的那些隐性期望，研究访谈中的互动所引出的自我呈现便会与主流文化形式相吻合。因此，按照诠释学的观点，现实的叙说并非事实的再现，而是意义的建构。即受访者将记忆中的经验以访员可以理解的方式呈现，访员与受访者的先前理解在听与说之间相互沟通与反省，借着叙说重构历史，共同创建彼此都可以理解的资料。再如，文本的产生。在舒茨看来，“社会科学的建构就是二级建构，即对社会领域中行为主体的建构之建构”。具体说来，科学性认知及对相互关系的展示总是包含着不同的建构现实的过程：在研究对象那里是日常的、主观的建构（即一级建构），对研究者（收集、整理、解释数据及呈现结果）而言，则是科学的（即或多或少规范性的）建构。由此，一个质疑随之而来：“（社会研究者）能否直接捕捉到生活过的经历。因为，这些经验是在研究者所写的社会文本中被创造出来的。涉及经验和文本之间的直接关联性的问题”。[①]正是对质性研究中这种展示性危机的追问，才得以发现“拟态”的存在。简言之，拟态指的是生成符号世界的行为。根据伍威·弗里克对社会科学领域中三种拟态形式的划分，质性研究过程至少完成了前两种形式的拟态：促使被访者将其经验转化为叙事、访谈资料；研究者在前者的基础上构建文本及解释这些构建。[②]它为我们研究者提供了一个绝佳的自我反省之机：在“想象他者”的滤镜之下，我们永远都是在科学研究中以符号形式生成的世界和研究者以实证方式想要研究的日常生活或情境之间寻求动态平衡，而非盖棺定论。

---

① 〔德〕伍威·弗里克：《质性研究导引》，重庆大学出版社，2011，第65页。

② 第三种拟态：当读者阅读文本时，通过自身的理解再度回归日常情境。

三 研究关系的博弈：“真朋友”还是“假友谊”？

在量化研究中，研究者通常在立项之初就戴着放大镜“俯视”被贴以“病态”标签的人群；收集资料的过程也以研究者的单向发问、被访者“挤牙膏”式的被动回答居多。不难看出，研究者与被研究者之间隐含着不平等。而质性研究方法的出现则可视为二者关系重归平等的努力。譬如，在《欲望都市：上海70后女性研究》中，其作者坦诚为了获得关于女性性观念与性行为的私密资料，她会“以退为进”——有选择性地进行自我披露，把自己的性爱故事与被访者分享；适时地在访谈过程中像朋友交往般地请吃饭（或是喝咖啡），从而避免了给被访者付费（或赠送礼物）的传统做法；甚至，临时扮演“知心大姐”的角色，在网络中对遭遇失恋或离婚的访谈对象进行心理疗愈。这里，所呈现出来的研究关系不仅是平等的，甚至是友善的，“研究者完全与被研究者打成了一片”。然而，研究者真的可能与被研究者做朋友吗？还是，在实用主义的驱动下以“假扮友谊”的糖衣来包裹“拉关系”之内核？

理论上，我们期望质性研究的过程是良性的，其既能够予以研究对象有价值的个人洞见，也能使研究者进一步了解个体的生活及问题。可是，在实践中，所有的访谈关系（包括女性对女性的访谈），几乎都摇摆于真正的同情与“假扮”关系之间，从而衍生出质性研究过程中亟须甄别的双向隐性问题：研究主体对研究客体的“情感剥削”、研究客体对研究主体的“权威依赖”。

其一，研究主体对研究客体的“情感剥削”。即，技术娴熟的研究者会巧妙地利用业已建立的信任关系来层层挖掘那些“不能说的秘密”，或者，受访者在关系的说服和推动下会披露一些事后宁愿保密的经历或感情。事实上，“过于有效地”拉关系，无形之中可能诱导研究者去侵犯受访者对自己内心最深处的想法的“不知情权”。毕竟，随着关系的深入，受访者就越有可能去探讨自己更为私密的经验、感受经历和感情，这其中当然也会包括那些反省之后更愿意保密的——有可能会出现事后反悔的现象，无论研究者事先如何承诺保密或匿名。欲破解此困境，首先需要澄清的是：关系是否等同于信任？“关系等同于信任（强调是我们加的），而信任是得到回答者可能做出的最完整、最准确信息的基础……当你和蔼可亲时，你就促进了关系，你让人们更愿意和你交谈，至少，你会与受访者沟通，‘我把你看作一个有着种种经历、趣味和需要的人，在此之外，我的工作也有自己的目的’……在一个高效的访谈中，研究者和受访者都会感到愉悦、有收获，并对过程和结果感到满意。和蔼可亲就是研究者实现这种效果的方式。”[①]请注意，这段话的最终落脚点在于方式。即，研究者通过有效引导信息的技巧训练而建立信任关系（或称为“拉关系”），继而为访谈“设定了目标”，并“管理了”受访者的“许可”。[②]反之，一旦信任的互动方式启动，受访者对访谈过程鲜少提出质疑，因为如此一来一方面似乎会伤害到与研究者（“假扮”）的友谊；另一方面，也令受访者的许可范畴已远远超过访谈之初的“知情同意”，使得研究者几乎可以无须太多顾忌就实现“打破沙锅问到底”。在这种情况下，关系并不“等同于信任”，反而偷换了受访者在访谈过程中的“知情同意”。接踵而来另一个需要澄清的便是：受访者究竟“知情同意”了什么？有别于进入研究之前的口头同意或书面同意，“知情同意”应该是当下发生的——贯穿于整个研究过程，随着时间的推移及情境的变化，在研究者与研究对象之间不断有重新的协商。诚如Maxine Birch所言,对于参与者而言，“同意”的确切本质或许只有到研究结束了才最终变得清晰，而此时，研究者对形成研究的影响是很显著的。Tina Miller在撰写博士论文《初为人母探究：转变的叙述》时就意识到，知情同意不仅仅是愿意参与研究、接受访

---

① J. O’Connell Davidson and D. Layder, *Methods, Sex and Madness* (London: Rouledge,1994),p.78.

② M. Birch and T. Miller, “Inviting Intimacy: the Interview as Therapeutic Opportunity”, *Social Research Methodology, Theory and Practice* 3 (2000), p.189.

问，还可能会牵涉到对访谈记录和资料分析的阅读和评论。[①]因为，她最终的研究发现（女性身份转变所体现的社会变迁）明显与研究对象的预期（应对初为人母的实用指南）不符，引发了少数受访者的抵触情绪，这令她不安。而与Tina Miller的战战兢兢不同，《欲望都市：上海70后女性研究》的受访者则开明得多，在阅读完初稿之后，有的受访者甚至声明无须使用匿名或化名，可直接使用真名，以此来提高个人知名度及在朋友圈的影响力。

其二，研究客体对研究主体的“权威依赖”。即，研究对象将研究者的学术权威光环泛化，不自觉地假借研究访谈进行自我心理辅导，引发了研究目标与可能结果的背离。不可否认，在质性研究的深入性访谈中借鉴了大量心理咨询的相对成熟技术，如低调的着装、宽松又非疏远的空间距离、鼓励性的微笑、适时的目光接触、友好的语调；表现出感兴趣又非过度八卦，从不质疑，避免不合适地表达吃惊或反对，并使用鼓励性、非指示性的“嗯”的艺术。但就研究目标而言，发掘问题、解释成因、改善弱势群体地位、建构理论才是正解，而心理治疗至多只能算做“节外生枝”。概言之，不能把访谈变成一种治疗手段。因此，科维尔指出，存在这么一种危险：“亲密的个人关系……可能会把研究访谈带向一种半治疗性的访谈”，而事实上“有些人会（故意）把访谈变成一种治疗手段”[②]。《性、社会性别与充权：关于四川地震灾区妇女刺绣小组领袖的个案研究》一文即是在重大事件（汶川地震）背景下混杂了心理治疗、社会工作的行动研究、质性研究的深入访谈等方法的特殊案例。一定程度上，该文作者唯有先对研究对象（极有可能患有灾后应激创伤综合征）进行心理治疗作为铺垫，才能顺利地保障其真正研究目标的实现。尽管科维尔也很自信地声称“在话题变得过于感情化而不应该在访谈中继续下去

① T. Miller, *An Exploration of First-Time Motherhood: Narratives of Transition* (University of Warwick,2000),p.27.

② S. Kvale, *Interviews* (New York：Sage, 1992) ,p.155.

时，研究者是会感觉到的”。然而，在实际操作层面，即使是很有经验的采访者也会觉得很难在“良好关系”“友谊”“亲民关系”之间划出明确的界限，从而避免“咨询式的”和“治疗式的”访谈深度。①

四　自省：“拿来主义”还是“推陈出新”？

对于中国学者而言，社会学是舶来之物。无论是质性研究方法、量化统计技术，还是西方理论，究竟是“拿来主义”“附庸主义”还是“洋为中用”“推陈出新”？就此，一位女性泰国学者曾提醒道：“除了需要关注专业领域中的一些基本概念外，我们还应注意泰国研究者和研究泰国的英文研究者的不同兴趣爱好和研究动机。泰国研究者面对泰国读者所创造的泰语话语是一种自我知识和自我表达的结果。相反，英语研究者面对非泰国读者所创造的英语话语一定程度上是在表达一种‘他者’，只是间接地可以起到‘反思’的作用。泰国研究者所创造的英语话语则是为了‘国际’(主要是西方) 的读者，因此就会在西方的讨论框架下来表达‘泰国的’问题。”②

结合我国的现状观之，社会科学本土化大致呈现两种态势：有的学者以西方理论框架和研究方法为靶子，希望创造出更具本土特色的理论或方法，但有可能陷入脱离学术前沿、“闭门造车”之境地；有的学者则强调中国经验的独特性、在学科研究中秉承“中国问题”意识，但在实际的经验研究中仍然是“用中国经验来验证西方社会科学的一般理论，将中国经验的价值定位为对西方社会科学某一具体命题的证实或证伪的倾向”，而后者则在当下更为流行。③加拿大学者熊秉纯对上述经验研究中的做法提

① M. Birch and T. Miller, “Inviting Intimacy: the Interview as Therapeutic Opportunity”, *Social Research Methodology, Theory and Practice* 3 (2000):p. 155.

② 沈奕斐：《被建构的女性:当代社会性别理论》，上海人民出版社，2005，第210页。

③ 王东、张慧霞：《论“关系社会”国情中社会学方法的本土化途径》，《天府新论》2011年第3期。

出了质疑，她通过对台湾家庭工厂的个案研究发现：衡量劳资关系与工人意识的西方标准在台湾家庭工厂里完全行不通。[①]因为，在西方，示威罢工次数的多寡代表了劳资冲突严重程度及工人意识的高低；而在台湾，工人们虽不能以集体的、有组织的示威或罢工来争取权益，但是跟老板耍脾气、斗嘴、随心所欲地休假等生动而隐性的劳资较劲方式则大量存在。因此，作为学者的我们，需要避免不假思索地在西方本体的框架下来讨论各种中国的问题，或者仅仅用中国的数据去佐证西方的理论。或许，“带着中国的问题进入西方问题再返回中国问题，才是值得尝试的思路”。值得庆幸的是，新的努力与尝试已经崭露头角。学者黄盈盈在《身体·性·性感：对中国城市年轻女性的日常生活研究》中将“中国问题”意识贯穿始终，还在西方理论框架之上又创造性地提出了“主体建构”的理论视角。这不仅仅是一种强调实践者感受与体验的学术倾向，更是一种开创性的思维方式与方法论之升华。“它并不是要去制造一个新的‘绝对标准’来衡量某次具体的研究过程，而是要求我们忘掉所谓‘客观’，把研究放在人际互动和互构中来进行、表述及评价。”[②]

同样，质性研究的各个环节也时刻要求我们保持着自觉与自省。就抽样而言，我们是否有足够的耐心与细心，等待“类别”（相当于量化操作中的“变量”）在收集资料的过程中不断涌现？由于质性研究试图囊括的是“与研究主题相关的所有潜在信息”，追求的是“最大差异的信息饱和度”，而非量化研究所要求的“以样本推论总体、近似代表总体中的全部个体”的代表性，因此，这是一个边收集资料、边分析、边抽样的过程，区别于量化研究中变量的设计可能在正式实地调查启动之前就已完成且在后期也不会有太大变动。而就访谈过程而言，我们是否能让被访者宽心与

① 熊秉纯：《质性研究方法刍议：来自社会性别视角的探索》，《社会学研究》2001年第5期。

② 潘绥铭、黄盈盈：《“主体建构”：性社会学研究视角的革命及本土发展空间》，《社会学研究》2007年第3期。

放心，化解“社会赞许”的副作用？所谓社会赞许，即被访者倾向于给出社会或主流意识形态所提倡的观点，使用传统的自我表达方式，将自我表演成“标准的”（或者是与标准相差不远的）主体，从而与社会大众保持一致、避免被孤立。遥想改革开放之初，学者李银河为了获得《中国女性的感情与性》中关于婚前性、婚外恋、同性恋等被视为洪水猛兽的个案资料，不得不路遇随访、合意者再请入家中深入访谈，可见“社会赞许”的副作用在彼时之强劲。当下，有时候为了提高访谈或调查的成功率，我们可能需要正式行政渠道的引介，但也应视情况区别对待。试想下，如果是在计生干部的带领下询问生育意愿呢？此时获得信息的信度何在？但凡做过实地调查或田野访谈的研究者都有类似的困惑，这种情形在中国比比皆是，只不过随着政策调整及社会开放程度的提高而表现各异。因此，针对不同的研究主题与对象，访谈（或调查）的情景、时机、中介人是否在场、互动节奏等之间的组合远比想象的精妙得多，这就需要研究者能够及时甄别并迅速调整策略。同时，就材料分析与结果呈现而言，我们是否能“与材料肩并肩”、忠于自己的发现？一定程度上，研究者的权力最为彰显的地方不在于选题，亦非方法的取舍，而在于材料分析与结果呈现的过程之中，因为它是他人看不见或不那么容易看见的。如此一来，究竟是努力地自我调和、以符合主流的学术生态，还是拒绝自我扭曲、保持对材料的忠诚并不畏风险，便成为研究者脑海中无法跨越的横亘，是非曲直尽在研究者自觉与自省的一念之间。

参考文献

黄盈盈：《身体·性·性感:对中国城市年轻女性的日常生活研究》，社会科学文献出版社，2008。

李银河：《中国女性的感情与性》，内蒙古大学出版社，2009。

裴谕新：《欲望都市：上海70后女性研究》，上海人民出版社，2013。

裴谕新：《性、社会性别与充权:关于四川地震灾区妇女刺绣小组领袖的个案研究》，《妇女研究论丛》2011年第9期。

石英：《质性研究与社会学的中国化》，《人文杂志》2013年第4期。

吴小英：《当知识遭遇性别——女性主义方法论之争》，《社会学研究》2003年第1期。

Gender and Approach: Female Scholars' Study in Qualitative Research

Li Fen

Abstract: In the empirical research，female scholars prefer to choose qualitative research approach to explore the female topic. By comparing the domestic and foreign research tendency，it is found that gender is periodically associated with certain approaches. For female scholars， "Imagination of the other" is an important perspective to make theoretical explanation, including patriarchy, consumer society and mass media. As far as the research relationship is concerned, researchers' emotional exploitation and objects' dependency on authority are so widespread that female scholars with natural advantage can not immune. Finally, the above enlightens the reflection on the localization of qualitative research and self-examination of researchers.

Keywords: Qualitative Research；Gender Studies；Sociological Research Methods；Female Scholar

（责任编辑：吴南）

当下中国流动工人研究的理论路径

刘东旭[*]

摘　要　人口流动已经成为当下中国最重要的社会特征之一。流动工人群体及其引发的群体行动在社会科学界备受关注。本文基于细致阅读，从马克思和波兰尼这两条经典理论脉络出发，对学界围绕这两条脉络而发展出来有关流动工人引发群体行动的解释进行梳理，进而总结出“未完成的无产阶级理论”和“镶嵌的劳动力市场理论”两个比较适合于当下中国情景的具体讨论模型，希望能够增进相关议题的讨论。

关键词　流动工人　马克思　波兰尼　理论路径

引　言

人口流动已经成为当下中国最重要的社会特征之一，由此而引发的各种社会现象给社会科学研究者提出了大量有待思考的主题。在这些主题

---

*　刘东旭，中央民族大学世界民族学人类学研究中心。本文是国家社科基金重点项目“西部少数民族农民人口流动调查研究：缘起、现状及理论意涵研究”（项目批准号：11AMZ007）、中央高校基本科研业务费专项资金资助中央民族大学自主科研计划项目“城市化和空巢化：西部少数民族农村人口东流的缘起、路径、后果及意涵调查和分析”（项目批准号：1112KYZD04）、新增中央高校基本科研业务费资助中央民族大学自主科研计划重大项目“中国少数民族人口流动的多态性及其理论和政策意涵”（项目批准号：MUC2011ZDKT12）的阶段性成果。

中，流动工人群体的组织及群体行动近年来颇受关注，本文尝试对国内外既有相关的理论模式进行梳理，希望以此增进学界对这一主题的讨论。①

学界对于当下流动工人群体生成组织和群体行为有多种不同的解释模式。其中最普遍的一种模式大致可以概括为"不适应论"。持这种理论的研究认为流动人口从原居地转移到城市工作和生活，使得他们不得不脱离原本熟悉的家乡而面对新的陌生环境，总是会在生活习惯、习俗、社会关系等诸多方面体现出各种不适应。所以，这种"不得不适应"和"难以适应"的矛盾成为他们生成各种抵制、抗议现象的根源。②这种解释模式被人们广泛使用，以至于我们都认为这几乎成为一种常识。后来学者们又在这一研究范式的基础上加入了很多现代性的分类框架，比如：传统社会与现代社会、城乡二元结构、工农二元结构等，③从而使其被广泛使用于城市移民和流动人口研究。但总体而言，此类研究始终着眼于人们从原来的生活状态进入另一种状态所产生各种不适应的表现。当这些不适应的表现一旦消失，这部分人也就被认为"同化"于主体人群了。因而，这一模式争论的核心问题之一是不同社会文化背景的人们最终是否可以完全同化为一致性的社会群体。尽管这种模式对流动人群的描述和理解有一定参考价值，但是它的解释在很大程度上止步于社会文化的差异性，并未深入剖析这种差异性彼此作用的逻辑。

---

① 以往的研究大多以"农民工"来描述这些新近转入工业领域的劳动者，但笔者认为这一概括并不完全合适，因为这一群体除了来自农业领域之外，还来自牧业、商业等领域。相对于职业划分而言，流动性更能体现其当下的社会特征，因此，笔者在本文中以流动工人来替代之。

② 朱力：《论农民工阶层的城市适应》，《江海学刊》2002年第3期；王春光：《新生代农村流动人口的社会认同与城乡融合关系》，《社会学研究》2001年第3期；符平、江立华：《农民工城市适应研究：局限与突破》，《调研世界》2007年第6期；马剑钊、陈晓毅：《珠江三角洲城市外来少数民族的流动与适应》，《国立民族学博物馆研究报告》，2006；张继焦：《城市的适应：迁移者的就业与创业》，商务印书馆，2004。

③ 游正林：《城乡二元结构与农村劳动力转移》，《人口学刊》1992年第3期；李迎生：《我国城乡二元社会格局的动态考察》，《中国社会科学》1993年第2期；周大鸣：《外来工与"二元社区"：珠江三角洲的考察》，《中山大学学报》2000年第2期。

相比较而言，本文认为如下两种解释模式更具说服力。第一个即所谓的“未完成的工人阶级理论”，这种解释模式主要以马克思主义的阶级理论为基础发展而来。它认为外来人口流入城市，加入工业化的序列，工人依附工厂生活和资本家对工人的严酷剥削之间不可调和的矛盾最终会生成工人阶级和资本家阶级的紧张关系。而流动工人们表现出来的这些抵制行为同样也是工人阶级在不断成长和觉醒的表现。[①]第二个解释框架主要以波兰尼所倡导的市场化与社会的反向运动为基础。他认为，土地、劳动力和货币这些原本非商品的东西被不断地卷入市场化，最终会导致社会受到伤害，而这种伤害会引发社会抵制更进一步的市场化进程。工人的抵抗组织、社会对工人保护体制的完善都可以被认为是这种反向运动的一部分。[②]

当然，这里概括的三种解释模式并不能完全概括已有的研究成果，但它至少可以给我们提供一个参考的框架。

一　未完成的无产阶级理论

马克思主义阶级理论最鲜明的观点认为，“至今一切社会的历史都是阶级斗争的历史”，而当历史演进到资产阶级时代，阶级对立变得日趋简单化，整个社会日益分裂为两大敌对的阵营，分裂为两大相互直接对立的阶级：资产阶级和无产阶级。[③]所谓资产阶级是指占有社会生产资料并使用雇佣劳动的现代资本家阶级，无产阶级是指没有自己的生产资料，因而不得不靠出卖劳动力来维持生活的现代雇佣工人阶级。[④]资产阶级的发展将人类从封建社会带入资本主义社会，但是它所形成的体制会逐渐不适应生产力的进步，最终不得不走向反动。而工人无产者也因为资本主义式的

① 主要参考马克斯恩格斯等经典的阶级理论，以及潘毅等学者近期对中国农民工的阶级解读。

② 主要借鉴波兰尼的脱嵌、镶嵌等相关理论。

③ 马克思、恩格斯：《共产党宣言》，中共中央编译局，人民出版社，1997，第27页。

④ 参考马克思、恩格斯《共产党宣言》中对这两个概念的基本界定，中共中央编译局、人民出版社，1997，第27页。

生产方式的影响而发展出自己的特点，逐渐形成统一的阶级，走向团结，从而成为推动人类社会发展的新动力，最终必然会在与资产阶级的斗争中取得胜利，并将人类社会推入社会主义社会。

这是马克思和恩格斯在《共产党宣言》中为人类社会演进所勾画的宏伟蓝图。其中最为核心的命题之一就是，工人无产者和资本家阶级不可调和的矛盾必然构成从19世纪以来全世界斗争的根源，工人阶级必须要和资本家阶级发生斗争并推翻既有的体制才能真正改变无产者被剥削和压迫的状态。这种理论的风靡所带来的社会主义运动引领了过去两个世纪以来全世界斗争的主要潮流。尽管这一潮流现在暂时平息，但是作为学术遗产，马克思和恩格斯的阶级理论仍然是现在学术界理解工人群体和资产者之间关系的重要思想来源。

在整个马克思恩格斯阶级理论大厦之中，构成阶级斗争动力来源的基石正是其有关劳动过程和劳动异化的理论。

从马克思主义最广义的角度来看，劳动是指所有人类在自然界和社会中有意识地从事创造性活动的过程，是人类区别于其他地球生物最重要的特征之一。劳动最直接的结果是将可以支配的资源转换成另外一种社会需要的物品，为人类的生存、繁衍和发展提供最基本的条件。在不同的自然和社会环境中，人类劳动会采取很不相同的形式，因此劳动形式也是人类在历史长河中所处位置的标志。

通常来讲，劳动形式的差别主要体现在劳动技术和劳动的协作性两个方面。劳动技术主要是指人对物的控制能力，与人自身获得的技艺和已有的工具相关；劳动的协作性主要是指人与人的联系方式，与人们彼此形成的组织和理念相关。如果用马克思的“生产”话语来说，劳动技术和劳动协作性所反映的正是人类所具有的生产方式（体现为生产力和生产关系）。然而，并非所有的劳动都可以定义为生产劳动，因为生产是与交换、消费等一系列概念相关的，并非所有的人类劳动都能简单地划为生产的范围，生产是人类劳动的一个范畴，而并非全部。

马克思用生产概念的目的在于解释资本主义生产方式的本质，而其根源来自对现代工厂生产模式的观察。这里讲的生产主要是工厂工人参与的生产劳动，而工厂生产的目的全部在于将劳动产品进行交易，并从中赚取利润。这样一种劳动方式和以往的农业劳动、家庭劳动是很不相同的。只不过工业革命后，社会分工逐渐细化，社会化大生产日渐成为一种潮流，才使得人们误以为所有的人类劳动都似乎成为资本主义的生产过程，所有的劳动产品都服务于交易和消费。人们从追求对象的使用价值转变成对价值的追求了。①

一定的生产方式必然对应着某种一致的劳动组织形式。而与资本主义工业生产相对应的正是大量雇佣劳动者、分工协作的劳动组织形式。尤其是以第一次工业革命，英国纺织业内大量的手工工厂兴起为其重要的标志。其纺织品在世界市场广泛销售，反过来促进了英国国内纺织业的飞速发展，进而吸纳了大批原本从事农业和小作坊的劳动者，将他们逐步转变成了现代意义上的工人。后来，机器引入生产更进一步促进了工业的无限扩张。以雇佣劳动为基础的工业生产模式在第一次工业革命开始就正式成为现代意义上最重要的劳动组织形式。而社会成员自此便演变成拥有一定财产的有产者和完全为工厂工作的无产者。②这也正是资本主义社会最重要的特征之一。

工厂最主要的功能就是将生产资料、劳动力和资金集合起来，转换成为可供市场交易的商品。利润的最大化是工厂生产的根本目的。而实现利润最大化的主要手段就是不断地降低生产成本，同时尽量地提高劳动生产率。在这一过程中，可以控制的最大变量就是劳动生产者——工人。按照马克思的观点，正是工人们的辛勤劳动创造了价值和被资本家赚取的利润（剩余价值）。为了在激烈的竞争中赚取更多的利润，工厂在尽可能地利用低廉劳动力的同时，也通过调整具体的劳动组织模式提高劳动生产率，最大限度地完

① 参见马克思《资本论》（第一卷），人民出版社，1975，第54~60页。
② 参见恩格斯《英国工人阶级状况》，《马恩格斯全集》（第二卷），第280~296页。

成尽可能多的产品生产。这也正是与工厂相关的人力资源管理、开发，以及采取各种用工模式等一系列劳动组织方式试图实现的根本目标。

对于工厂来说，不断地寻求新技术并且引进和优化用工模式是提高劳动生产率的两个基本点。而相对于技术引进的周期性和高成本而言，对用工模式的调整就显得更加灵活且效果显著。

因此，随着资本主义工厂用工模式的调整，生产劳动过程被不断地细化，工人劳动者的劳动越来越被去技术化。劳动者慢慢地成为一个纯粹的劳动力提供工具，完全服务于生产劳动，从而变成了自己劳动产品的奴役对象。

马克思将这一过程概括为劳动的异化。[①]他进一步论述到，在资本主义生产方式中，劳动者的劳动过程就是一个异化的过程。劳动者生产的过程也是在不断地让渡自己的过程。因为劳动者劳动所生产的东西最终不属于自己，反倒形成一种不依赖于生产者的独立力量。这种力量还会反过来奴役劳动者。而这一奴役的过程表现在两方面：第一，他接受工作；第二，他接受生活资料。因为他只能更多地作为劳动者才能获得维持作为肉体的主体存在，而也只有肉体的主体存在才能提供更多的劳动。

也正是从这个意义上说，劳动不仅生产商品，而且生产作为商品的自己本身和劳动者，以及彼此形成的关系。在这样一个过程中，人同自己本身的关系只有通过他同其他人的关系，才能成为现实性的关系。劳动者通过异化的、外化的劳动，产生出一个跟劳动不相干的、置身于劳动之外的人同这个劳动的关系。劳动者同劳动的关系，产生出资本家跟这同一个劳动的关系。因而，私有财产是外化了的劳动，即劳动者是自然界和自己本

① “异化”一词源自拉丁文，有脱离、转让、出卖、受异己力量统治、让别人支配等意。也有学者研究认为“异化”概念最先出现在经济学的文献中，其意为财产权的转移和让渡，后来出现在政治学文献中，则转变为人的自然权利即自由的转移和让渡。作为一个哲学概念，“异化”的含义是指主体在自己的发展过程中，由于自身的活动而产生出自己的对立面，这个对立面又作为一种外在的、异己的力量反过来奴役自身。张奎良：《马克思的哲学历程》，上海人民出版社，1993，第54页；杨豹：《马克思“异化劳动”思想的启示——〈1844年经济学哲学手稿〉的解读》，《兰州学刊》2006年第5期，第6~8页。

身的外在关系的产物、结果和必然归结。

由此可见，劳动者最终被自身的劳动所奴役的过程实际上就是资本主义生产方式中劳动的异化本质。劳动为富人生产了珍品，却为劳动者生产了赤贫。劳动创造了宫殿，却为劳动者创造了贫民窟。劳动创造了美，却使劳动者成为畸形。劳动用机器代替了手工劳动，同时却把一部分劳动者抛回到野蛮的劳动，而使另一部分劳动者变成机器。劳动生产了智慧，却注定了劳动者的愚钝、痴呆。①

在这种极端的分配差距和非人化的遭遇之下，最终会延伸出社会向资产阶级和无产阶级的分化，引发激烈的斗争，从而破坏社会自身的安全。在马克思看来，这样一种内在的紧张关系实际上是资本主义矛盾最根本的表现之一。也是劳动者阶级和资产阶级的矛盾不可调和，以至于引发斗争的动力根源。

尽管这种矛盾一直存在，但是在某些时段可能不会得到充分的表现，因为我们的世界并非任何时候都充满了阶级斗争。在20世纪中期以后的几十年内，占主导地位的资产阶级推动一系列福利国家的政策，使得深植于资本主义社会的基本矛盾并未爆发工人阶级主导的斗争。在这一大背景之下，原本贫富分化严重的两个阶级似乎得到了某种调和，中间收入群体大量涌现，因此，一部分学者认为有别于原来的资产阶级和无产阶级的中产阶级开始成为社会的多数，原来两大阶级的对立关系可能会因此而缓和，马克思关于无产者和资产者之间因为矛盾不可调和而发生斗争的预想可能不再会出现。

然而，忠实的马克思主义者认为，这种资产阶级的调整只是短暂的，最终并不能完全改变无产者和资产阶级的结构性对立。资产阶级在不断地应对无产阶级斗争的过程中，会适时地采取一些试图遮盖原来赤裸裸的剥削方式的策略，阶段性地推行福利国家政策正是其中的一种。20世纪70年代末兴起的大规模的对福利国家政策的改革浪潮已经显示出这一

① 马克思：《1844年经济学哲学手稿》，刘丕坤译，人民出版社，1979，第46页。

策略的暂时性特征。在工厂的生产过程中，管理者通过“竞争游戏”、工资级差，以及计时和计件等策略不断地使工人自身将原本的被剥削过程认同为自我价值追求和实现的过程。正如布洛威所呈现的那样，资产阶级创造了一套机制，让工人是在一种“甘愿”的情绪之下不断地为工厂劳动，以至于他们彼此之间的矛盾在表面上看起来似乎并没有那么尖锐。[①]但是，劳动者自身的“甘愿”意识并没有真正改变他们和工厂主在政治经济结构中的不公正地位，他们的生活条件也并没有因此而得到实质上的改善。

此外，后来的一些学者认为，资本主义发展而带来的劳动异化非但没有因为资产阶级内部的调整有所改善，反而发展到了更高的程度。列斐伏尔指出，资本主义社会最深层最广泛的异化，已经不再是马克思当年所深恶痛绝的劳动异化，而是遍布于现代社会日常生活每个角落的意识形态的“自我欺骗”。资本主义环境之下的日常生活已经变成一种单调乏味犹如机器般有节奏重复的毫无意义的生活，而不是每天充满着具体而丰富的意味的平常生活。列斐伏尔突出了日常生活本真性的缺失与异化，在他看来，日常生活已经不再是一个创造性的自我实现的活动过程，相反它成了一个“受控消费的官僚社会”，它与可供人们自由选择的休闲社会和丰裕社会也早已相去甚远。在现代世界中，日常生活被技术理性、市场交换所入侵，被传播媒体的符码化统治体制多重性地殖民主义化了，正像马克思所指出的，资本主义社会是一个交换价值超越、脱离使用价值的社会，一个为生产而生产而不是为日常生活而生产的社会，就导致了资本主义社会中生活意义消失、现实参考系统消失的异化现象。[②]

人们所生活的日常生活世界便是一个漂浮着各种符号的神话般的世

① 〔美〕迈克尔·布若威：《制造同意：垄断资本主义劳动过程的变迁》，商务印书馆，2008。

② 汪原：《亨利·列斐伏尔研究》，《建筑师》2005年第5期，第44~48页；刘怀玉：《西方学界关于列斐伏尔思想研究现状综述》，《哲学动态》2003年第5期，第21~24页。

界，一个语言变成了纯粹视觉刺激，而没有任何确定性意义与对应的人文意义的世界。这就是说，语言不再是表意现实的一种象征符号，而是独立的自我生产与复制的能指系统与符码系统。前工业社会中所常出现的人们对自然统治、对暴力统治的直接恐惧不见了，但人们今天则生活在一个符号化、体制化、抽象化、匿名化、功能化统治时代，一个不再有具体恐惧，因而是恐怖普遍化的时代。①

由此可见，这种对于资本主义社会全面异化的揭示和批评是非常尖锐的，但是这种批判观念的背后似乎是在无奈地暗示，资产阶级意识形态的发展完善已经使得类似早期的那种无产阶级运动再也难以发生，因为资产阶级的意识形态深入生活的每个角落，并让任何一个人都陷入这张罗网之中而不可逃离。

但是，另外的一些学者并不赞同这种思想。他们认为，资本的全球流动加剧，带动第三世界国家进入快速的工业化过程，而这一过程必然会带动大量第三世界国家工人群体的生成。由于他们的经历和遭遇类似于早期工业化国家的工人，所以他们必然会形成对资产阶级的强烈反抗。这样一种无产阶级对资产阶级的反抗会以一种新的方式而得到延续。并且，生产的世界协作加强，可能会使得某一地区的工人运动产生的影响扩展到世界各地相关行业，从而使得工人阶级运动真正意义上体现出某种世界性。②

中国近30年来的发展过程被认为是第三世界国家工业化的典型代表。在这一过程中，大量的农民开始进入城市，转变成产业工人，但是由于这些新的工人原来主要从事农业，并且在国家体制上仍然认定其为农业户籍，所以他们被冠以了一个中国特色的称谓“农民工”。在很多学者看来，中国目前正在经历的这个工业化过程，和西方国家早些年的经历

① 刘怀玉：《西方学界关于列斐伏尔思想研究现状综述》，《哲学动态》2003年第5期，第21~24页。

② 〔美〕贝弗里·J.西尔弗：《劳工的力量：1870年以来的工人运动与全球化》，张璐译，社会科学文献出版社，2011。

是一样的。随着工业化的推进，社会已经形成了资产阶级和规模庞大的劳动工人群体。近些年，东部沿海地区各种劳资纠纷不断暴露，工人罢工、抗议、示威现象频频出现，研究者们认为这些现象正是中国的工人阶级意识逐渐显露的表现。[①]但是，由于农民工在体制上还未能完全摆脱农民身份，真正地转变成城市的无产劳动者，所以以潘毅为代表的一批学者将这个不断发展的农民工群体概括为“未完成的工人阶级”。这一解释的基本预设就是，农民工最终会发展成为完全的无产阶级劳动者，从而成为推动中国社会发展的巨大动力。

然而，这样一种解释事实上会面临一个经典的质疑，那就是，由于社会体制和文化差异造成内部多样性的工人群体如何可以转变成为一个统一的无产阶级？由工人群体发起的抗议运动是否可以认为都是工人阶级意识的觉醒引发的阶级斗争？

在对中国的研究经验中，埃米莉·荷尼格(Emily Honig)、盖尔·赫尔沙特(Gail Hershatter)很早就提出，某些工人群体发起的抗议行为很少是直接因为统一的阶级觉悟和革命精神导致的结果，反而更重要的是工人群体内部的差异派别可能会成为他们发起斗争的直接动力。来自外界的斗争动员也必须要意识到其内部的差异性之后才能很好地开展革命工作。[②]裴宜理的研究进一步指出，工人组织抗议实际上总与工人内部的原籍差别、政党动员和产业差别三方面因素的影响息息相关，团结起来的工人阶级不是资本主义发展的天然副产品，而是工人在参加了成功的集体行动之后的伴生物。因而罢工及其他公开示威不是工人阶级形成的结果，而是前提。[③]

这样一种观点给我们的启示正如托马斯·杰斐逊(Thomas Jefferson)所

---

① 沈原：《社会转型与工人阶级的再形成》，《社会学研究》2006年第2期；潘毅：《打工者：阶级的归来或重生》，《南风窗》2007年第9期。

② 裴宜理：《上海罢工：中国工人政治研究》，刘平译，江苏人民出版社，2001，第32页。

③ 裴宜理：《上海罢工：中国工人政治研究》，刘平译，江苏人民出版社，2001，第8页。

说的那样，“每一代新人都发现有必要采取自己的革命行动”。[①]每个不同的工人群体在具体的环境中都可能发起不同的抵抗行动，尽管它们都以资本主义的工厂生产方式为大背景，但事实上很难将这些所有的抗议都归结为统一的阶级运动。这正是“实践中的阶级形态”与理论家头脑中的“纸上阶级”表现出来的差别。[②]实践中的阶级总是与各种具体的因素纠葛在一起，很难找到统一的标准，而理论家出于认识或者革命者出于动员，总是希望构建一个统一的阶级意识和阶级团结，推动革命的进程。但是实践和希望的客观差异并不能忽视。

然而，这样一种差异的客观存在似乎并不影响具体环境中工人群体发起各种各样的抗议行为。正如裴宜理所说，这种抗议可以同产业为基础，也可以同乡籍、族籍为基础。

马克思在一开始就构想的那种“全世界无产者联合起来”的工人阶级联盟恐怕也绝对不是完全追求一致性的阶级状态，而应该是在充分认识并承认工人阶级内部差异性的基础上，彼此建立有序的沟通和团结的过程。因此，我们与其一味地强调工人阶级的一致性和必然性，还不如承认现实的工人阶级内部的多样性和未完成性。事实上，根据已有的研究来看，这种处于未完成过程中的工人阶级对于发起集体性的抗议行动同样具有举足轻重的作用。

二　镶嵌的劳动力市场化理论

贝弗里·西尔弗在《劳工的力量》一书中总结了劳动者抗争的两种基本动力来源。一种就是前述基于阶级革命式的马克思式的劳工抗争；另一种就是波兰尼式的劳工抗争，这种抗争是劳工对扩张到全球的自我调节的

---

① 裴宜理：《上海罢工：中国工人政治研究》，刘平译，江苏人民出版社，2001，第3页。

② Bourdieu, Pierre, The Social Space and the Genesis of Groups, *Theory and Society*, Vol.14,No.6.(Nov., 1985), pp.723-744.

市场的反冲式抵制，尤其是由那些正因全球经济转变而被消解的工人阶级和那些曾经从已经建立起来但正在被从上而下抛弃的社会契约中获益的工人们所进行的反冲式抗争。[①]西尔弗认为马克思式和波兰尼式的劳工抗争理论基点是很不一样的，所以才明确地将其概述为两种类型。

在波兰尼看来，近代西方资本主义发展的历史展现出社会和市场两者之间关系的危机。在传统时期，包括市场在内的所有关系都彼此镶嵌于社会之中，相互影响，并不存在一个独立的经济体系。市场的交易与家计、互惠和再分配一样，不过是经济生活的诸多制度模式之一。

然而，资本主义生产方式的迅速发展使得每一种工业生产要素都通过市场交易而获得，生产要素市场应运而生。在这些市场中，每一种要素都组成一个供给组和一个需求组，从而会形成受供求状况影响的市场价格。这些各种各样的市场相互勾连，形成一个总市场。[②]以哈耶克为代表的自由市场倡导者认为，这种自由的市场经济具有一种神秘的机制，可以在不需要中央计划机关、调节机关的情况下使得所有人都能最大限度地发挥其创造性。这个市场能够将分散的、自发的、个体追逐其自身利益最大化的经济行为达到社会总体利益最大化的结果。因此，完全自我调节的市场机制具有无比的优越性，而任何来自外界的干预都可能会使自我调节的市场机制失去最佳的效能，国家的过度干预最终只能使社会“通向奴役之路”。[③]

毫无疑问的是，在这一自我调节的市场中，作为最基本生产要素的劳动力、土地与货币同样也必须像其他的商品一样被组织在市场之中，成为市场经济体系关键的组成部分。从资本主义生产方式发展历程来看，劳动力市场、金融交易机构和土地交易的兴起正是这三种生产要素实实在在地

① 参见贝弗里·J.西尔弗：《劳工的力量：1870年以来的工人运动与全球化》，张璐译，社会科学文献出版社，2011，第25页。

② 〔匈〕卡尔·波兰尼：《大转型：我们时代的政治与经济起源》，冯钢、刘阳译，浙江人民出版社，2007，第62页。

③ 参见王绍光《波兰尼“大转型”与中国的大转型》，三联书店，2012，第8～10页。F. A. Hayek, *The Road to Serfdom*, Printed and bound in Great Britain by Hobbs the Printers, 1999.（中国社会科学院青年社会科学研究中心翻译版）

被商品化的具体表现。但是，它们是否真正应该被自由市场论者鼓吹的那样完全市场化则一直是一个备受争议的问题。

波兰尼认为，根据商品的经验定义，任何在市场上买卖的商品都必须是为了出售而生产出来的。劳动力、土地和货币显然并不是如此，因而将其完全作为商品就暴露出其内在的张力。劳动力仅仅是与生俱来的人类活动的另外一个名称而已，其本质上不是为了出售，并且这种活动也不能分离于劳动者生活的其他部分而转移或储存。土地不过是自然的另一个名称，它并非人类的创造。而实际的货币仅仅是购买力的象征，根本不是生产出来的，而是经由银行或者金融机制形成的。由此可见，三者之中没有一个是为了出售而生产出来的。因此，劳动力、土地和货币的商品形象完全是虚构的。[①]

劳动力这种所谓的商品不能被推来让去，不能被不加区分地加以使用，甚至不能被弃置不用，否则就会影响到作为这种特殊商品载体的人类个体的生活。市场体系在处置一个人的劳动力时，同时也在处置附在这个标识上的生理层面、心理层面和道德层面的实体“人”。如若被剥夺了文化制度的保护层，人类成员就会在由此而来的社会暴露中消亡，他们将死于邪恶、堕落、犯罪和饥荒所造成的社会混乱。

波兰尼也正是从这个意义上认为，市场经济试图将那些在本质上不可市场化的社会要素市场化的过程是社会危机产生的根源。如果允许市场机制成为人类社会唯一主宰，那么它就会导致社会的毁灭。这样一种基本的意识构成了波兰尼理论大厦的基石，其意义类似于马克思主义中的“异化”概念。

哈贝马斯在后来的评论中指出，完全由市场主导的社会实际上意味着“生活世界的内在殖民化”，是原本偏居一隅的市场反过来侵蚀了社会空间，湮没了社会，市场变成社会唯一的组织逻辑而存在，不仅整合了人类

---

① 〔匈〕卡尔·波兰尼：《大转型：我们时代的政治与经济起源》，冯钢、刘阳译，浙江人民出版社，2007，第63页。

的生计领域，还整合了社会，导致真正的社会空间日渐萎靡；人性自身的价值被诋毁、抹杀，而交换价值至上的理念得到宣扬并被实践。[①]

但是，正如波兰尼的研究指出的那样，人类社会一直以来并没有允许这种自由市场无限度发展，即使在资本主义迅速崛起的19世纪，自由市场的发展实际上也是一个双重运动的过程，即市场组织在真实商品方面的扩张一直伴随着它在虚拟商品方面受到的限制。一方面，市场扩展至全球各地，牵涉其中的物品数量增加至让人难以置信的程度；另一方面，各种措施和政策所织成的网络与各种强有力的制度配合，抑制着与劳动力、土地和货币相关的市场行为。[②]19世纪到20世纪初西方世界难得的百年和平正是这两种运动在某个程度上达到了平衡的结果。

因此波兰尼认为，“脱嵌的经济”和脱嵌的自律市场决然不会成为现实，自由主义者所拥护的市场社会仅仅是一种意识形态。19世纪后自律市场开始脱嵌于社会，也不过是与国家政治媾和在一起才实现的，事实上是政治运作和制度安排为市场的发展铺平了道路。市场社会即便产生也不过是政治的创造，更准确地说，是在民族国家的干预和控制之下所形成的，而并非自生自发。因而它在本质上仍然是镶嵌于社会之中的。

国家替市场创造了生长空间，市场所需的要素也离不开国家权力的运作。只有强有力的国家权力干预才能使原本不是商品的劳动力、土地和货币实现商品化。国家与自由市场的意识形态一道提升了市场逻辑在社会中的地位，共同促使虚拟商品能够被合法地带进市场，使其能自由买卖并被市场所支配。所以，在波兰尼及其追随者看来，真正的市场社会的创造和再生产，恰恰需要国家扮演更积极的干预角色，因为它要求撤回社会对人的保护，迫使人们出卖自己的劳力，去除对土地买卖和货币使用的管制。

---

① 吴范华：《生活世界：从殖民化走向合理化：西方马克思主义生活世界观概析》，《云南社会科学》2007年第4期；阳海音：《论哈贝马斯的生活世界殖民化理论》，《经济研究导刊》2011年第3期。

② 卡尔·波兰尼：《大转型：我们时代的政治与经济起源》，冯钢、刘阳译，浙江人民出版社，2007，第66页。

市场秩序的维系等诸多其他方面，也需要积极的国家角色，否则整个社会无疑将陷入霍布斯式的“一切人反对一切人”的无序状态，市场也就会失去生存之本。可见，即便是理想形式的市场，也是彻底的社会建制，反映了政治、文化和意识形态的复杂关系。缺乏了社会因素的互动与历史性流变，任何形式的市场都不可能诞生。

总体而言，波兰尼的嵌入理论解释了人和人类社会从本质上不可能完全被市场化这个基本问题。一方面，过度的市场化会导致人和社会的毁灭；另一方面，即使是那些看似自由市场实际上背后却隐藏着国家的政治性介入，社会的市场化最终也是经由一定的政治意识形态选择的结果，根本不存在完全自由调节的市场经济社会。

然而，波兰尼的嵌入理论始终是倾向于人类社会宏观的关注，他和他的追随者都没有发展出通往经验方法的体系。相对而言，格兰诺维特的“关系嵌入理论”对社会微观现象的关注更多一些。

格兰诺维特(Granovetter)在《经济行动与社会结构：嵌入性问题》的著名论文中，提出市场中的经济行动必定嵌入社会结构之中的观点。他区分了两种不同的关系：一种是即时性和非个人化的市场关系；另一种是有着情感关联、稳定的嵌入关系。他的研究发现，公司和银行之间的商业交易嵌入社会依附(social attachments)的程度越深，他们之间信任和互惠的期望就越有利于交易的进行，嵌入关系与市场关系混合存在更会追加市场利益。[①]总的来看，格氏深入阐发了关系网络之于市场的作用，说明了市场的成功产生和运作都依赖于社会关系网络。

这样一种被市场所依赖的社会关系被一些学者界定为“社会资本”。因为社会资本可以通过一定的市场机制促进经济利益的最大化，所以市场参与者可能会刻意地构建新的社会关系，以增加自己的社会资本。波提斯借用格兰诺维特的观点，将社会资本分为“关系嵌入”和“结构嵌入”两

---

① Mark Granovetter, “Economic Action and Social Structure: The Problem of Embeddedness,” *American Journal of Sociology*, 1985, Vol.91，pp.481-510.

种：关系嵌入是基于互惠预期而发生的二元关系；结构嵌入是指在更大的社会结构中双方的互动关系。在结构嵌入中，必须考虑文化和规范等因素，因此，信任、惩罚与规则等得到增强。在所有有界的社会资本范围内，个人会因为对群体内需求和对目标的认同，而建立社会网络，形成资源共享的格局。①

由此可以看出，格兰诺维特取向的嵌入理论强调经济与人际关系网络的不可分离性，但他完全置市场关系和社会、文化、政治关系的本质差别于不顾。这或许正是它与波兰尼理念最大的差别。波兰尼在宏观层面谈及社会不可避免地面临市场化趋势的同时，认为来自文化、政治的其他因素会在一定程度上限制这一过程的过度发展。但在格兰诺维特的微观分析中，其似乎只是在强调市场关系和社会关系的紧密联系，而没有提出这种契合的关系中社会、文化和政治的关系是否可以超越市场经济逻辑而发挥作用。如果这一问题不能解决的话，非但格兰诺维特的理论存在问题，就连波兰尼的宏大理论也会因为缺乏经验材料的支撑而逊色不少。

在中国的经验中，从宏观层面来看，国家推进的改革开放战略对于人口流动管理政策的调整，以及对东部沿海工业开发的大力扶持等一系列来自政府的措施，直接引发了大量的中西部人口迁入东部，形成规模庞大的劳动力供给者。从市场层面来讲，大量工厂的建立，逐渐形成了劳动力供需和调配机制，尤其是劳务中介和派遣机构的兴起使得劳动力在很大程度上被当成可以定价和交易的“商品”，而随着工厂需求的变化，劳动力市场内部出现了所谓的一级市场和二级市场，也就是所谓正式员工和临时工。

然而，国家和市场在这个层面达成了某种“合谋”并不意味着背后驱动他们的意识形态是完全相同的。在目前这个阶段来讲，中国政府仍然是

---

① Alejandro Portes, “Economic Sociology and the Sociology of Immigration :A Conceptual Overview,” in *The Economic Sociology and the Sociology of Immigration: Essays on Networks, Ethnicity, and Enterpreneurship*, edited by Alejandro Portes, New York: Russell Sage Foundation, 1995, p.15.

以经济发展为纲，但是国家的稳定越来越受到重视，当过度的市场化导致社会混乱，难以控制的时候，它会立即采用另外一套行事逻辑，而这套逻辑并非市场经济可以解释。这也就说明国家的意识形态与市场逻辑并非完全一致，而在什么时候采取市场化方法，什么时候采取非市场化的方法都取决于国家在某一个阶段最根本目的的选择。

宏观层面的国家与市场关系是如此，微观层面的个人行为逻辑亦同样如此。劳务派遣公司和工头会充分利用家支、地缘和文化资源来招纳工人，尽其所能地赚取更多的经济利益，甚至如媒体报道的那样不惜大量招募童工，但是当他们内部关系越来越紧张、秩序越来越混乱的时候，他们便开始舍弃早期单打独斗的方式，转而寻求建立公司、家支和商会诸种集体组织。他们为构建这些组织花费了很大的心思，并且其中一部分人并没有因为这些组织而获得更多直接的经济利益，但是他们还是乐此不疲，因为这种组织形态在很大程度上能够给他们带来一种安全感。而这种通过团结而获得安全感的意识是从传统社会的观念中继承而来的，而绝非市场化的逻辑。

三　结语

本文有限的内容只能大致梳理如上两种目前已经成形的研究路径，并不能穷尽所有的研究；同时，中国社会的复杂性也并非利用这两种理论可以完全解释清楚。我们必然需要更多基于实地研究经验的总结，提炼新的解释模式，并在此基础上回应和完善既有的解释框架。

从根本上来讲，如上两种理论都并非直接来自中国社会研究的经验。中国社会的特殊性如何能够和这些理论结合，或者我们如何从中国的历史和经验中提炼出基础性的解释模式是学界需要进一步努力的方向。

The Present Theoretical Modes of Researches on Migrant Worker in Chinese Society

Liu Dongxu

Abstract: Population movement has become one of the most important social characteristics of China. A growing number of researches in social science pay attention to the collective action caused by migrant worker. The author summarized two theoretical modes of unfinished proletariat and embeddedness labor market around the collective action of migrant worker, based on reading carefully the classical theory of Karl Marx and Karl Polanyi. The author thinks the two theories are suitable for the present situation of China' s discussion, and are able to promote researches of this issue.

Keywords: Migrant Worker; Karl Marx; Karl Polanyi; Theoretical Mode

（责任编辑：高萍）

社会发展的规律性与预见性

——对波普尔批判马克思唯物史观的再回应

王景华*

摘　要　社会发展的规律性和预见性及社会历史科学合法性问题是学界迄今颇具争议的问题之一。波普尔就曾在其著作中从否定社会发展规律性和预见性的角度对马克思唯物史观进行过严厉批判。对于这一批判，学界从方法论、历史观和政治立场等方面已进行了批驳，但需要从学理上进一步深入剖析和系统分析。立足于社会发展的实际历史进程，从社会发展规律、社会发展趋势和社会预测三个方面重新梳理和解读波普尔对马克思唯物史观的批判，客观分析和科学评价这一批判的合理之处和不足，进而从学理上进一步澄清波普尔对于马克思唯物史观的歪曲和误解，有助于还原马克思唯物史观本意，深化人们对于社会发展规律性和预见性的认识。

关键词　社会规律　社会趋势　社会预测

一　波普尔对社会发展规律的否定及回应

人类社会发展是一个不可重复的、独一无二的过程，不存在重复性的和普遍有效的规律，这是波普尔对马克思唯物史观核心思想的驳斥。

---

*　王景华，陕西省社会科学院中国马克思主义研究所。

波普尔认为，历史决定论的核心思想就是把社会科学的任务确定为“揭示社会进化的规律，以便预言社会的未来”[1]。正如莱泽克·科拉科夫斯基所言，历史决定论是“描述社会变革规律的学说，这种理论将未来有效性赋予这些规律”[2]。马克思在《资本论》的序言中就曾说：“本书的最终目的就是要揭示现代社会的经济运动规律”[3]，“为的是预言它的命运”[4]。而科学方法的一个重要设定就在于寻求那些有效性不受限制的普遍规律（即普遍有效的规律）。而且，这些普遍规律，无论以何种方式提出来，在它被理性地认可之前，“都必须由新的情况来检验”。换句话说，任何普遍规律都应该是普遍适用的可重复性规律，而且这些规律也应该是可以被新的社会生活实践不断检验的有效规律。但无论是在自然生物界还是在人类社会生活领域，都不存在这样一条进化的规律。因为“地球上的生命进化或者人类社会的进化，只是一个单独的历史过程。……然而，对这一进化过程的描述不是规律，而只是一个单称的历史命题”。这就是说，与自然生物进化历史过程一样，人类社会发展的历史进程是由偶然性事件组成的不可逆的历史过程，在这一过程中不存在普遍有效的规律。因为普遍规律是对“某个不变秩序的断定”，即对“某一类的所有过程的断定”。故而，对于这一独一无二的历史进化过程进行观察，我们无法对普遍性的假说进行不断验证，也不可能发现普遍有效而为“科学所能接受的规律”[5]，更不可能因此而预测这一独特进化过程的未来发展。由此，波普尔就认为在社会历史领域不存在普遍有效的客观规律，从而否定

---

① 〔英〕卡尔·波普尔：《历史决定论的贫困》，杜汝楫、邱仁宗译，上海人民出版社，2009，第83页。

② 〔波兰〕莱泽克·科拉科夫斯基：《走向马克思主义的人道主义——关于当代左派的文集》，姜海波译，黑龙江大学出版社，2013，第117页。

③ 《马克思恩格斯选集》（第二卷），中央编译局、人民出版社，1995，第101页。

④ 〔英〕卡尔·波普尔：《开放社会及其敌人》（第二卷），郑一明等译，中国社会科学出版社，1999，第216页。

⑤ 〔英〕卡尔·波普尔：《历史决定论的贫困》，杜汝楫、邱仁宗译，上海人民出版社，2009，第86页。

了社会历史发展的规律性和人们认知社会规律的可能性。

在此基础上，波普尔通过对以孔德和密尔为代表的亲自然主义的历史决定论者提出的存在所谓“连续性的自然规律”和历史规律的观点的反驳，进一步否定了人类社会历史过程的规律性。他认为，连续性的自然规律（即孔德所说的“决定一系列动态现象按我们观察到的顺序连续出现的规律”）是不存在的，即便是自然界的周期现象也很难说是规律（因为它们依赖于太阳系中的特殊条件）。这关键在于，我们虽然可以认为，“任何实际存在的现象连续都是按照自然规律进行的，但我们必须看到，实际上，三个或三个以上有因果联系的具体事件的连续都不是按照任何一个自然规律来进行的”。换句话说，任何单独一个规律，甚至单独一组规律都不可能描述有因果联系的各个事件之间的实际的或具体的连续。因此，那种认为“事件的人和连续或序列都可以用某一个规律或某一组规律来解释”的观点，就纯属于“错误的想法”。因此，就自然规律而言，既没有“连续规律”，也没有“进化规律”。就社会历史规律而言，也不存在类似于内含于数学级数规律的历史规律（即孔德和密尔所谓的“决定历史事件按其实际出现的顺序连续发生的规律”①）。由此，波普尔进一步否定了社会发展存在普遍有效的客观规律的可能性及人们在此基础上揭示社会规律的可能性，进而也否定了马克思唯物史观的科学合理性和社会历史科学的合法性。

首先，人类社会发展的历史进程中存在重复的和普遍有效的客观规律是确定无疑的。波普尔认为人类社会发展作为独一无二的历史进化过程，并未蕴含重复的和普遍有效的客观规律，实质上就是认为人类社会发展完全是由偶然性事件所主宰，并没有必然性客观规律贯穿整个历史过程之中。从表面上看，波普尔的这一观点似乎是合乎人类社会发展实际的。在人类社会生活中，尽管每个人都在自由自觉地从事社会实践活动，每个

① 〔英〕卡尔·波普尔：《历史决定论的贫困》，杜汝楫、邱仁宗译，上海人民出版社，2009，第92~93页。

人都有自己的预期目的，但他们并不是“按照共同的意志，根据一个共同的计划，甚至不是在一个有明确界限的既定社会内”来从事社会实践活动的。“他们的意向是相互交错的”①，正因为如此，人们的预期目的总的来说在表面上好像也是偶然性支配的。“人们所预期的东西很少如愿以偿”，预期目的在大多数场合下都相互干扰，相互妨碍，彼此冲突，或者是这些预期目的本身一开始就只具有抽象的可能性而实现不了，或者是虽具有实现的现实可能性但因缺乏实现的手段也无法实现。这样，“无数的单个愿望和单个行动的冲突，在社会历史领域内造成了一种同没有意识的自然界中占统治地位的状况完全相似的状况。行动的目的是预期的，但是行动实际产生的结果并不是预期的，或者这种结果起初似乎还和预期的目的相符合，而到了最后却完全不是预期的结果。这样，历史事件似乎总的来说同样是由偶然性支配着的”②。因此，人们把人类社会发展的过程看成偶然性事件的堆积，而不受社会规律的支配，似乎是有一定根据的，是具有一定合理性的。正因为如此，莱泽克·科拉科夫斯基认为，对人们来说，日常生活似乎“在本质上是一种痛苦，因为在不同的事件之间不存在任何联系，它是个人情况的积累，这类情况中的一些普遍与另一些在某些方面相似”③。

尽管如此，但社会发展在表面上呈现为，人类社会实践活动的目的性、个体性和差异性以及社会事件的偶然性和不确定性并不能说明社会发展的整个进程不受必然性社会规律支配。实际上恰恰相反，正是在这些偶然性事件起作用的地方，隐蔽的社会规律发挥着支配作用。这涉及自然科学的客观性与社会历史的客观性的区别。自然科学力求达到的客观性在于排除人为因素的一切干扰。正如卡西尔所说，科学思想的形成过程就是

① 《马克思恩格斯选集》（第四卷），人民出版社，1995，第732~733页。

② 《马克思恩格斯选集》（第四卷），人民出版社，1995，第247页。

③ 〔波兰〕莱泽克·科拉科夫斯基：《走向马克思主义的人道主义——关于当代左派的文集》，姜海波译，黑龙江大学出版社，2013，第128~129页。

“排除一切‘人类学’成分的不断努力”。研究自然科学并发现和制定自然规律，就必须忘掉人的存在。相反，社会历史思想“从根本上讲就是‘拟人的’，抹杀了它现实人的特点的方面，也就毁灭了它的独特的个性与本性”。但社会历史思想的这种拟人性“并没有对它的客观真理性构成任何限制”[①]。因为人类社会的历史是这样创造的：“最终的结果总是从许多单个人有目的有意识的实践活动的相互冲突中产生出来的。”在社会生活中，每个人都在自己预期目的引导下自觉地从事社会实践活动，这些实践活动的相互交错，形成了“无数个力的平行四边形”，由此就产生了一个合力及其活动结果，就是历史结果。而这个结果又可以看做“一个作为整体的、不自觉地和不自主地起着作用的力量的产物。因为任何一个人的愿望都会受到任何另一个人的妨碍，而最后的结果就是谁都没有希望过的事物”。正如雅思贝尔斯在谈到现代社会发展时所说，社会发展系统的运转实际上是“无数个人意志张力的一种合力，这些意志张力，尽管彼此有冲突，却最终联合起来发生作用。从长远看，个人所做的事取决于他作为一个生产者所具有的功能。所以，虽然所有工作都有目的，但并无整体上有目的的经济”[②]。所以，到目前为止的历史总是“像一种自然过程一样地进行，而且实质上也是服从于同一运动规律的”[③]。这也就是说，人类社会发展的历史本身是“人类主观意志活动的产物”，人类历史的客观规律就产生于这一主观意志活动中。尽管如此，这一客观规律也并不是“以任何‘单个意志’（的主观愿望）为转移的”，而是形成于“合力意志”（由许多单个意志形成的合力意志）活动之中，因此它扬弃了“所有‘单个意志’”的主观随意性和偶然性，而具有了客观实在性和内在必然性。正因为如此，当每一个人的有目的、有意识的社会实践活动在社会历史领域中呈现为种种偶然性和不确定的具体社会事件的时候，他们的“合力意志”

① 〔德〕恩斯特·卡西尔：《人论》，甘阳译，上海译文出版社，2013，第327页。

② 〔德〕卡尔·雅斯贝尔斯：《时代的精神状况》，王德峰译，译文出版社，2013，第7页。

③ 《马克思恩格斯选集》（第四卷），人民出版社，1995，第697页。

社会实践所产生的活动结果却恰恰反映出社会发展是受隐蔽的社会规律支配的，因而呈现类似于无意识状态的自然进化过程。而且，到目前为止社会发展都服从于这一规律，因此这一客观的社会规律具有普遍有效性，是可以不断被检验的规律。据此可以说，波普尔否定在社会发展中存在普遍有效的社会规律这一观点是不成立的。它实质上是把人类历史的发展等同于自然进化历史，把社会历史规律等同于自然进化规律，由自然进化规律（波普尔把它看成一种“进化假说”①）的不存在，推断出社会历史规律的不存在。这一论证过程本身就是不合理的。它强调自然规律的客观实在性，以此为标准来否认人的主观能动性在社会规律形成中的积极作用，这不仅反映出波普尔“对作为方法的科学的信仰”②，这一做法本身也是机械性思维的结果。虽然“进化本身并不是自然的单纯事实，而是科学的假设，是我们对自然现象进行观察和分类的一种调节性原理”③，但人类社会发展在本质上不同于自然生命的运动历史，社会规律也不同于自然规律，它们都是在人类实践活动中生成的，是人类实践活动的结果和活动规律，人类的主观能动性在其中起着至关重要的作用。正因为如此，莱泽克·科拉科夫斯基认为，我们虽然“很难设想在精神科学领域中会有绝对的客观性，但这并不意味着在精神科学中不可能有任何进步”④。

其次，人类可以从具有因果联系的社会事件构成的连续序列中抽象和概括出客观的社会规律，并揭示和发现这一社会规律。

从社会发展外观看，人类历史由各种偶然性事件组成，这些偶然性事件即使彼此存在因果联系而形成一个连续的序列，但由于这些偶然性社

---

① 〔英〕卡尔·波普尔：《历史决定论的贫困》，杜汝楫、邱仁宗译，上海人民出版社，2009，第84~85页。

② 〔德〕卡尔·洛维特：《从黑格尔到尼采》，李秋零译，生活·读书·新知三联书店，2014，第177页。

③ 〔德〕恩斯特·卡西尔：《人论》，甘阳译，上海译文出版社，2013，第359~360页。

④ 〔波兰〕莱泽克·科拉科夫斯基：《意识形态和理论》，转自衣俊卿和陈树林合编《当代学者视野中的马克思主义哲学：东欧和苏联学者卷》（下）（第二版），北京师范大学出版社，2012，第106页。

会事件发生条件的个别性、不可重复性及内含目的性，故而也使得社会发展在人们面前显现为一个“单称的”“个别的”和不可重复的过程，故而对这一连续序列的解释也只能描述个别事件的发生，而不能被称为一种规律。据此可以说，波普尔由“三个或三个以上有因果联系的具体事件的连续序列都不是按照任何一个自然规律来进行的”推论出“决定一系列动态现象按我们观察到的顺序连续出现的规律”作为连续性的自然规律是不存在的，进而也推论出“决定历史事件按其实际出现的顺序连续发生的规律”作为历史规律也是不存在的观点，似乎是具有一定合理性的。

尽管如此，这并不意味着社会发展中未蕴含普遍有效的社会规律，也不意味着人们在通过社会实践活动开启的社会生活世界过程中不能够揭示这一客观规律。从上文分析可知，社会发展虽然表面上看是单称的、个别的和不可重复的历史过程，但实质上这一过程也是社会规律不断生成和发展的过程。而且，就构成因素看，社会发展是由经济、政治、文化、社会等各种因素及其相互作用所构成的一种特殊运动形式，社会规律就是由这些因素中的基本因素及其相互关系所构成的。它表达的是包括人的意识、意志在内的社会现象和社会发展中“变中的不变，或变化的本质关系的范畴”[①]。由于这些基本因素只能生成和发展于人们的“合力意志”社会实践活动所推动的社会发展中，不能还原为单个意志的社会实践活动，因此这些基本因素之间的相互关系作为社会规律都具有不以“单个意志”为转移的客观实在性。正因为如此，我们可以从偶然性社会历史事件中抽象和概括出构成社会发展这一特殊运动形式的基本因素，并揭示出这些因素之间的相互关系，从而发现支配社会发展的普遍规律。尽管如此，这一普遍社会规律在不同的国家、不同的民族、不同的经济体制、不同的政治制度、不同的文化传统、不同的风俗习惯和不同历史时期有着十分不同的内容和表现形式，因而它并不与单称的、个别的和不可重复的现实历史过程

① 张曙光：《对社会规律与人类活动的关系的再思考》，《哲学研究》1988年第6期。

相矛盾，相反，它融入这一历史过程，并通过这一历史过程实现自身和表现自身。据此可以说，波普尔关于历史规律不存在的论断是没有充分根据的，因而是不合理的。

二 波普尔对人们判定社会发展趋势的否定及回应

社会发展并未蕴含客观规律，所以我们不能依据社会规律来判定社会发展趋势，这是波普尔对马克思唯物史观批判的进一步深化。

波普尔认为，在社会发展的不可重复的和独特的历史进程中，我们无法发现客观的社会规律，也就无法看出它的发展“趋势、倾向和方向”。“社会运动变化这个概念本身——把社会看做如同实际物体那样，可以作为一个整体沿着一定的道路、按照一定的方向运动的这种想法，纯属集体主义的胡思乱想”。而“希望我们可以在某一天发现‘社会运动的规律’，好像牛顿发现物体运动的规律一样，不过是这些误解的结果。因为根本不存在与物体运动相类似的社会运动，所以不可能有那种规律”。而且，趋势不同于规律，“断定有某种趋势存在的命题是存在命题而不是全称命题（普遍规律则不是断定存在）”；相反，普遍规律则是“断定某事的不可能性。断定在特定时间和空间有某种趋势存在的命题是一个单称的历史命题，而不是一个普遍规律”。正因为如此，我们可以根据普遍规律做出科学预测，而不能仅仅根据趋势的存在做出科学的预测。此外，“规律和趋势是根本不同的两回事”。“把趋势和规律混为一谈的习惯加之对趋势的直觉观察”，就导致了人们提出自然生物进化规律学说和历史决定论之社会运动不可逆转的学说，也导致孔德和密尔提出连续规律（即连续的自然规律和历史连续规律）学说。另外，“被解释的趋势是存在的，但它们的持续存在依赖于某些特定的原始条件的持续存在（这些原始条件有时又可以是趋势）”。密尔等人“忽视了趋势对原始条件的依赖性，把趋势看做无条件的（故而如同绝对趋势），如同规律一样。结果，他们就把规律和趋势混为一谈，认为趋势是无条件的（因而是普遍的）”。而这也是历史决定论的主要错误。“即它的‘发展规律’其实是绝对趋势；这些趋势和规律一样不依赖原始条件，并且不可抗拒地以一定方向把我们带到未来。它们是无条件预言的根据，而不是有条件的科学预测”①。马克思唯物史观也受到了这一错误思想的影响，形成了类似的观点。他认为，“一个社会即使探索到它本身运动的自然规律，它还是既不能跳过也不能用法令取消自然的发展阶段。但是它能缩短和减轻分娩的痛苦”②。这是马克思典型的历史决定论观点。就资本主义社会发展而言，“我们必须服从‘各种无情的规律’，服从这一事实，即我们所能做的就是去‘缩短和减轻其进化的自然界阶段的分娩的痛苦’”③。这教导人们，“要改变行将到来的变化是徒劳的；这可以说是宿命论的特殊形式，也可以说是关于历史趋势的宿命论”④。

首先，社会条件对社会发展趋势的形成虽然具有重要作用，但它是以社会发展规律为中介发生作用的。

波普尔认为，趋势的持续存在依赖于某些特定原始条件的持续存在。这肯定了条件对于趋势形成和持续存在的重要作用，是具有一定合理性的。尽管如此，但这些特定原始条件在波普尔看来，无非是与某个特定事件有因果联系的作为原因的单称命题。而社会趋势之所以形成并持续存在则是由于其与这些特定原始条件之间有因果联系，并且它们作为原因持续存在。在这里，我们可以问：这些原始的特定条件与社会趋势存在的因果联系在社会发展过程中是如何形成和发挥作用的？这些原始的特定条件与社会规律是什么关系？社会规律在社会趋势与这些特定原始条件的因果关

① 〔英〕卡尔·波普尔：《历史决定论的贫困》，杜汝楫、邱仁宗译，上海人民出版社，2009，第86页、第90~91页、第101~102页。

② 《马克思恩格斯选集》（第二卷），中央编译局、人民出版社，1995，第101页。

③ 〔英〕卡尔·波普尔：《开放社会及其敌人》（第二卷），郑一明等译，中国社会科学出版社，1999，第313页。

④ 〔英〕卡尔·波普尔：《历史决定论的贫困》，杜汝楫、邱仁宗译，上海人民出版社，2009，第41页。

系之中起什么作用？对于这些问题，波普尔都没有进行详细分析和论述。

需要肯定的是，社会条件与社会规律确实是有联系的。从前文分析可知，社会规律生成于一定的社会条件（主要包括社会实践活动及其构成要素和相关的社会环境）之中，并在这些社会条件中发挥作用。这些社会条件是社会规律得以生成的前提，也是社会规律在社会发展中发挥支配性作用的基础。没有这些社会条件，社会规律不会形成，更不会发挥作用。而社会规律和社会趋势也是有联系的。马克思在《资本论》第一卷的序言中谈到英国资本主义发展对德国社会发展的现实影响时，就对社会规律与社会趋势的关系做了经典表述："问题本身不在于资本主义生产的自然规律所引起的对抗的发展程度的高低。问题在于这些规律本身，在于这些以铁的必然性发生作用并且正在实现的趋势。工业较发达的国家向工业较不发达的国家所展示的，只是后者未来的景象。"[①]这表明，社会规律作为社会发展的内在根据，规定社会发展的趋势，它"以铁的必然性"在社会发展过程中发挥着作用并实现在社会发展过程中，使社会发展呈现某种趋势。换句话说，社会发展趋势是由于社会规律发挥作用而呈现出来的一种必然性态势，没有社会规律在社会发展中发挥作用，社会发展也就不可能出现某种趋势。可见，虽然社会条件对社会发展趋势具有重要作用，没有这些社会条件，社会趋势不可能形成；但是，这些社会条件是通过社会规律而对社会发展趋势起作用的。换言之，这些社会条件只是对社会发展规律才起直接作用，对于社会发展趋势，它们只是发挥间接的作用。归根到底，社会条件只能是针对一定社会规律发挥作用的条件，没有社会规律发挥作用，也就无所谓社会条件。据此可以说，波普尔不讨论社会规律与社会条件之间的依存关系，直接讨论社会趋势和社会条件的因果关系，结果他对于社会趋势与社会条件关系的把握并不准确和清晰。

其次，肯定社会发展规律是社会发展趋势的内在根据，这并不意味

① 《马克思恩格斯选集》（第二卷），中央编译局、人民出版社，1995，第100页。

着就把社会发展趋势看做社会发展规律，社会发展规律和社会发展趋势其实是有区别的。这归根结底是由社会发展的独特本质——社会实践活动造成的。对于社会实践活动的特性，马克思在《1844年经济学哲学手稿》中论及人的生产和动物的生产的根本区别时就提到："动物只是按照它所属的那个种的尺度和需要来构造，而人懂得按照任何一个种的尺度来进行生产，并且懂得处处都把内在的尺度运用于对象；因此，人也按照美的规律来构造。"[①]这表明，人类从事社会生产实践活动不同于动物生产活动：动物只能服从自身的肉体需要及生命运动规律来进行生产活动，而人类不仅能遵循各种客观规律从事社会生产实践活动，而且能够发挥自身的主观能动性，根据自己的主观需要和价值欲求来选择性地从事社会生产实践活动。正因为如此，社会发展"与无生命的事件序列无关，而是人的无始无终的创造活动或'价值创造'过程，是由人们在一系列可选的方案中进行自由选择的结果"[②]。这使得社会在朝向社会发展规律所规定的可能性发展态势运行过程中，又充满了复杂多变性和不确定性。结果，社会规律并不能够完全"决定每一个别历史事件必然怎样"，而只能"近似地决定大量个别事件变化的可能趋势"[③]。正如马克思所指出的，"一般规律作为一种占统治地位的趋势，始终只是一种极其复杂和近似的方式，作为从不断波动中得出的，但永远不能确定的平均情况来发生"[④]。这就是说，在社会发展中，社会规律仅仅决定社会发展的"可能性空间"[⑤]，并不具体地和现实地决定社会一定或必然朝向某个具体方向发展。在这个可能性空间内，社会具体朝哪个方向发展，究竟哪一种发展趋向在社会发展中具有现实可能性，取决于社会发展的现实具体条件。而这个条件就是由人

① 《马克思恩格斯全集》（第三卷），人民出版社，2002，第274页。

② 姜海波：《教条主义批判与人道主义重建》，转自波兰莱泽克·科拉科夫斯基《走向马克思主义的人道主义——关于当代左派的文集》（中译者序言），黑龙江大学出版社，2013，第16页。

③ 刘锦山：《波普尔历史决定论批判的批判》，《马克思主义哲学研究》2008年第1期。

④ 马克思：《资本论》（第三卷），人民出版社，1975，第181页。

⑤ 陈晏清、闫孟伟：《历史规律·历史趋势·历史预见》，《求是》2003年第18期。

们“合力意志”社会实践活动所创造、取消或改变社会规律发挥作用的性质和方式，从而使某种社会主导趋势和某些类型社会事件成为现实。可见，社会规律和社会趋势是不同的。社会规律虽然内在地规定社会趋势，但它只是某种社会发展趋势出现的必要条件，而不是充分条件。而社会趋势也只是社会规律发生作用所表现出来的一种趋向和态势，是社会规律实现自身的一种方式。正是因为如此，人们发挥主观能动性改变行将到来的变化就有了可能性，人们才有可能摆脱历史的宿命，通过发挥自身的主观能动性来主导社会发展的趋势。正如卡尔·洛维特所言，在一定意义上讲，“历史并不是一个必然的进程，而是一种自由的、负责任的行为”①。正是因为如此，莱泽克·科拉科夫斯基认为，在“马克思的独立思想中始终占据中心位置的问题”是“怎样能避开乌托邦思想与历史宿命论对立的两难局面”，亦即怎样阐明维护这样一个观点：“既不是任意宣布个人想象中的理想，也不是甘愿接受那种见解，认为人间事务受一个不可名状的历史进程的支配，人人参与这个进程，可是谁也不能控制它。”②基于此可以说，波普尔强调社会趋势和社会规律具有不同之处，是具有一定合理性的。但是，波普尔除了强调把社会趋势看成存在命题，看成一个单称的历史命题而与作为全称命题的普遍社会规律相区别之外，并没有进一步详细具体地论述把社会趋势看成单称命题和把社会规律看成全称命题的依据，以及两种命题之间的联系。结果，对于社会规律与社会趋势之间的辩证关系，他也没有谈清楚。

最后，强调社会发展趋势包含社会历史主体能动的利益需要和价值旨趣，并不因此而否定历史发展的内在必然性。换句话说，肯定人作为历史主体的主观能动性和创造性，并不否定社会规律对于社会发展的决定性作用。

---

① 〔德〕卡尔·洛维特：《从黑格尔到尼采》，李秋零译，生活·读书·新知三联书店，2014，第194页。

② 〔波兰〕莱泽克·科拉科夫斯基：《马克思主义的主要流派》，转自衣俊卿和陈树林合编《当代学者视野中的马克思主义哲学：东欧和苏联学者卷》（下）（第二版），北京师范大学出版社，2012，第112页。

从上面的分析可知，社会发展趋势既是社会规律在社会发展中发挥作用的结果，也是人们“合力意志”社会实践活动共同形成的结果。这意味着社会发展趋势既指向社会规律决定性作用下社会发展呈现的可能性空间，也指向人们“合力意志”社会实践活动所呈现的一般价值指向。因此，社会趋势出现的具体性和现实性，既取决于社会发展的客观规律性（即社会发展与规律相符合的程度），也取决于从事人们“单个意志”的社会历史性实践活动在最基本的利益趋向和价值选择上的一致性。可见，在社会发展过程中，社会发展趋势是社会发展的客观规律性与社会实践活动主体的价值目的性的有机统一。据此可以说，波普尔只强调规律与趋势的区别，并把规律与趋势绝对地对立起来，因而合理性不足，这也是他的机械性思维方式作祟的结果。

三 波普尔对社会发展未来历史进程可预测性的否定及回应

在社会预测和历史预见方面，我们不能根据社会规律判定社会发展的趋势，进而也不能根据社会历史知识的增长预测社会发展的未来历史进程。这是波普尔对马克思唯物史观批判的最终结论。

波普尔认为，历史决定论主张社会历史科学应该是有助于揭示人类社会发展的未来进程的科学。但是，我们只能根据规律来做出科学预测，而不能仅仅“根据趋势的存在来做出科学预测”。而社会历史进程中不存在重复性和普遍有效的客观规律，只有统计规律推算出的趋势。再加上“规律和趋势是根本不同的两回事”[①]，因此，对于一个独一无二的人类社会发展的历史进化过程的观察不能“帮助我们预见它的未来发展”[②]。而且，历史在某些方面有时可能重复，某些类型的历史事件之间的相似性也

① 〔英〕卡尔·波普尔：《历史决定论的贫困》，杜汝楫、邱仁宗译，上海人民出版社，2009，第91页。

② 〔英〕卡尔·波普尔：《历史决定论的贫困》，杜汝楫、邱仁宗译，上海人民出版社，2009，第86页。

对社会学研究具有重要意义，但所有这些重复情况“都涉及环境，而环境是千差万别的，环境可以对其后的发展有重大影响”。因此，我不能期望“历史发展中看来是重复的事情将一模一样地继续出现”[①]。此外，在社会预测过程中，既存在预测影响被预测事件的“俄狄浦斯效应”，“这种影响或者会引起被预测的事件，或者会防止这种事件的发生”[②]，所以社会科学中“精确而详尽的社会事件日历这种观念是自相矛盾的，精确而详尽的社会预测是不可能的”；还存在“社会预报者与社会运动之间”的充分而复杂的“相互作用和相互影响”[③]，也使得社会预测具有不确定性。结果，我们不可能科学地预测知识（尤其是社会历史科学知识）的增长，进而也不能预测人类社会发展的未来历史进程。由此，波普尔导出的结论是：“我们必须摒弃理论历史学的可能性，即摒弃与理论物理学相当的历史社会科学的可能性。”而原因就在于“没有一种科学的历史发展理论能作为预测历史的根据”[④]。因此，历史决定论作为一种方法其根本目的就是错误的，历史决定论本身也是不能成立的。而“马克思主义理论对未来不仅是一种坏的指导，它还使它的追随者不能认清眼前的、在他们自身的历史时期发生的，有时甚至是通过他们自身的合作完成的事物”[⑤]。由此，波普尔就否定了马克思唯物史观存在的根据和社会历史科学存在的必要性。

第一，社会发展的历史预测作为社会发展可能性的揭示，是可以根据社会发展的规律和社会发展的趋势做出的。从前文分析可知，支配和规定

---

① 〔英〕卡尔·波普尔：《历史决定论的贫困》，杜汝楫、邱仁宗译，上海人民出版社，2009，第87~88页。

② 〔英〕卡尔·波普尔：《历史决定论的贫困》，杜汝楫、邱仁宗译，上海人民出版社，2009，第10~11页。

③ 欧阳康：《论人文社会科学的客观性、真理性、合理性》，《华中师范大学学报》（哲学社会科学版）1997年第4期。

④ 〔英〕卡尔·波普尔：《历史决定论的贫困》（序言），杜汝楫、邱仁宗译，上海人民出版社，2009，第2页。

⑤ 〔英〕卡尔·波普尔：《开放社会及其敌人》（第二卷），郑一明等译，中国社会科学出版社，1999，第225~226页。

社会发展趋势的社会规律，生成和发展于人们“合力意志”社会实践活动中，社会发展也是这一“合力意志”社会实践活动的结果。这使得社会规律决定性作用的发挥和社会发展的客观必然性具有不以人们“单个意志”的主观愿望和社会实践活动为转移的客观实在性。而这一客观实在性，也使得个别的社会预报者即使根据个人的兴趣和爱好并采取个别的社会实践活动对社会运动施加影响，也无法从根本上彻底改变社会发展的一般趋向和态势。正因为如此，我们可以根据社会规律对社会发展的一般趋向和态势进行大体预测。由于社会规律决定社会发展的一般性趋向和态势，但不决定社会发展的主导趋势和具体现实的社会事件的发生，因此我们根据社会规律对社会发展的趋势进行预测，只能揭示社会发展的可能性空间，近似地预测社会发展的大体趋势，但无法预测社会发展的主导趋势和每一个别事件必然怎样。换句话说，我们根据普遍有效的规律对社会发展进行科学预测，只能对社会发展形成大体预测，而无法对社会发展形成精确而详尽的预测。正如雅斯贝尔斯所指出的，我们可以“从历史推论出来的预见仅仅是指出了一个我必须在其中活动的范围”。而人的活动所创造的未来并不具有“确定不移的性质，人的未来只能是一种开放的可能性”，所以，我们对每一社会事件不可能形成精确而详尽的预测。“什么即将发生”？我们不可能给出“明确的或令人信服的回答”[①]。正因为如此，莱泽克·科拉科夫斯基认为，马克思根据社会发展规律对社会发展未来历史进程的预测必然是“模糊的”，他的“自然科学的批评”也不允许出现“那种进一步的详细说明”。相反，这种详细说明会受到“傅里叶和多数乌托邦主义者的喜爱”[②]。因为，要指望“社会科学的方法论会类同对数表或是计算机，总是让我们能够按一套给定的事实得出相同的明白无误的答案，这简直就是痴人

① 〔德〕卡尔·雅斯贝尔斯：《时代的精神状况》，王德峰译，译文出版社，2013，第231~232页、第238页。

② 〔波兰〕莱泽克·科拉科夫斯基：《走向马克思主义的人道主义——关于当代左派的文集》，姜海波译，黑龙江大学出版社，2013，第117页。

说梦”[①]。据此可以说，波普尔认为根据规律进行科学预测可以对现象和事件形成精确而详尽的预测的观念本身就是错误的，进而他在此基础上以人们无法形成“精确而详尽的社会事件日历”观念来否定社会发展的可预测性则更是不成立的。

第二，承认社会规律的决定性作用和历史发展的客观必然性，并不因此而否定社会预报者在社会预测活动中发挥的主观能动性作用。相反，正是社会预报者根据社会规律对社会发展的一般趋向和态势进行大体预测，使得人们可以根据社会预报者的预测，从人类的生存发展和社会发展进步的要求出发，做出相应的价值选择并采取相应的社会实践活动共同创造、改变或取消社会规律发生作用的条件，促使社会朝向合理化和有序化方向发展，也促使有利于人类生存发展和社会发展进步的社会事件和社会现象变成现实，从而避免不利于人类生存发展和社会发展进步的“‘坏’的可能性变为现实，至少将其危害性降到最低限度”[②]。而一个民族也正是在对社会规律的把握和据此做出的社会预测中，生成和确证它在社会发展的历史进程中的“此在并完成其此在”[③]。据此可以说，社会预测虽然不具体现实地预报每一个别历史事件的发生，但也正因为如此，其为人们共同主导社会发展趋势提供了条件，为人们发挥主观能动性促成或改变每一个历史事件的发生提供了条件，进而促使人们认清眼前的、在他们自身的历史时期发生的，有时甚至是通过他们自身的合作完成的事物，从而也使得人们的社会实践活动更加自觉。简言之，正是社会发展的可预测性使得人们更加理性地进行社会实践活动，而正是社会发展预测的非精确性促使人们更加积极地进行社会实践，从而使得社会事件和社会现象作为人们的个别实践活动的结果而具有一定的确定性。正如雅斯贝尔斯所言，从一定意

① 〔波兰〕莱泽克·科拉科夫斯基：《走向马克思主义的人道主义——关于当代左派的文集》，姜海波译，黑龙江大学出版社，2013，第175页。

② 陈晏清、闫孟伟：《历史规律·历史趋势·历史预见》，《求是》2003年第18期。

③ 〔德〕海德格尔：《形而上学导论》，熊伟、王庆节译，商务印书馆，2005，第12页。

义上讲，“预见乃是一个想要有所作为的人所做的推测。他并不是关注那必然要发生的事，而是关注可能发生的事。他力图使未来符合他的愿望。未来之所以能被预见，正因为它能为他自己的意志所改变”①。正因为如此，莱泽克·科拉科夫斯基认为，“马克思从来不认为，人类的认识注定会创造关于现实的、不可避免的机械论画面”②。

第三，虽然社会趋势不同于社会规律，但社会趋势与社会规律的联系也使得人们可以根据社会趋势对社会发展的未来历史进程进行预测。由于社会趋势是社会规律决定作用下人们合力意志实践活动促成的，因此如果我们可以根据社会规律近似地预见社会发展的一般趋向和态势，那么我们根据社会发展的趋势则可以相对具体地和现实地预见社会发展的更为具体的主导方向和一般类型社会事件的发生。当然，社会实践活动个别性和不确定及相关社会环境的多变性所推动的社会发展的多维性和复杂性也使得这种社会预测不是对社会主导方向和社会事件绝对精确而详尽的预测，而只能是相对于根据社会规律对社会趋势和社会事件预测的近似性和模糊性，这一预测对于社会发展的主导方向和社会事件的预测则具有更多的准确性和明晰性。因此，波普尔否认我们能够根据社会趋势预测人类社会发展的未来历史进程是不成立的，这是他把规律和趋势绝对对立起来而否认二者联系所导致的必然结果。

第四，社会规律的普遍有效性和重复性决定了社会发展的整个历史进程在一般趋向和态势上的大体一致性和社会事件发生上的相似性，这也使得我们不仅能够对社会发展的一般趋向和态势进行大体的预测，而且可以对一般性社会事件进行大体预测。在不同历史时期，人们的社会实践活动面临着社会环境和社会条件的变化，这使得社会规律具有不同的内容和形

① 〔德〕卡尔·雅斯贝尔斯：《时代的精神状况》，王德峰译，译文出版社，2013，第232页。

② 〔波兰〕莱泽克·科拉科夫斯基：《走向马克思主义的人道主义——关于当代左派的文集》，姜海波译，黑龙江大学出版社，2013，第49页。

式，从而也使得社会发展的主导趋势和社会事件的发生表现出不同的内容和形式。由此造成的结果是，人类社会发展的不同历史时期之间既充满了一定的相似性和一致性，但又呈现巨大的不同，故而使得整个人类社会发展展现为单一的、不可重复的历史进程。而这“‘在千变万化的掩饰中’重复着人类命运的某些基本形式”[①]的社会发展从根本上决定了历史在某些方面有时可能显现为在新形势下的内容重复，某些社会事件之间也呈现一定的相似性，但这些社会方面的重复和这些社会事件的重复不可能是一模一样的重复，亦即不可能是绝对的重复，进而也决定了人们能够对人类社会发展的某些方面和某些类型的社会事件进行预测，但这种预测只能是大体上的预测，而不会是精确而详尽的预测。据此可以说，波普尔承认社会历史发展偶然出现相似性和重复性是具有一定合理性的。但不论是自然事件还是社会事件都不可能在不同的时空中表现出绝对的重复。因为“每一个人都生活在一个具有种种可能性的世界里”。凡是人已经知道的事件，“都已不再属于那个具有实体内容的历史的过程。真正的实在几乎是不被注意地发生着，并且在一开始是分散的和孤寂的”。而且，根据科学规律进行预测“所形成的关于未来某种不可避免的未来的推断，虽然可以具有很大的或然性，但绝不可能达到必然性”[②]。为此，莱泽克·科拉科夫斯基还认为，“一种值得尊敬的历史哲学只描述已经以某种形式发生的事情，也就是说，不涉及未来历史进程中将会发生什么”[③]。据此可以说，波普尔把历史事件的一次性看做“历史与科学的根本区别所在”，这个标准是“不充分的”，而以历史发展中不可能出现绝对重复的事件来否定社会发展历史进程的可预测性则是更不成立的。这也是他的机械性思维方式

① 〔德〕卡尔·洛维特：《从黑格尔到尼采》，李秋零译，生活·读书·新知三联书店，2014，第184页。

② 〔德〕卡尔·雅斯贝尔斯：《时代的精神状况》，王德峰译，译文出版社，2013，第191页、第228页。

③ 〔波兰〕莱泽克·科拉科夫斯基：《走向马克思主义的人道主义——关于当代左派的文集》，姜海波译，黑龙江大学出版社，2013，第148页。

作祟的结果。而且，正如卡西尔所指出的，历史学即使不是“一门精密科学”，也始终会“在人类知识的有机整体中保持它的地位和它的固有性质”。因为我们在历史学中所寻求的“并不是关于外部事物的知识，而是关于我们自身的知识”①。

第五，知识在人类社会发展的历史过程中确实起着非常重要的作用。从前文分析可知，人们对社会规律的认识和把握及根据社会规律和社会趋势预测社会发展的大体走向，对于人们自觉从事社会历史性实践活动、推动社会朝向合理化和有序化发展具有重要价值和意义。尤其在无限复杂的现代社会中，如果“缺乏足够的知识，行动就只能是笨拙而无效的。只有充分认清那不断变化着的、在行动的驱迫下更新着自身的状况，才能使行动合目的和有效果”②。而社会历史科学的任务正在揭示社会规律及根据社会规律和社会趋势预测社会发展，从而为人们自觉从事社会历史性实践活动提供理论引导，因此历史社会科学的发展和相关知识的增长对于人类社会发展的历史进程具有重大的影响。对于此，马克思就曾言：理论只要抓住事物的根本，就能说服人，而“理论只要说服人，就能掌握群众”，“也就能变为物质力量”③，从而对社会进行现实的批判与改造，推动社会发展进步。这就是说，一种社会发展的科学理论，它只要真实准确地把握了现实的社会矛盾或社会问题，并能够对这些矛盾和问题做出回应而为广大人民群众认同和接受，就能够转化为社会历史性实践活动的构成要素而成为解决这些矛盾和问题的现实推动力量，从而切实地对社会发展的历史进程产生影响。因此可以说，波普尔认为人类历史的进程受到人类知识增长的强烈影响是具有一定合理性的，他看到了科学知识对于人类社会发展所起的重要作用。但在这里值得注意的是，知识对于社会发展的作用又是通过知识自身转变为人们的实践观念来引导人类的社会历史性实践活动

① 〔德〕恩斯特·卡西尔：《人论》，甘阳译，上海译文出版社，2013，第320页、第349页。
② 〔德〕卡尔·雅斯贝尔斯：《时代的精神状况》，王德峰译，译文出版社，2013，第93页。
③ 《马克思恩格斯全集》（第三卷），人民出版社，2002，第207页。

而具体地和现实地对社会发展发挥影响的。正如雅思贝尔斯所言，“人在每种状况和各行各业中的活动都需要有关于事物以及关于作为生命的他自身的专门知识。但是，单纯的专门知识本身绝非充分的、足够的，因为专门知识只是通过占有知识的人才变得有意义。……因此，事物之现实状况的变化不可能单单是由专门知识的进步所引起的；只有通过人的存在，现实才可能被决定性地改变”[①]。也正如卡尔·洛维特所言，“人不应当教育给自己一种知识，而应当达到自我显示：‘知识无论多么博学和深邃，或者无论多么广泛和易于理解，只要它不凝缩在自我的看不见的点上，以便从那里作为意志……爆发出去，它都依然只是一种占有和财产’。”[②]据此可以说，波普尔由我们无法预测科学知识的增长推论出我们不能预测人类社会发展的未来历史进程又是有问题的。

而且，从根本上说，知识增长有赖于社会发展的现实需要的推动。在社会运行过程中，当某方面知识或某种理论匮乏或发展不充分时，现实的社会生产实践活动或社会发展进步所面临的矛盾和问题就会激发和引导人们去学习、借鉴、创造和生产这些相关的知识和理论，从而推动相关问题和矛盾的解决并进而推动相关知识的增长。恩格斯谈到科学发展对经济关系中生产和运输技术的依赖关系时，就曾指出：如果像人们通常认为的那样，“技术在很大程度上依赖于科学状况，而科学却在更大的程度上依赖于技术的状况和需要。社会一旦有技术上的需要，这种需要就会比十所大学更能把科学推向前进”[③]。这表明以技术为基本要素的生产力发展的状况和需要对于科学发展及相应的知识增长具有决定性作用。事实证明也是如此。社会生产力的发展及其引发的各种社会矛盾，必然会推动人们不断创造、更新、丰富和完善现有的知识成果，并使这

① 〔德〕卡尔·雅斯贝尔斯：《时代的精神状况》，王德峰译，译文出版社，2013，第173~174页。

② 〔德〕卡尔·洛维特：《从黑格尔到尼采》，李秋零译，生活·读书·新知三联书店，2014，第403页。

③ 《马克思恩格斯选集》（第四卷），人民出版社，1995，第731~732页。

些知识成果转化为人们的实践观念融入社会历史性生产实践活动中，从而推动现实社会生产力进一步发展，并解决其他方面的社会现实矛盾和问题，实现社会全面发展进步。可见，社会发展的现实状况和需要是知识增长的基础和动力。

当然，在这里，社会发展的现实状况和需要对于知识增长的推动作用主要体现在对知识的选择上。这也就是说，并不是所有的知识或理论都将伴随着社会发展而获得增长，而只是部分知识或理论才能伴随着社会发展而获得增长。这部分知识或理论是什么样的知识或理论呢？从前文分析可知，这种知识或理论一定是反映社会生产力发展及其引发的现实社会矛盾和问题，能够对其做出回应的知识或理论，而且一定是能够被广大人民群众所认同和接受而指导人们的社会实践活动，从而推动生产力进一步发展并解决这些矛盾和问题、实现社会全面发展进步的知识和理论。因为“我为知识所确定的用途主要是由我自己的意志决定的”，而“人所要的种种满足，则是他的行为的根源”[①]。而且，“理论在一个国家实现的程度，总是决定于理论满足这个国家的需要的程度”[②]。“假如我要为任何目的而活动，它无论如何都必须是我的目的。我必须在这种参加中，贯彻我的目的，并得到满足”[③]。故而，一种知识或理论只有融入现实社会矛盾和问题的解决中去，融入现实的社会生产生活中去而被现实的社会生产生活所吸收，从而转化为现实的社会生产生活前进的动力的时候，它才能对人们现实的社会生产生活产生影响。而正因为这种知识或理论能够融入社会发展中去，能够影响社会发展的历史进程，所以它才能够在社会发展中丰富和发展自身，从而实现自身的增长。故而，我们从社会面临的矛盾和问题出发，通过审视和考察现有知识成果，解释和回应这些矛盾与问题所达到的广度和深度及其缺陷和不足，可以大体上预测这些知识的未来走向。

---

① 〔德〕卡尔·雅斯贝尔斯：《时代的精神状况》，王德峰译，译文出版社，2013，第174页。

② 《马克思恩格斯全集》（第三卷），人民出版社，2002，第209页。

③ 〔德〕黑格尔：《历史哲学〈绪论〉》，王造时译，上海书店出版社，2006，第20页。

反过来，我们也可以根据现有知识增长的一般趋向和态势及其对现实社会矛盾与问题的把握和回应，大体预测社会发展的未来走向。故而，我们可以进一步肯定地说，知识增长是可以大体预测的，并在此基础上我们也可以预测社会发展的未来历史进程。而波普尔的知识增长不可预测理论则确定是不成立的。而他由知识增长的不可预测性否定社会发展未来历史进程的可预测性是没有充分根据的，也是不符合社会发展实际的，因而是不合理的。而他由这两方面推论出没有一种科学的历史发展理论能作为预测历史的根据，因此必须摒弃理论历史学的可能性，即摒弃与理论物理学相当的历史社会科学的可能性也是站不住脚的。他没有看到社会历史科学与理论物理学的区别，不承认人的主观能动性在社会发展的历史进程中的作用，故而以理论物理学中规律的普遍有效性和客观实在性标准来衡量和评判历史社会科学中社会规律的普遍有效性和客观实在性，并由此否认社会发展的规律性和可预测性，这本身就是它的机械性思维方式的表现。

总的来说，波普尔从批判历史决定论的角度对马克思唯物史观的批判，具有以下几方面局限和不足。其一，波普尔作为反历史主义者和科学哲学家，是立足于自然科学及其研究的方法对历史决定论的基本主张进行批判，进而也对马克思唯物史观展开批判的。他看到了自然演化史与人类历史发展之间的相通之处和一致性，这是具有合理性的，但另一方面他以此为前提和基础，把自然科学的研究方法与社会科学的研究方法统一起来，用统一的科学方法来分析批判社会发展的历史，这不仅忽视了社会发展自身的特性和社会发展的现实状况，有把社会历史研究抽象化和简单化之嫌；而且忽视了自然演化史和人类历史发展的区别及自然运行规律和社会发展规律的本质区别，反映出他的思维方式的形而上学本性和机械性。其二，马克思唯物史观以自然演化史与人类历史发展的区分为前提，认为人类社会虽然由自然演化而来，与自然生物进化一样，其发展具有不以人的“单个意志”的实践活动为转移的客观实在性，但是人类社会发展与自然生命演化又有本质不同，人类社会发展是人自由自觉的社会实践活动的结果，因此他主张对社会历史进行实证分析的同时，运用实践的辩证思维模式对人类社会历史进行研究，故而他的唯物史观属于辩证历史决定论。对于此，莱泽克·科拉科夫斯基就马克思的思想理论对于社会科学发展的原初贡献时就谈到，马克思所主张的“决定论的原则，而且，如果决定论是作为一种思维规则，而不是作为一种形而上学的理论的话，会更易于理解”，是“一种使人们能够了解并掌握社会的客观的方法论规则”。它不是“简单地论述‘同一种情况下发生同一种现象’，更不是说‘所有的事件都是因果关系’，因为按照这种公式，决定论就变成了一种空洞的普遍化，在科学上无法验证，也毫无结果”[①]。但波普尔把马克思唯物史观误以为是机械历史决定论，以批判机械历史决定论的方式批判马克思唯物史观，必然不具有充分的合理性，而且在一定程度上必然造成对马克思唯物史观宗教宿命论式的歪曲和误解。事实证明也是如此。波普尔从规律的可验证性和可重复性的角度否定社会发展的规律性和可知性，从规律与趋势的差异性角度否定人们可以判定社会发展的趋势，从社会发展的复杂性和不确定性否定社会发展的可预见性，并由此否定历史决定论存在的合理性和社会历史科学的合法性，进而否定马克思唯物史观的科学性及其存在的必要性，虽然存在一些合理性思想，但总体上是缺乏充分科学依据的，因而是不准确的。

The Regularity and Predictability of Social Development

—In Response to Popper Criticized Marx's Historical Materialism

Wang Jinghua

Abstract: It has been one controversial issue on the regularity and predictability of social development and the resulting validity of historical

① 〔波兰〕莱泽克·科拉科夫斯基：《走向马克思主义的人道主义——关于当代左派的文集》，姜海波译，黑龙江大学出版社，2013，第170页。

social science in academic circles. Popper criticized severely Marx's historical materialism on the regularity and the predictability of social development in his writings. Scholars has refuted this criticism in methodology，history and politics, but it need to be analyzed from the theory deeply .Based on the actual historical process of the social development, it helps to clarify Marx's historical materialism which has been distorted and misinterpreted by Popper and restore its truth, and deepen the understanding of the regularity and the predictability of the social development that we comb and interpret Popper’s critique on Marx's historical materialism again from the law, the trend and the forecasting of social development, and analyses objectively and evaluate scientifically.

Keywords: Social Law；Social Trend；Social Prediction

（责任编辑：张影舒）

田野印迹

宗教族群的身份边界与信仰认同

——基于某天主教堂的人类学考察

张影舒*

摘　要　天主教徒的身份建构是在宗教理念、仪式、群体活动、与他者——外教人交往当中得以确认的，从而使得他们建立起一套意义与话语系统。与此同时，身份的边界又在历史沉淀、人际互动、仪式强化、信仰分享、他者看法当中来回流动，但神圣／世俗二元分野下的某种张力一直存在，并影响天主教徒在生活当中的日常行为实践。

关键词　天主教徒　身份建构　神圣与世俗

天主教徒的身份建构是一种群体化的建构模式，从某种意义上说，一个人进入一种宗教信仰状态，实际上是一个再社会化的过程。而天主教徒的身份认同，也正是在宗教理念、仪式、群体活动、与外教人交往当中得以确认中建构出来的，从而使得他们自身在一定的社区网络中建立起一套意义与话语系统。对于教友而言，天主教堂就是一种以信仰为依托的成员之间沟通心灵的空间，其提供的共同分享的经验使个体模糊了社会分层的差异性，增强了彼此的认同。

* 张影舒，陕西省社会科学院社会学所。

一 起圣名与领圣体

每个人在领洗入教之前，必须先选一个圣名。圣名是本名之外的另一个名字，是教会生活中的重要标记。付洗经文中，主礼在“我因父、及子、及圣神之名，给你授洗”以前，加说一个名字，这名字便是受洗者的“圣名”。教会认为圣洗赐给人超性生命，“圣名”便是这超性生命的名字。圣名是根据教会历史上圣人圣女的名字而起的，男的起一位圣人的名字，如若瑟、伯多禄、方济各等；女的起一位圣女的名字，如玛利亚、亚纳、德肋撒等。被起作圣名的圣人圣女是受洗者的“天上主保”“本名圣人”。亡者弥撒中，对逝者只称圣名，不呼本名。笔者在教堂看到，有些教友初见神父时，首先以自己的圣名相告。教友们很看重自己的领洗圣名，一生恭敬自己的主保圣人，向他(她)学习，祈求他(她)帮助，有些人在“主保圣人”瞻礼日还要专门庆贺一番。

慕道班末期，大家准备领洗时，在选圣名，君鸿[①]说可以是喜欢的，别人推荐的，为圣人经历感动的，当然也可以是自己生日那天为瞻礼日的圣人，这些都可以。因为天主教圣名常用的并不太多，所以在堂内一般和姓氏连用，以示区别，如“李保禄”“王玛利亚”等。比较频繁使用的场合，通常只有平日弥撒时请一台弥撒，神父会在弥撒开始之前念辅祭递上的纸条，“刘西满求家人平安、张德肋撒求工作顺利”。另外，教堂门口的“通功栏”“告示”当中提到一些教友的名字，也是如此。堂内椅背上常出现的已亡者祈祷卡片上，通常也是这样的姓名形式。这神圣的名字，倒更像是象征了教徒在天主面前的渺小，又多了一份对天主的崇敬之情，自己的真实名姓，除了姓氏，似乎已不再重要。很多时候，在堂内举办的慈善捐款捐物活动中，不少教友不愿意透露自己的善行，仅仅署名为“赵若瑟”“吴雅纳”等，更多时候，连姓氏都已省去，仅有圣名，仿佛是一

① 所有教友的姓名已作化名处理。

个姓名的结构，但已不再指向具体的个人，而只是表示向天主敬仰，向神圣的信仰世界致意。但在教友日常交往中，圣名很少出现。就是说，圣名只有在教堂内圣事等相关信仰场合才被使用。另外，出现使用“姓＋名＋圣名”的情况，一般只有两个场合，就是婚配圣事和追思弥撒。如神父会称：“杨小萍，伽拉，女士，你愿意嫁给党明辉，伯多禄，先生吗？”另外一个使用的情况，就是在天主教墓园内的碑刻中，除却上书“先父、先母”外，全名后面会缀上“圣名”，也偶尔会有一方碑子上圣名置前，大名在后，总之，以示对逝者的哀思，以及信仰天主的真挚表达。

但是，圣名作为一个群体边界存在，作为一种身份象征，更是神圣/世俗的一道界限。在教堂，领圣体的时候，神父面对行为有点手足无措的人，会特别问：“是教友吗？”如果得到肯定答案，还会确认“圣名是什么”。圣体是不能被随意领取的，没有领洗的人不能领受基督的身体，在这一刻，身体语言的表达以及圣名作为天主教徒的身份象征，成为神圣/世俗的边界。如修女会开放日，表格中会有“圣名”一栏，而这显然是判断教友身份的一大标准，一般来说，不对天主教有特别关注的，答应是教友也许会含糊其辞，但是圣名在忽然之间是不大可能编造的，所以从一定意义上看圣名明确地做出了特定群体的区分。与此同时，圣名成为一个身份资本在日常活动中出现，如“单身教友联谊会”，都需要事先或现场填一张表，“做存档及活动使用”，上面也有圣名一栏，而且因为这个联谊会的要求必须是领洗教友才有资格参加，于是圣名就是一项必需的指标，如果填不出来，就意味着不是教友，那么组织的相应活动也就不能参加了。由此可见，圣名只是在信仰生活中正式礼仪场合，以及日常生活中划分群体边界时被使用，在教内，在“兄弟姐妹”之间，这个圣名是很少作为名字被称呼使用的。圣名，作为一个身份象征，作为“被天主拣选的人”的灵性资本存在，用以区分和外教人的不同。

天主教七件圣事中，最重要也是最常见的圣事就是圣体圣事，教义中要求，教徒至少应该在主日参与弥撒圣祭，领受基督圣体。其意义在于，领会基督的奥迹，通过领受基督的身体，使自己“携同基督，在基督内”，活出基督的精神来，成为一名真正的基督徒。因此，可以说，每位教徒在洗礼、坚振之后，第一次领受圣体后才算是通过一项重要仪式，成为一名真正的天主教徒。之后每次的领圣体，都是自身信仰状态的一次确认，都是在天主的庇护之下重新获得信仰力量的重要仪式。

在教堂内，笔者却遇到了很有趣的情况。平日弥撒的时候，大多是老年教友，他们的时间相对空闲，早上有充裕时间到堂参与弥撒、念经。N教堂的安排是，平日弥撒每天早上三台，6:00拉丁弥撒，6:30和7:15各有一台中文弥撒。经常有老年教友从拉丁弥撒开始就在堂里，持续参加两台甚至三台弥撒，而且每次领圣体都会上前去，就此事问起郝菲：“应该是这样的吗？”她笑笑说：“圣体都是一样的，一天最多领一次，领圣体为的是领会耶稣基督的精神，重要在领会，又不是图吉利，越多越好。”如果说平日弥撒的多次领圣体还是老年教友的某种信仰观念不够深入的话，在主日弥撒里，领圣体的队伍就更能说明一些情况了。

一般来说，主日的弥撒都由本堂神父来主持，但遇到瞻礼日、圣油弥撒、神父祝圣等特殊仪式时，N堂因为其主教座堂地位，就会由主教来主持弥撒圣祭，给教友讲道理。每当这种场合，领圣体的队伍就出现了很明显的长短不一现象，主教送圣体的队伍会比其他队伍要长许多，有时教友众多，为了照顾站在院落里没能进堂的教友，主教会和一位神父同时走到院落中为教友分送圣体。通常的情况是，不一会儿，另一位神父捧着圣爵开始四目张望等待教友前来领圣体，而主教那边的队伍排得老长，因为圣体本身并无二致，礼仪组的服务人员会引导队伍后方的人到这位神父的前面来领圣体，但通常这样的引导很难成功，偶尔有几个教友扭扭捏捏地前来领圣体，其余的完全不为引导者所动，仍然站在主教的队伍当中，耐心地等待着。这种情况只有当主教不再分送圣体，只留着另一位神父在原地分送圣体，长长的队伍才会排到他的跟前来。同样的情况还出现在新神父晋铎仪式的那天，新神父晋铎之后，和一位神父一起分送圣体，另一位神父的队伍早早就见了末尾，这边还长长地快排到堂门跟前。

通过这些事象可知，在很多教友的心目当中，神圣的观念不是绝对的，也不是均质的，而是可以量化的，可以分等级的，比如每天多领圣体，就可以分享到更多的灵性；也是有等级的，有新旧之分的，不同层级的身份在神圣观念上添加了更多的灵性资本，主教、新神父分送的圣体就更具吸引力、更为珍贵，而神圣性似乎更为浓郁。

二 主内平安：分享的奇迹

不知道是不是因为笔者总也没有领洗的意思，和教友们交往的场合，总能听到各种各样的奇迹，虽然他们有时候会说“你和一般慕道的不一样”“你的信仰观念是不同的”“你是博士，有些事情肯定要比很多人了解”等等，但是，他们也很清楚笔者的身份仍然与他们不同，于是，奇迹的故事从慕道班开始，到几次的朝圣、平日的聚会、节日的庆祝活动，一直贯穿始终，而这一点，似乎也是中国天主教的一个福传传统，“灵验”是一个非常具有吸引力的词语，而为了促使更多的人更快地信靠天主，奇迹无疑是一个非常重要的选择。但笔者也注意到，在教友内部，很多大型的聚会场合，奇迹也时常被提及，为的是更好地培养、巩固他们的信德，使群体更加紧凑地信靠、仰赖天主。“下面，我们请××姐妹、××弟兄上来分享……”很多时候都是这样开始的，而涉及的内容大致包括以下几种类型。

1. 见到耶稣显圣

一日，和郝菲在咖啡厅聊天，也许是因为大多是和教堂、天主教有关的话题，旁边的两位大致听到一些，有一位忽然就发话了，问我们是不是教友，说经常能碰到教友在这里聊天，又说自己是保定东闾[1]的教友，邀

---

① 保定东闾村，著名的天主教朝圣地，传说圣母显圣处，抗日战争期间，附近村庄都有日本军队入侵，唯东闾全村安然无恙，如今每年特别是圣母月期间朝圣人数众多。

请我们到东闾去朝圣，她很能聊，谈道：

知道吗，我看见过圣容，小的时候见到过耶稣，也算是能给耶稣做个见证。那个时候我才七八岁，我们家老教友家庭北墙上总挂着一幅耶稣圣像，我小啊，正朝东躺着，忽然就看见耶稣从我家屋子北墙上下来，我当时也都看呆了，等想起来叫我爸我妈过来，又什么都看不到了。我当时还跟我妈学来着，手指着墙比画着：'（耶稣）就从这这儿到这这儿，从这这儿到这这儿'，就是说从北墙下来，又到那边去，最后看不到了。还有啊，今年我们村教堂也显了圣容啦，神父正做弥撒，（教堂）前面几排的人都看见了，祭台上忽然就显了圣容，大家都好激动，网上也有人说的，给你们看看我拍的照片。（吴娟，2012 年 7 月 5 日）

接着她就拿出了手机，将其中一幅照片转给我们看，白色的祭台布上浅浅的有个影子，分辨率很低，我没有看出来是什么，郝菲问："神父也看到了吗？""神父在主持弥撒啊，他很谦虚的，事后没有提什么。"

2. 疾病的治愈

君鸿和朋友们说：

我之前不是去法国露德圣母那里朝圣了吗，然后带回来一瓶圣水，当时我跟我室友说来着，她说你那圣水真是从法国带来的呀？我说是啊。她那个时候有点炎症，身体不大舒服，说那你给我一点儿呗，我哪里舍得。后来过一段她说，君鸿啊，我偷偷喝了你的圣水啦。我一看果然少了大半瓶。她又说，我喝了圣水身体就没事了，这两天舒服多了。你们看，多神奇。

还有一个特别著名的教友，他经常世界各地讲他的奇迹，他当时得了癌症，医院都没有办法治的，他常常祈祷，聆听天主的声音，后来就很神奇，癌症自己就好了，他也非常感恩，总愿意和大家分享自己的祝福。这都是没有办法解释的哦，天主真的很爱我们。（2012 年 4 月 25 日）

关于疾病治愈的事例还有很多，大多是疑难杂症在医院无法医治的情况下，自己因为信靠天主而出现了生命的奇迹，病痛得到缓解，身体康复。

3. 事态的扭转

朱静曾分享了一个见证：

我在家第一次出远门的时候，坐在缓缓行进的车上，正准备歇一下，放在身边的两个包忽然被窗外的人拿走了，我好着急，连忙下车去找，急得话语都在颤抖，手也抖得不行，周围的人似乎都很冷漠，见怪不怪。正无助间，有个人过来，给我看了自己的军人证，意思是他不是骗子，然后对我说，你的包在垃圾箱那里，之后就走了。你们说奇怪吗，这肯定是天主安排的，那个人就正在我没有任何办法的时候，因为所有的东西都在包里，我若是丢了就只能走回家，而且当时还急着要出门办事去。这真的是奇迹，感谢天主。（2012 年 9 月 24 日）

一次联欢中，一位教友这样讲述自己的经历：

我是老教友家庭，从小就领洗的，说实话，在当时那个环境下，还真不愿意跟别人讲自己的信仰，再一个也就是跟父母念念经，很少有意识地和天主对话，或者聆听天主的声音。直到有一天，我对自己的信仰就发生变化了。我那个时候还没有转业，还在部队当兵，经常开卡车山里山外地运货，山路有的时候是挺危险的，我开习惯了也满不在乎。结果有一次下坡，因为都是盘山路，一个转弯接着一个转弯，刹车忽然就失灵了，我怎么踩也踩不住，忽然前面一个转弯，有一大摊沙子，我尝试继续踩着刹车，车进到沙堆里，才终于停了，我下车一看，离悬崖很近。后来我就想啊，天天走这条路，怎么会忽然有这么一摊沙子呢，怎么忽然会在我刹车失灵的前面呢，还是天主对我好，让我转危为安，垂念我。（2012 年 5 月 15 日）

4. 难题的解决

吴梦琪讲自己刚到城里的时候，给儿子找学校上学的经历：

我哥嫂子有钱，可以帮我，但都是砸钱的那种帮忙，其实没有方向的，我就自己在小区附近骑车子找，找到了一个新学校，结果是小学，又问，说只有初一，我就从 8 月 15 日（当年）天天站在学校门口，站一个多小时，就祈祷，念经，开学那天，我进去找招生办，我不记得当时那个人是谁，但是我觉得他简直是个天使，把我带到招生办，后来我儿子上学的问题就解决了……你们说，我也不知道什么原因就骑车子乱转，后来就碰到了学校，完全摸不着头脑，但是我觉得是天主安排我去的，就那么相信，之后就顺利解决了，真是感谢天主，这就是奇迹，这就是见证。

她又继续分析原因：

其实很多人说，那我不信天主，我的人生也有很多巧合，很多幸运。但是我觉得，这样的看法是骄傲的，他们以为自己很厉害，越来越骄傲，一点儿也不谦卑，以为自己很强大，其实这些都是天主爱护的结果。有些人觉得哎呀我儿子好厉害，好聪明，考上了清华北大，真棒，这是我们人的力量，其实如果是傻子弱智，再厉害又怎么上清华北大？信了主以后，我们都更加感恩了，更加谦卑，也更有爱德，能坦然面对天主对我们的恩宠。

她的另外一个故事是，自行车车闸失灵，一路下坡冲下去，前面就是十字路口，儿子还在后面坐着，大叫无助的时候，旁边不知怎么就出现一个人，瞬间拉住了她的胳膊，紧急关头化解了一切。

如果有人继续追问下去，“很多事情都是无法解释的”，“说不清楚的”，唯一能解释的，就是这一切都是“天主的安排”，都是“仰赖天主的恩泽”，“感谢天主”。的确，任何个案都能够成为一个实证式的奇迹存在，因为本身“耶稣复活就是一个最大的奇迹”，如果没有亲眼见到，任何人都是无法去证伪的。倒是很多奇迹故事都是“很多人都看见了的”，“好些人在现场的”。因此“既然没法证明你的怀疑是能够成立的，那么这个奇迹也就毋庸置疑了”。这种奇迹观，摒弃了世俗解释的努力，因为都是天主的安排，那么进入了神圣的世界，一切事态都是可能的，这样的信仰生活是完全可能的，但问题在于，如果对于天主的信仰，总是仰赖这样的奇迹故事，这样的信德状态是否就可靠呢?

说喝圣水能够治愈疾病的教友，在母亲得病的第一瞬间，首先想的是住进医院、找好医生做手术，而并不是喝圣水。而那些通常在紧急关头遇到大事的瞬间，天主是否帮忙也不是可以立即做出判断的。问题在于，这种灵验式的宗教观，将人们的很多问题都划入神圣的世界内，答案都有天主在，奇迹也总会发生，那么在面临问题的时候，如何进行抉择，教徒作为行动者便成为这建构出的神圣世界的某种失语者。如果奇迹都是被讲出来的，而具体问题处理的时候，又不仰赖某些奇迹的出现，这样的奇迹故事又为什么要讲出来，是讲给谁听的呢?

在这种背景下，其实有的教友已经有了某种观念的改变，虽然这也是非常游移不定的，也许是因为面对笔者这样世俗世界的“外教人”，郝非有所保留，但还是表达出了自己一定的看法：

对奇迹要慎重，不是说没有奇迹，世界各地都有奇迹，但是很多都没有教宗的核实，经教宗核实的奇迹也不是很多。但无论如何，在天主的世界中，奇迹不应该是信仰的主题，更不能作为信仰的缘由存在。联系到那些癌症痊愈的奇迹，这显然是‘迷信’，信仰不应该由奇迹而生，更不因为奇迹而成为最终的目标。甚至有很多农村教会因此而让教友不去看病，不去医院吃药，只要喝圣水，只要去教堂做弥撒就能好，这样的信仰生活不能理解，不能苟同。（2012 年 7 月 5 日）

在乡村，在教友村，每个人的信仰身份是给定的，更像是家族的道德价值观念，从出生受洗那一刻起就成了他们身上的印记，这样的环境更像西方的宗教传播状态，既然每个人都是这样，那一切就没有那么奇怪和与众不同，也不会面对太多的困惑和问题。可是更多的情况是，他们需要面对很多的外教人，被冠以“信教的”标签，因为他们的生活方式、日常用语有太多的不同，即使很多时候神父讲道理、教友理解教义都是通过儒家、道家的方式进行，比如“天作之合”，比如“与世无争”，但那种神圣 / 世俗二元绝对的划分让他们成为一个相对封闭的圈子，没有更多对话与理解的可能性，被妖魔化的可能却大大加强了。在乡村社会更加明显，比如对神父“初夜权”的猜想，比如神父和修女的关系，比如教友领洗时的情况，在这些方面，外教人的心态和几百年前并无二致。

三 主日的丢钱事件

某年复活节的前夕，B教区先后出了几次比较大的盗窃刑事案件，盗贼夜晚趁人不备，翻入N堂、S堂院内，将教堂内的献仪箱撬开，取走里面尚未整理的现金，翻墙溜走。

其实盗窃事件肯定不是第一次发生了，主日领圣体的时候，神父或服务人员经常会善意地提醒教友：“请您带好自己的随身物品，前来领受圣体。”堂区人多，即使领圣体之后回到原来的座位上，也还是需要较长的时间，遇到大型瞻礼或主教弥撒，从排队到领圣体回来的时间大约持续15分钟，甚至更长。在一般公共场合，离开原来的座位，带着随身物品应该不是什么需要提醒的事项，但是在N堂内，却成为非常重要的提示，这其实也是和教友们的观念息息相关的，他们大多认为堂内的行为都会受到天主的注视，随身物品不必随身带。事实证明，很多时候教友去领受的时候更习惯将包留在座位上。笔者和教友们聊起这些事情，他们大多做了类似的评论：

> 那个人一定不是教友，是教友谁敢拿呀，十诫里面都讲了不要偷盗，何况是献给天主的钱，他想做什么？没有信仰的人就是可怕。（章宁）
>
> 现在到堂里面的人太多了，真是不能想，欢迎外教的人来参与弥撒，怎么反而带进来这么多世俗的罪恶来，我们那块儿（指农村天主堂）不要说在堂里的东西，就是那些因为经常赶着去参与弥撒，有些粮食啊、农具啊什么的不好带进堂里，就都放在堂门口，也就放心地进去了。弥撒结束了出来再带走，也从来没听说谁随便拿过。现在倒好，堂里也需要摄像头了。（郝菲）
>
> 人在做，天主在看，在天主的圣殿做这样的事，这个人估计是外教的。（李云其）

复活节瞻礼之后的第一个主日，弥撒结束后，有教友发现自己丢了钱，包里一千多元不翼而飞，非常着急，在教堂内跟服务人员说明情况，声音很大。服务组的教友连忙上前制止：“你小声点，这是教堂。”之后与她一同走出教堂商讨此事，她在院子里仍然如故，焦急的声音不绝于耳，教友说：“会不会是你没有带出来？”她气急败坏地说：“不可能，我就在包包里面搁着的。就没有了。”旁边有人出主意：“不然报警吧？”那位服务人员很淡定：“把一切交给天主吧。”诚然，那个时候堂区的几个摄像头都还没有安装，主日上午光中文就三台弥撒，参加人数众多且来自四面八方，各自又不熟识，而当时弥撒又都结束，人们早已散去，丢钱的事情即便报警也没有什么具体线索，于是，“交给天主”的确是没有办法的办法。但那个教友实在不能理解为什么在堂里会发生丢钱这种事情，在院子里发了好一通火：

“这才刚过复活节，钱就没有了。教堂里参加弥撒怎么会有这种人呢？怎么会有这种人呢？”

偷盗本身的确是需要谴责的行为，但是使笔者好奇的是，在教友的观念里，信仰状态成为道德水平的一个核心判断准则。偷盗的产生仿佛不是由于其他原因，倒是由于没有信仰天主教的缘故。这件事后，N堂的确做了一些相应的措施，先是5月份在院墙上对着堂门装了摄像头，之后9月份又在堂内中间左右两个立柱上装了摄像头，长长的探头伸出来，看上去的确有些扎眼，又有点讽刺。

看来，按几位教友的惯常思维来说，偷钱的都不是信教的，参加弥撒的人应和世俗人不一样，那既然信教了，受洗了，应该是一个“洗净原罪的新人”，应该没有太多的世俗罪恶，教堂里怎么会丢钱？

可是，在神圣/世俗都归于神圣之后，还是有今天这样的“世俗”问题，这该如何认识？她们的想法应该是，我们要为她们祈祷，祈求天主饶恕她们的罪过。同时，她们也会去找神父告解，求神父给她们一个惩罚，同时为她们赎罪。可是这样，只是把一切推向无限，推向道德的制高点。从而，认为天主教的道德功能会使信仰者缺点较少，相信基督宗教信仰可以对道德行为无所不能。在学者这里，所能做的只能找出另一种“实证性”的反证。①

四　谁是善良的人？

一位新领洗的教友万小华，总共没来上几次慕道班课程，但是决定

① 杨慧林：《中国天主教在当代社会的可能角色》，引自南怀仁文化协会编《中国教会的今天与明天》，台北光启文化事业，2007，第197页。

领洗，好几位教友都有点意外，她学的是医学，而且仅仅来了一两次，又只是听到了喝圣水治愈炎症之类的奇迹分享，大家一直以为她因此而不来了，领洗更是没有想到的事情。领洗之前，她在和家里电话沟通的时候，她妈妈坚决反对，问她为什么要领洗做天主教徒，她给出的原因是“因为教堂里的人都很好，很善良”。她妈妈反问：“我没信教，我也善良啊。”而这的确是一个值得反思的问题。教堂里的人都好吗，都善良吗？或者说，善良的人、有爱的人一定都是信教的吗？

传福音的人可以通过自己的善行、友好、有爱来化解慕道人心中的疑虑，可是这个慕道人受洗以后，其实她面对的是教堂里形形色色的人，并不仅仅是当初那些有爱的代父代母、陪伴员，因此，这里的“友好、善良”是有所保留的， 道德与灵性资本的交织使得他们在面对外教人时尤为重要：

> 与教外的朋友说话和气、热情大方、主动打招呼，使他们有一种温暖亲切的感觉，从而使他们觉得有信仰真是一件好事。[①]

当面对外教人的时候，教徒都会维护教会、教徒的良好形象。慕道班上两位教友的吵架被制止了，因为教友都是友好的，教会都是神圣的，不能给慕道友不雅的印象，这种区分很重要。

而当大家都领洗成为教友后，在主内，在堂里，很多事情还是会发生，所有的问题又都会重新浮出水面。这个就能理解，为什么面对同屋教友田晨羽和她的男友同居一室[②]，郝菲对此没有太多的指责。或者教友饭前没有祈祷，并没有什么奇怪的。其实，在神圣与世俗之间，神圣是一个必须保持的形象，一个需要树立的状态，所以在慕道友面前，很多世俗事务的解决方案都趋向神圣，“我向天主要神启”“我向天主祈祷”“天主

① 天主教B教区N堂堂务会：《N堂周刊》第222期，第五版，2012年1月29日。

② 天主教教义要求，婚前同居行为是不能被允许的。

会给我们答案”。教友的形象也很重要，比如S神父讲道就“比较适合你们教外人听”，言外之意是教友对这种“世俗化的道理”是保持距离的。但如果大家都已领洗，进入了“神圣”世界，很多事件的解决又反而成为世俗的问题，重回生活的世界。但是，在很多教友的观念里，不好的事情，总是和教外有关，堂里丢钱一定是教外人干的，社会现在如此混乱，都是没有信仰的结果，“我们和世俗的人不一样”。

善良一词看似简单，其实指向的是天主教徒在日常生活当中如何认识自身信仰与他者的问题。

> 一方面，宗教把道德抬高为宗教的教义、信条、诫命的律法，把恪守宗教关于道德的诫命作为取得神宠和进入天国的标准；另一方面，宗教的教义与信条又被神以道德诫命的形式强加于整个社会体系，被说成是一切人等当与不当、德与不德、善与不善的普遍准则。这就在历史上形成所谓道德的宗教化和宗教的道德化的现象。[①]

天主教徒常常要行善工，善工是指圣善的工作，包括祈祷、敬礼、慈善工作等等，善功也就是神学用语的“功绩”，人行了善为邀得报偿的媒介。问题是为什么做这些善工？是为了得到将来的赏报吗？

我们做善工不是为了天主而是为了我们，善工将我们自己打开，将我们开放给天主，以接受他更多的恩赐。天主的恩宠总是无偿地赐予人的，人不愿接受，天主从不勉强，但天主的恩宠为人还是敞开的。[②]

有教友说：“人生在世什么都带不走，带走的只有做的善事和恶事，天主在天上都看着呢，天主是有数的。”[③]因此，此世的修为是为了来世

---

① 吕大吉主编《宗教学通论》，中国社会科学出版社，1989，第363页。

② 天主教在线，http://www.chinacath.org/article/guia/dayi/jiaoyi/2008-02-29/1761.html。

③ 水凤琳，2012年4月13日。

的天堂，“多结果实”[①]。另外，善良一词本身作为社会观念的伦理产物具有多义性的内涵，不同的人自然会有不同的阐释与理解。但无论如何，伦理的标准不是与社会身份完全契合并贯穿始终的，其实，一切宗教都包含着无私的奉献与执着的追求、屈从与反抗、感官的直接性与精神的抽象性等某种独特混合，但是也不是只有宗教才有这样的力量。无论在天主教内或是教外，每个人的伦理高低都有相应的评价标准，“善良”成为天主教徒身份的标签，成为他们的灵性资本与身份边界，进而影响天主教徒对天主教信仰以及自我的认同，同时形塑了他们社会日常当中的生活样态。而与此同时，在有些教友的观念中，这种标签又逐渐易于外化成为判断其教友身份特征静态的标准，成为固化神圣/世俗二者绝对二分的精神存在，成为整齐划一的身份标志，而并非内化为自己的生活行为准则，从而使得“善良”一词成为身份认同标准，产生教友、外教人多重读解的可能。

结　语

天主教徒的救赎仪式，是在与外教人相遇的情景下完成的，神圣与世俗的“阈限”预示着身份认同的起点，而并非终结，更非成为区别教友/非教友身份的唯一标准。神父通过弥撒中的道理不停地在强调，“要把信仰带到生活中”，“要在日常中活出天主教徒的样子来”，“不要办了告解，领了圣体，出了教堂，就把一切抛到脑后”。诚然，还有更为流于形式的教徒，在教堂领圣体的队伍里，因为插队就和别人打起架来。在他们的观念中，世俗生活当中的诸种问题只要通过耶稣天主，就都被一一化解掉了，个体在神圣与世俗的二分状态中获得安宁，从而获得内心的喜乐。自我面对问题时，如果缺少“天主”的引导与帮助，同时处在神圣／世俗的对立中，则很容易面临困惑与问题，陷入一种二分状态的焦虑当中，人

① 何彩霞，2012年9月5日。

际交往的道德判断似乎也只存在于教友和非教友的区分当中，与外教人的交往也较为生硬而存在紧张感，“领洗”作为由世俗到神圣的一道过渡仪式，成为交往中的一道鸿沟，群体的区隔在领洗一瞬间被取消，道德的界限也不复存在。与此同时，在信仰生活中，神圣概念、仪式中不断强化神圣／世俗的二分，也在很大程度上影响到外教人对待他们的态度和自我认同等。

而如今，真正和外教人造成某种误解和区隔的原因，在于历史中与各种社会、文化、政治事件的勾连，历史的沉积与现实的误读，再加上教徒们对神圣／世俗二分的绝对判断，也使得道德判断出现了高度的悬置，也极易将自己划在一个封闭的“神圣”世界当中无法自拔，在与“外教人”的交往中，很多事情也因此被简单化处理，这种神圣／世俗的分野也尤为突出，从而使得“外教人”被完全排除在他们观念之外，成为缺少道德训诫的“世俗人”。与此同时，“外教人”也因此对他们缺少必要的理解可能，再加上历史洪流当中对天主教徒在中西礼仪之争、社会交往冲突、国家意识形态中的种种形象塑造，从而产生更多的误解与困惑。

对于天主教徒来说，身份的认同正是在与历史、仪式活动、日常交往、信仰他者的交汇中形成与建构出来的，这个过程在历史沉淀、人际互动、仪式强化、信仰分享、他者看法当中来回流动。但无论如何流动，那种神圣／世俗二元分野下的某种张力一直存在，并影响了天主教徒个体在日常生活当中的行为实践活动。走向日常的信仰，化解神圣与世俗当中的张力，使之成为处理人生问题的出发点，而不是终点与绝对值。建议不将神圣作为某种世俗资本与道德优势，转而成为一种内心的训诫，作为个体生命的良性引导，从而开放内心，更好地与他者交往，获得更多的理解空间。

Identity and Boundaries of Religious Group: Based on Field Work from a Catholic Church in China

Zhang Yingshu

Abstract: The identity construction of Chinese Catholics is based on the religious opinions, ritual activities and the relations with others, forming an intellectual system. Meanwhile, the intension of Sacred/Secular dichotomy between Catholics and others sustains, which affects the daily practice of them and the identity Construction as well.

Keywords: Chinese Catholic; Identity Construction; Sacred/Secular

（责任编辑：高萍）

乡土传统文化视域下的新型城镇化建设研究

高　萍*

摘　要　新型城镇化建设是我国当下经济社会发展的一个重要过程。本文阐释与分析了乡土传统文化与新型城镇化建设之间的关系、乡土传统文化对新型城镇化建设的启示，以及乡土传统文化视域下新型城镇化建设的推进路径。本文指出，优秀、健康、正面的乡村传统文化是新型城镇化建设的“强力剂”。新型城镇化与乡土传统文化的接轨、融合，必须让广大农民牢固树立文化自信、文化自觉的理念，同时，还要注重对乡村文化精英及文化组织的培育。

关键词　乡土传统文化　新型城镇化　行为规范　意识形态　社会组织

新型城镇化是我国当下经济社会发展的一个重要现象。在新型城镇化进程中，一部分农民进城，成为城市居民；一部分乡村发展，成为城市空间。毋庸置疑，无论是农村劳动力向城市转移，还是农村在地城镇化，农民都获得了生活上的便利，享受到了当代文明的福祉。通常来讲，一个国家或民族从传统向现代举步的那一瞬间起，就踏上了一条不断解构自身

---

* 高萍，陕西省社会科学院社会学研究所。该成果系陕西省社会科学院2015年青年课题（15QN020）。

文化的道路。在新型城镇化进程中，长期外出的农民受城市文化的影响较大，难以领略乡土传统文化的深刻内涵；在地城镇化的农民在乡村传统社会习得的文化习俗，也日渐被现代的文化元素所替代。可以说，以现代都市文明为特征的城市文化与以传统乡村文明为代表的乡土传统文化之间的冲突与博弈构成了我国新型城镇化发展的一个重要特征。

农民往往缺乏对乡土传统价值与文化变迁规律的充分认识，这导致了他们在文化认同方面的迷失。对于习惯了农耕自然经济与乡土文化形态的广大农民来讲，传统意义上的乡村精神家园受到了极大冲击，而现代意义上的文化认同又尚未建立。另外，一些地方政府很难快速看到乡土文化建设为他们带来的政绩与利益，这导致他们在实际工作中对乡土文化缺乏热情，积极性不高。还有一些地方政府未能深刻领悟新型城镇化推进过程中文化建设的要义，对乡土传统文化的认识大多还停留在文化糟粕、封建迷信等旧有观念上，这导致其对文化建设的理解仅限于图书馆、美术馆、阅览室等物化设施的兴建上，而未能从本地区的实际出发，因地制宜，统筹规划，对独特而有价值的乡土传统文化进行有效的保护。

本文将重点阐释与分析乡土传统文化与新型城镇化建设之间的关系、乡土传统文化对新型城镇化建设的启示，以及乡土传统文化视域下新型城镇化建设的推进路径。

一　乡土传统文化与新型城镇化建设的关系

一般来讲，任何社会政策的制定与执行都必须与其所处的社会历史文化环境相协调。新型城镇化作为一种复杂的社会经济现象，要在特定区域的乡村社会展开，必然会受到其社会历史文化环境的影响与制约。

（一）乡土传统文化对新型城镇化建设的影响

什么是“文化”？英国文化人类学家泰勒指出，“文化或文明，就其广泛的民族学意义来讲，是一复合整体，包括知识、信仰、艺术、道德、法律、习俗以及作为一个社会成员的人所习得的其他一切能力和习惯。”[①]马林诺夫斯基将“文化”的主要形态分为物质设备、精神方面的文化、语言与社会组织四个方面。[②]正如有学者提出的，“文化既表现在对社会发展的导向作用上，又表现在对社会的规范、调控作用上，还表现在对社会的凝聚作用与社会经济发展的驱动作用上。”[③]的确，文化的纽带作用对新型城镇化建设也同样有效。具体来讲，每一个社会群体都拥有自己的一套文化体系。在这个体系中，民众分享着共同的语言、信仰与历史，在生活态度、价值观念与行为规范上表现出了一些共性的特征，这些共性的特征为社会成员之间的沟通与理解创造了有利的条件，而这正是新型城镇化建设过程中可以利用的文化资源。另外，在健康、优秀文化价值观引领之下的经济活动不是纯粹的逐利行为，它更能体现人的尊严与价值；在健康、优秀文化价值观引领之下的政治活动不会趋于集权与专制，而会更加顾及大多数社会成员的利益与福祉；在健康、优秀文化价值观引领之下的法律行为不会沦为政治统治的工具，而会体现法律的核心价值，实现人的自由。

本文“文化”所指的内容主要包括伦理道德、理想信念、礼仪风俗、社会组织、宗教信仰等方面。乡土传统文化因素即乡村社会中的一些地方性知识与文化积淀，比如传统习俗、乡村舆论、家族组织等。它塑造了民众的文化心理，也将对新型城镇化建设产生重要影响。当然，这里我们也应该看到，文化是一把双刃剑。一方面，乡土传统文化流淌于农民的日常生活与实践之中，深刻影响着人们的思维方式与行为习惯，可作为乡村社会文化价值体系的主体，其在新型城镇化建设过程中起着教化民众道德、规范与约束农民行为、维护乡村社会秩序、促进乡村社会整合、为乡村社

① 〔英〕泰勒：《原始文化》，浙江人民出版社，1988，第1页。

② 〔英〕马林诺夫斯基：《文化论》，华夏出版社，2002，第4~7页。

③ 吴俊杰、张红：《中国构建和谐社会问题报告》，中国发展出版社，2005，第311页。

会运行提供智力支持等作用。比如，中国传统乡村社会是典型的熟人社会，在这样的社会之中，人情关系对人们的社会行为起着重要作用。虽然目前，这种熟人社会随着现代化的推进已经被逐步打破，但在以血缘、亲缘与地缘为纽带的社会格局之下，人情关系作为一种重要的文化习俗，仍然支配着乡村社会中人们的日常行为。而另一方面，乡土传统文化也表现出阻碍乡村社会运行等消极作用。拿口头流传或书面记载的乡约或政策来说，它们在传承传统文明、维护社会稳定与规范农民行为的同时，也存在人情与法理相悖的情况。在传统社会中，人们普遍崇拜国家意志的代言人、家族组织及精英分子等权威，固化了权力的等级格局，限制了民本位思想的发展与民主意识的向下传播。

（二）乡土传统文化应用于新型城镇化建设的必要性

乡土传统文化是生发于乡土社会的一种系统的、多维的、复杂的文化体系。它植根于传统农业经济和儒家文化形态，是农民群体在长期协调人与自然、人与人的关系中积累和创造出来的。它融合于人伦日用之间，为农民群体提供了一套安身立命的人生理想、价值理念和道德规范，它影响和制约着农民群体的正义感、审美感和是非感。此外，乡土传统文化将农村社会的不同阶层、不同人群凝聚起来。它在尊重差异中扩大社会认同，在包容中形成思想共识，塑造强大的精神力量。在此过程中，农民的自豪感得到增强，文化信仰得到重塑，和谐的人文环境得以形成。从某种程度上来讲，中华民族，是一个睿智的农业民族；中华历史，是一部农耕民族的发展史。乡土传统文化则是中华民族繁衍发展的精神寄托与智慧结晶，是民族凝聚力与进取心的真正动因！

新型城镇化追求一种生活在传统与未来之间的和谐，追求一种城市文明与乡土气息交融的状态。这种融合不仅仅是空间、社会与经济方面的融合，还包括城乡文化资源方面的融合。尽管在当下新型城镇化建设中，农民群体对乡土文化的认知呈现一种“割裂”的状态，但这绝不意味着乡村社会的崩溃与乡土传统文化的瓦解。古老的多神信仰、以血缘关系为纽带的宗族文化、民众祈福纳祥的心理以及人与自然和谐共生的乡土习俗等，依然支撑着农民的日常生活与价值体系，这就是文化惯性的力量。基于城市对乡土文化的想象，处于城镇化快速发展中的人们往往会忽视乡土传统文化自身的惯性与转换能力，并且容易对乡土传统文化做出处于崩溃边缘的武断判断。殊不知，乡土传统文化也会因循其内在的发展逻辑，以种种改头换面的方式得以绵延。从某种程度上来讲，乡土传统文化在保持社会稳定与消解经济危机方面还会为新型城镇化建设助力。

符合科学理念的城镇化发展，既要满足民众对现代化生活与生产方式的企慕，又要着力留存乡土传统的历史符号与文化记忆。在新型城镇化建设中，只有尊重村落共享的价值观念，走与乡土传统文化自然融合、稳步前进的发展道路，才能从根本上化解城镇化建设引发的社会阵痛与文化断裂，也才能保住中华民族农耕文明的根脉。为此，政府应该充分认识乡土传统文化和村落社会的复杂性与多样性，从村落基层出发，自下而上地观察新型城镇化建设的“落地”情势，改变目前新型城镇化过程中“重经济，轻文化”“追现代，丢传统”的现状，对乡土传统文化给予适当宽松的政策支持，使其在传承保护与创新发展中开新花、结新果。

二　乡土传统文化对新型城镇化建设的启示

曹锦清曾在《黄河边的中国》中提到，“传统从来就是一种现实的力量，它既记录在历代典籍之中，也有在于人们的观念、习俗与行为方式之中，并直接影响着各项制度的实际运作过程，不管这些制度是用什么样的现代名称”①。的确，人类社会的每一次进步与发展都离不开传统文化对它的影响，而每一个文化因素对社会发展的影响侧重点又有所不同。为了

① 曹锦清：《黄河边的中国》，上海文艺出版社，2000，第2页。

与新型城镇化建设的实践相结合，下面笔者将选取乡村社会组织、农民意识形态与行为规范层面的一些文化因子，来重点探讨乡土传统文化对新型城镇化建设的启示。

（一）社会组织层面的文化因素：家族组织

社会组织层面的文化因素，如家族组织、农民协会、老人会等在新型城镇化建设中起着整合乡村社会的作用。下面以家族文化为例，分析其对新型城镇化建设的启示。

家族组织作为乡村社会的一种非正式组织，主要以血缘、地缘为纽带联结而形成。通常，出于生产、生活及安全等需要，一个家族中的成员相互协作、相互照应，形成了礼让友爱、包容关怀、互助分享与同情支持的良好社会道德风尚。在现代意识的冲击之下，虽然目前家族组织日渐式微，但因深植于我国乡土传统文化土壤之中，其在新型城镇化建设中发挥的作用依然清晰可见。对于家族组织在当代乡村社会中发挥的作用，以往许多学者都对其给予过肯定。比如，王长安认为，家族组织具有文化传承和精神维系功能、共济互助功能、组织动员功能、协调纠纷功能与教育教化功能。[①]汪洋、汪森也认为，家族组织中血脉亲情及成员的归属感等因素可以通过调动村民的参与积极性、维护农村发展的稳定性等来实现政府管理成本的降低与管理效率的提高。[②]在这里，笔者认为，首先，家族组织倡导奖善惩恶、济贫扶困、维护公益。在族内公共性事务，如婚丧嫁娶、扶助弱小、修路架桥中，家族组织承担了重要角色，发挥了相互认同、帮助与保护的作用。在其温情外衣之下，民众不一定具备“人人为我、我为人人”的明确意识，但团结、互助、容忍、关怀等名词已不再是抽象的概念，而转化为人们日常生活中一种具体而形象的心灵感受。其

---

① 王长安：《转型期中国乡村治理研究》，吉林大学博士学位论文，2007，第96~100页。

② 汪洋、汪森：《浅析宗族在乡村治理中的作用——〈义序的宗族研究〉读后感》，《今日南国》2010年第4期，第195页。

次，家法族规是很好的道德教育资源。充分利用乡村血缘、地缘的优势，以家族组织为依托，运用家法族规可以协调族内关系、解决族内矛盾、约束族人争斗及少数人越轨，这对新型城镇化建设中乡村传统公序良俗的规范具有重要意义。最后，家族组织不仅是一种制度组织，还是一种经济组织。它可以是农民整合家族利益的组织手段；可以为家族成员提供社会关系网络资源，以便其在社会竞争中处于优势地位；还可以通过对现代社会中组织资源的吸纳，增强其自身的行动能力，并且增加与其他利益主体博弈时的筹码。

总之，家族组织的存在与内在运行机制有助于新型城镇化建设的更好进行。目前，充分认识家族组织中的有益成分，深入挖掘和利用这些优秀文化资源，使其与现代化本质相契合，这对农民内聚力的提高、农民组织化程度的强化以及农民集体主义观念的培养等不无裨益。当然，我们也应该看到，家族文化中的一些消极成分与新型城镇化的价值取向相背离，比如传统小农意识与现代经济理念之间的冲突，阻碍乡村经济的发展；受乡土传统文化的长期影响，农民接受新事物的能力与民主意识较弱，常出现传统人情与现代法理之间的矛盾，等等。

（二）行为规范层面的文化因素：乡规民约

行为规范层面的文化因素包括乡规民约、习惯法等。它们是民众共同制定与遵守的维系乡村社会秩序的文字或非文字性准则，更多的是作为一种内生规则生存于乡村社会之中。下面以乡规民约为例，分析其对新型城镇化建设的启示。

乡规民约作为国家正式法律制度以外民间法的重要组成部分，是农民在长期的生产与生活中逐步形成的行为准则。它在规范农民日常行为、教化农民道德、促进邻里互助、协调人际关系、管理公共事务以及维护乡村社会秩序等方面都有一定实效。具体来讲，虽然目前国家政权的触角早已延伸至广大农村，然而我国农村各方面的情况都较为复杂，单独依靠国家法律政策来应付农村纷繁复杂的社会关系就显得有些单薄无力。在新型城镇化建设过程中，乡规民约作为我国乡村社会的一种重要传统，则可以为我们提供一些宝贵的历史经验。比如，像农村养老、耕地纠纷、邻里摩擦等国家法律辐射不到或还不太明确的地方，就可以借助乡规民约的软约束力予以化解。另外，国家政策与法律规范具有一定的强制性，执行起来需要人力、财力等的投入，而乡规民约是农民在社会化过程中逐步习得的，这将在很大程度上缩减新型城镇化建设过程中乡村社会治理的成本。此外，乡规民约是具有较高强度的地方性规范，与现代法律的刚性条文相比，文字性或非文字性的乡规民约更容易走近农民的日常生活，农民也更容易接受乡规民约对一些事情的解决之道。从某种程度上来讲，乡规民约对农民构成了一种较强的软性约束。乡规民约是农民群体自身所熟悉的，并且被认为是理所当然的。正如张静指出的："文字或非文字性乡规民约都比法律条文更多地介入乡间日常生活。"[①]当社会成员对一个具体场域之中的生存与生活规则了如指掌时，当然是不会冒天下之大不韪而与传统相抵制的。

总之，乡规民约的核心在于人心对正确与错误价值的评判和遵守水平，在于对既定乡村社会的整合。谢晖曾指出，与政府强制制定的约法、家族法和习惯法相比，乡规民约具有形式上的严谨性、范围的公开性和制定的自觉性等特征。[②]从某种程度上来讲，乡规民约即乡村社会中流动的政策或书面文献。也正是凭借这些优势，乡规民约成为国家法律的有益补充与新型城镇化建设中值得依赖的不可或缺的因素。当然，这里也需要指出的是，乡规民约具有很强的"地域性"色彩与"人治"特点，这导致在一些区域内纠纷的解决过程中，可能存在规避国家法律的现象；另外，乡规民约注重保护小集体的利益，而国家法律倡导从大局出发，维护乡村社

① 张静：《基层政权——乡村制度诸问题》，浙江人民出版社，2000，第115页。

② 谢晖：《当代中国的乡民社会、乡规民约及其遭遇》，《东岳论丛》2004年第7期，第54页。

会稳定。当与国家法律及政策发生冲突之时，乡规民约就可能阻止国家法律及政策的运行或导致其在执行上的偏差。因此，在新型城镇化建设过程中，我们应该对乡规民约的利弊予以适当的利用或废弃。

（三）意识形态层面的文化因素：民间信仰

意识形态层面的文化因素，如民间信仰、民间禁忌等。它们与广大农民的日常生活方式、行为习惯息息相关，是指在乡村社会中能对农民的道德、信仰、习惯、生活方式、价值观等造成影响的地方性文化。下面以民间信仰为例，分析其对新型城镇化建设的启示。

郭于华认为，民间信仰是流行于一般民众，特别是农民中间的神、祖先、鬼的信仰，庙祭、家祭、墓祭，岁时节庆、人生礼仪和象征等。①作为一种重要的民俗文化表现形式，民间信仰具有深厚的历史、社会与文化基础，将对民众的情感、道德、信仰和价值观产生重要影响。具体来讲，第一，民间信仰通过神祇、信仰来规范与约束民众的行为、统一民众的价值观与道德，这在一定程度上充当了评判民众行为、目标、理想、观念与道德的标杆，起着凝聚人心、整合与稳定农村社区秩序的作用；第二，民间信仰要求民众克己、利他、行善、乐施，并通过习俗、礼仪等形式固化为乡村社会的一种文化形态，这对农民的不当行为与处事方式起到了约束作用；第三，民间信仰与其他文化现象存在千丝万缕的联系，它为传统文化的展演提供了平台，丰富与发展了农民的文化生活，为乡村社会提供了良好的公共文化氛围，具有传承乡村传统文化的功用；第四，民间信仰是社会良性运转的非正式制度保障，它所发挥的作用与众多的制度保障是同样的。②民间信仰作为一个相对特殊的经济实体，可以为乡村社会提供公共物品与服务，扮演社会援助与救济的角色，这在新型城镇化建设中起到了弥补政府力量不足、稳定乡村社会的作用；第五，一些地方政府倡导“庙

① 郭于华：《仪式与社会变迁》，社会科学文献出版社，2000，第219页。

② 张剑：《关于我国民间信仰问题的理论政策思考》，《中国宗教》2007年第7期，第21页。

会搭台，经济唱戏”，民间信仰借助庙会等形式为乡村社会提供了商业平台，促进了乡村经济的发展；第六，民间信仰通过举行酬谢神灵、耕种祈雨等仪式与活动，加强与实现了乡村社区成员之间的团结、协作与沟通，这有助于解决新型城镇化建设中农村集体行动力不足的困境。

总之，民间信仰在参与乡村社会教化、为农民提供精神支持、为农村提供公共服务、增进农村社会福利、活跃乡村经济、促进乡村社会文化繁荣及丰富农民日常生活等方面具有重要作用。当然，在新型城镇化建设过程中，民间信仰也存在阻碍主流价值对乡村社会渗透、阻碍国家政策执行、破坏社会稳定等一些不良行径。正如张鸿石指出的，“良俗在民间信仰中仍处强势地位，但陋俗依然维持着一定的影响；民间信仰中文化的意蕴得到彰显，但迷信的成分也有所显露。”[①]因此，在认识民间信仰正向功能的同时，我们也要对其消极的、迷信的成分保持清醒认识。

三　乡土传统文化视域下新型城镇化建设的推进路径

优秀、健康、正面的乡土传统文化是新型城镇化建设的“强力剂”。许多优良的乡土传统文化可以作为新型城镇化建设过程中的本土资源来加以吸收与利用。我们可以从梳理我国乡土传统文化的根基做起，努力寻求新型城镇化建设与乡土传统文化的契合点，积极实现乡土传统文化的精华与现代生活的有效对接。需要指出的是，在充分吸收乡土传统文化精华并发挥其作用之时，要努力做到与国家倡导的主流文化相兼容，杜绝与国家现行法律与道德相违背、相冲突的现象。比如，使家族组织的内在优势得以发挥，并加以引导与协调，充分实现其在新型城镇化建设中的功能与价值；乡规民约要与国家的政策与法律相一致，坚决摒弃其中的糟粕与毒素，学会用批判的眼光继承序人伦、循义务、孝亲敬长等有益的内容；民

① 张鸿石：《论传统民间信仰与社会主义精神文明建设》，《学术交流》2003年第3期，第29页。

间信仰不能宣传迷信思想，鼓动民众违法乱纪，等等。

新型城镇化与乡土传统文化的接轨、融合，还必须让广大农民牢固树立文化自信、文化自觉的理念。这里的文化自信与文化自觉，主要包含两个方面的意思：一是农民基于对乡土传统文化的自信与认同，对民俗文化（如岁时节日、人生礼仪、乡规民约）及哲学精神（如民间信仰、仁爱民本、诚信正义）层面的优秀成分进行继承；二是对乡土传统文化中的一些负面价值观念进行转化（如现代科学对乡土信仰的冲击与渗透），将乡土传统文化精神与诸如平等、自由、法制、科学等价值观相互融合起来。这既避免了乡土传统文化的本土局限性，又嫁接了经过实践证明了的理性价值和理念，有利于农民建立对现代乡土文化的新认同。

新型城镇化还要注重对乡村文化精英及文化组织的培育。通过搭建乡土传统文化展示平台，比如举办手工艺品创作大赛、戏曲大赛等，广泛挖掘潜藏于民间社会，且有专长的文化能人，邀请专业人士对其进行指导与培训，且提供政策与经济支持。此外，乡村文化组织是一个自我成长、与时俱进的组织，对农村社区公益的运作、农村社区生活的组织、农村社区秩序的管理、城乡关系的勾连等作用重大。在我国广大农村，遍布着大量非物质文化遗产，如礼仪节庆、表演艺术、手工艺技能、民间传统知识与实践等。在新型城镇化建设过程中，与其相关的文化组织通过传承与挖掘乡土传统文化的精髓，采纳与汲取时代文化的精华，都将对新型城镇化建设过程中重塑现代乡土价值规范与理念大有裨益。

Research on New Urbanization Construction Based on the Perspective of Rural Traditional Culture

Gao Ping

Abstract: New urbanization is an important phenomenon in China's current economic and social development.This paper explains and analyzes the relationship between the rural traditional culture and the construction of new urbanization,and the enlightenment of the rural traditional culture to new urbanization construction,and the way of promoting the new urbanization construction in the perspective of the rural traditional culture.This paper points out,Excellent, healthy and positive rural traditional culture is the powerful agent of the new urbanization Construction. The integration of the new urbanization and the rural traditional culture must let the majority of farmers firmly establish the concept of cultural self-confidence and cultural consciousness.At the same time, it should pay attention to the cultivation of the rural cultural elite and cultural organization.

Keywords: the Rural Traditional Culture；the New Urbanization；Code of Conduct；Ideology；Social Organization

（责任编辑：杨航）

影像笔记

太白山北麓宗教文化调查笔记

李继武*

摘　要　太白山位于陕西关中地区中部，横跨太白、眉县、周至等三县，是秦岭山脉的主峰所在，其最高峰拔仙台海拔 3771.2 米，是我国青藏高原以东的第一高峰。太白山自然风光险峻幽美，而且自古就是宗教圣地，宗教历史文化积淀非常丰厚，各种宗教文化的遗址和场所有上百个，其内容主要有太白山神信仰、佛教文化、道教文化和天主教文化等，各种宗教文化大多分布在太白山北麓沿山一带和朝山的三条主干道上。本文是对太白山北麓宗教文化资源进行实地考察之所见所闻的忠实资料整理。

关键词　太白山　宗教文化　调查笔记

2014年7月到10月之间，陕西省社会科学院宗教研究所“太白山宗教文化调查”课题组一行四人多次走进太白山，对该山区的宗教文化资源情况进行了实地调查。参与本次调研的人除了宗教研究所的科研人员外，还邀请了热衷于眉县地方文化研究的阎文团先生参与。作为本地学者，他不仅为我们的调研活动提供了重要的参考信息，而且参加了我们大部分实地考察活动。帮助进山考察的向导孙五盛是当地最有名的向导，他是一位转

* 李继武，陕西省社会科学院宗教研究所。本研究为陕西省社会科学院重点支持课题。

业军人，外号“钻山豹”，他因常年穿行于太白山而练就的过人体能和丰富的山地探险经验，为我们这次调研活动提供了重要的帮助。本文即是在这次调研活动过程中形成的笔记，稍作整理，以飨读者。

一　太白山宗教文化的构成与分布

太白山宗教文化最早是以太白神信仰为渊源形成的民间信仰文化，随着历代朝廷对太白神的晋封和祭祀，其逐渐具有了官方祭祀色彩。道教文化进入后，不仅逐渐成为太白山的主体性宗教文化，而且为太白神信仰的巩固和发展起到了推波助澜的作用。佛教文化的加入和繁荣，使太白山宗教文化形成以道教与佛教文化为主体，以太白神信仰为交点的基本构架。再后来随着天主教文化在当地传播，太白山宗教文化更加多元化。

（一）太白神信仰与太白山宗教文化的渊源

太白山宗教文化是一种自然崇拜的产物，古人敬畏自然，对于能够帮助人们抵御灾害者会以庄严的仪式表达崇敬之情，所谓“法施于民能御大灾、捍大患，则祀之”，在此观念指引下，人们对于日月星辰和山林川谷等自然现象均表瞻仰与崇奉。太白山因其山势挺拔，素有“兴云致雨、息涝弭灾”等神异之象而受到历代民众和统治者的崇奉。

古代的山川江河祭祀历史非常久远，是中国古代国家祭祀体系

图1　太白山

中的重要门类，秦始皇时期确立了统一王朝的山川祭祀体系，朝廷将全国山川分为华山以西和崤山以东两部分。汉宣帝时，五岳四渎成为山川祭祀的主干，并辅以其他地方山川祭祀。西汉时期，统治者对名山大川封以名号，赐以人爵，开始了山川神祇的人格化，东汉以后这一风气更加盛行。唐代，对山岳海渎神祇加封人爵成为风尚。到了元代，岳镇海渎祭祀发展到了顶峰，成为国家祭祀体系中重要的组成部分。据史料记载，早在汉成帝时期，太白山已有神祠并有大规模的民间祠祀活动。到了唐代，太白神得到朝廷的多次赐封，使太白山祭祀告别了民间"淫祠"的状态而纳入国家祀典体系。民间社会的太白神信仰也因此受到鼓励，逐渐走出太白山，扩展到眉县邻近的关中各州县乃至外省，太白神信仰突破了原有的地域限制，成为跨省区的神祇。宋元以降，太白神信仰逐渐扩展至关中平原各地，至明清时期，甚至北至黄土高原北部的榆林、南达陕南的南郑均建有太白神祠。太白神对关中地区影响最大的是其"兴云致雨"的深职功能，官方和民间都热衷于到太白山祈雨，并因此留下了丰富的历史文化遗存。太白神信仰不仅是太白山宗教文化产生的根源，而且贯穿于整个太白山宗教文化存在和发展的始终。

（二）道教入主：太白山宗教文化的发展

道教是太白山地区影响最大的宗教。道教在该区域活动开始时间非常早，从早期的上清派到后来的全真道，道教在太白山地区长期以来保持着频繁活动和重要影响，当地现存的宗教建筑碑刻法器等文化遗存中，有大半以上属于道教。太白山宗教文化源起于民间信仰性质的太白山神的信仰，但在道教文化入主太白山之后，其开始发挥善于吸纳的长处，逐渐将太白神信仰整合到道教文化系统之中，道教文化对太白山宗教文化的发展起到了重要的推动作用。太白山道教活动起源于何时现已不可考，但在唐代，由于道教受到李唐皇室的尊崇，道士被皇室引为宗亲，在朝野相当活跃。太白山地处京畿近郊，山势巍峨险要，成为道士隐修炼丹的大好去处，道教人物孙思邈、郭休、王休、李浑等都是当时在太白山修道炼丹的著名道士。

道教对太白山神异大力的宣扬，并将太白山和玄元皇帝（太上老君）拉上关系，使得太白山宗教文化得到李唐王朝的有力关照。据《新唐书·王珙传》记载，李浑曾在太白山隐居，他向皇帝上奏说自己曾在太白山间遇太白老人告以玉版秘记事，皇帝大感神异，于是下令将太白山册封为“神应公”。另一位自称太白山人的王玄翼则宣称：“玄元皇帝降于（太白山）宝仙洞。”此外，当时太白山的道士和官员文人多有往来，李白、卢纶、李洞、项斯、陆龟蒙等均与太白山道士有来往唱和，使得唐人诗作中留下了多篇以隐居太白山道士为题材的作品。太白山保存至今的道观遗址，多系唐时所建，如钟吕坪的中坪、东坪和西坪以及青牛洞等，此后，太白山道教活动持续不衰。宋元以后，随着王重阳创立的全真道发展壮大，王重阳的弟子丘处机创立的全真道龙门派在关中广为流传，太白山又成为全真道的活动重地，在太白山活动的道士大多属于全真道教龙门派，一直延续至今。

（三）佛教与太白山文化的融合

早在北魏时期，太白山已有大量僧众活动为史书所记载。隋唐时期，太白山已经成为僧众隐修的重要区域，山上也有了大规模的佛寺建筑。宋元以后，太白山佛教活动较之前代有所减少，和民间信仰、道教逐渐融合，但仍有其特定影响。

佛教最早进入太白山的具体时间已不可考，但因太白山北麓的眉县和武功县等地属于关中通往西域的要地，佛教初传中国时，就有可能在此地开始传播。从相关资料来看，北魏时期太白山僧人的活动已经有了文字记载。据法门寺《大唐圣朝无忧王大圣真身宝塔铭并序》记载，最早驻锡扶风法门寺的僧人便来自眉县太白山。隋唐之际，关中地区作为全国佛教文化中心，集中了来自全国各地的高僧，他们也受太白山奇丽巍峨的景致所吸引，故有众多佛教高僧入太白山隐修，华严宗三祖法藏在入智俨门下之前就曾隐居太白山苦修数年。此外，在唐诗中存在大量有关太白山佛教文化的诗歌，这些诗歌的内容包含了非常丰富的历史文化信息。比如岑参的诗歌《太白胡僧歌》，描写了一位来自西域的胡僧驻锡太白山期间的各种神异事迹。岑参笔下的胡僧：眉长数寸，用草和树叶做成衣服，经常捧读《楞伽经》。胡僧看见太白东峰上有两只老虎搏斗，在弱者将死之时，用僧杖将虎隔开，使两虎和解。西边的湫池中有条毒龙，为祸一方，就将毒龙收入钵盂中，藏在床下。

宋元明清时期，关中虽然不再是全国的佛教中心，但长安地区的终南山和太白山在汉传佛教中仍保持着重要的地位和影响。在三教合一思想潮流的推动下，太白山民间佛教活动开始积极发展，逐渐与道教、儒教和民间信仰相互融合，与民众日常生活的联系也日益紧密。但整体来说，太白山的佛教文化逐渐衰微，原有的寺院大多毁坏废弃。现存太白山宗教建筑中，属于佛教的有进林寺（又作靖林寺）、中山寺、蒿坪寺、斜峪关的蟠龙寺和菩萨大殿等。特别是中山寺，留下一尊贞观四年的文殊菩萨像。石像系汉白玉雕琢，半跏趺坐伏狮，头戴莲花冠，胸佩莲花璎珞，腰系宽带，右手握带，左手放膝前，面容丰满慈祥，形象逼真，栩栩如生。石像背后有“唐贞观四载玄奘□”等字样。由此像可以推断，中山寺的建造应和玄奘有密切关系。此外，还有放羊寺、明星寺（又作明心寺）、平安寺等遗址，寺院中的建筑基本上毁坏不存。即便如此，太白山依然是佛教界僧众向往的清修之地，清光绪十三年（1887）春二月，虚云和尚在终南山隐修期间，曾游太白山，自述年谱有简单记载“游太白山。高一百八里，六月不溶雪。至二板寺、大板寺，上大龙池顶，水分四流”[①]。光绪二十九年（1903）虚云和尚再入终南山，先是隐居在嘉午台，后为避尘扰，欲入太白山，在山里岩洞中住了数日后，因被人发现遂而南去。

---

① 岑学吕：《虚云法师年谱》，宗教文化出版社，1995。

（四）太白山北麓宗教文化遗存的分布情况

太白山宗教文化是一种依山形成的宗教文化场域，宗教活动往往以朝山为指向，并因此形成了通向太白山的最高峰——拔仙台的数条朝山之道，宗教文化遗存也主要分布在这几条朝山之路沿线。随着太白神信仰圈的扩大，太白庙的分布也逐渐从山中向山外扩散，甚至走向陕西全境。与此同时，道教、佛教等宗教又从山外走向太白山中，最终形成了太白山宗教文化的多元共生状态。

太白山处于陕西眉县、周至县和太白县三县的交界处，太白山南部属于周至县，北部属于眉县，西部属于太白县。这三个县从不同方向通往山顶的山道有五条，其中从眉县境内的北坡到山顶有三条主干路线，从周至县境内的南坡有两条主干路线。我们这次调查是以眉县境内通往太白山顶的三条主干路线沿途的宗教文化遗址为主要对象。

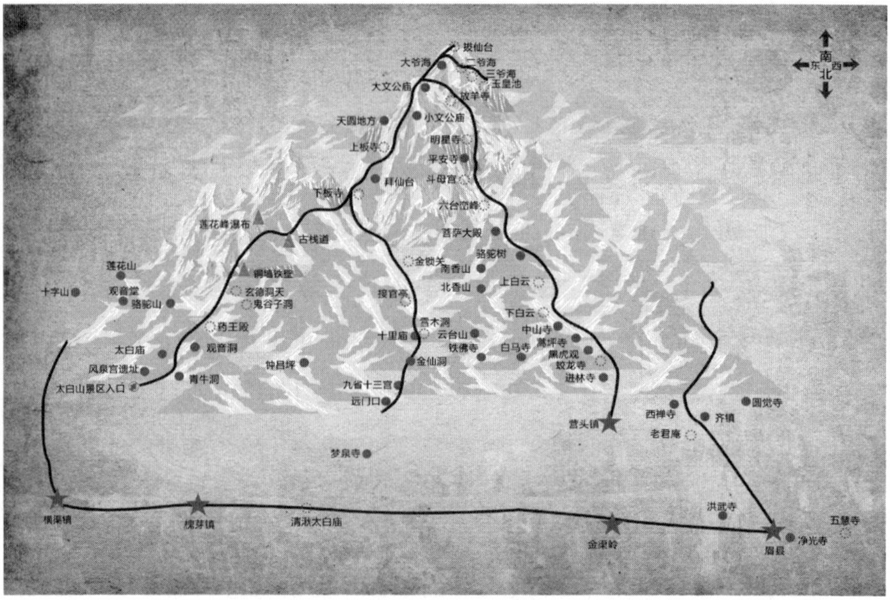

图2 太白山北坡宗教文化场所分布示意

从眉县境内太白山北坡登山有东中西三条主干道，这些主干道分别是东线从汤峪口入山，沿途的宗教文化遗址主要有青牛洞—汤峪太白庙—观音洞—下板寺—上板寺—小文公庙—大文公庙—大爷海—拔仙台等；中线是从钟吕坪入山，沿途的宗教文化遗址主要有钟吕坪—远门口十三宫—香引山，然后在下板寺与东线会合；西线是从营头镇开始入山，沿途的宗教文化遗址主要有进林寺—黑虎观—蒿坪寺—中山寺—下白云观—上白云观—骆驼树—菩萨大殿—斗姆宫—平安寺—明星寺（明心寺）—放羊寺等，然后在大文公庙与东线和中线会合。本次调研活动先是围绕太白山北麓附近的太白庙展开，然后沿着登山的三条主要干道展开，因此，本文后半部分的叙述也是循着这一过程展开的。

二　太白神信仰与太白庙

太白山宗教文化是依山形成的区域性宗教文化圈，最早起源于太白山神的信仰，后来在此基础上逐渐形成了以民间信仰为底色，融儒释道和天主教等各种宗教文化于一体的多元共生的宗教文化生态。

（一）太白山与太白神信仰

太白山，位于陕西关中地区中部，横跨太白县、眉县和周至县，是秦岭山脉的主峰所在，最高峰拔仙台是我国青藏高原以东的第一高峰。太白山海拔较高，形成了一山四季的复杂气候现象，从山口到山顶依次分布着暖温带、温带、寒温带、亚寒带、寒带等五个气候带，并因此形成了五个自然气候林带，加之山势险峻，人迹罕至，山顶气候寒冷，“冬夏积雪，望之皓然”，故名太白山。山顶积雪常年不融，素有“太白积雪六月天”的说法，这一景象也被誉为“关中八景”之一。太白山的险峻幽深，使得历代文人吟咏不绝，留下了大量有关太白山的诗词美文。

太白山神信仰是太白宗教文化形成的源头，因此，太白山神到底是谁或者是怎样的形象，是一个较为重要的问题。从现有的史料和各种民间传说来看，被奉为太白山神的对象因历史时期不同而不断变化，较为流行的说法有太白金星、周太王三子（泰伯、仲雍、季历）、不食周粟的伯夷、叔齐和周贲、神应公、谷春、崔浩、李柏等。而且，对于太白神到底是一位神还是三位神，也有不同的说法。

1. 太白金星

太白金星源于古代的星辰崇拜，是对太阳系中接近太阳的第二颗行星“金星”的神格化。《史记·天官书》云：“察日行以处位太白。”金星与木、土、水、火四星等构成中国古代天文学中的重要星宿系统，被认为是天帝周围最重要的五位助手，所谓“水、火、金、木、镇（土）星，此五星者，天之五佐”。唐杜光庭《录异记》记载：“金星之精坠于终南圭峰之西，因号为太白山。其精化为白石，状如美太焉，时有紫外线气覆之。”[①]封太白金星为太白山神。李浑更言其在太白山遇太白老人授以玉版，据其所言这位太白老人，正是太白金星。

2. 伯夷、叔齐、周贲

据《史记·伯夷列传》记载：孤竹国王立二儿子叔齐为太子，王死后，太子叔齐请求哥哥伯夷继承王位，伯夷以父命难违为由拒绝继承王位，而且为了让弟弟叔齐安心继承王位而逃走。叔齐认为废长立幼不符合礼也拒绝登位，逃出来和伯夷一起流浪。武王伐纣，二人叩马而谏，认为武王伐纣为不忠不孝之举。后武王平殷建立周室，伯夷、叔齐拒食周粟，和同来的周贲元帅饿死首阳山。西周的政治家、军事家姜太公以至仁至义之士封伯夷、叔齐、周贲为太白山神。此后，太白神由此三位贤人充任。

① 《录异记》（第六卷）“异石条”。

3. 谷春

《水经注》记载："（太白）山上有谷春祠，栎阳人，成帝时病死而尸不寒，后忽出栎南门及光门上，入太白山，民为立祠于山岭，春秋来祠中止宿焉。山下有太白祠，民所祀也。"《大明一统志》载："凤泉废县，在眉县东南。"清《眉县乡土志》载："凤泉宫在县东南三十里，凤泉城内，亦隋时置，唐时皇帝多次沐浴凤泉汤，封谷春为太白山神。"另据清乾隆《眉县志》记载："谷春，栎阳人。汉成帝时为郎，病死尸不冷，三年。家已发丧，行服。不敢下钉。三年更著冠帻，坐县门上，邑中大惊。家人迎之，不肯归。发棺有衣无尸。凡留三宿，又止长安横门，人知追迎，复去太白山，立祠山上，时来至其祠中宿焉。"由此可见，谷春是一位奇人，由于其死而复生的事情发生在太白山，所以后人视其为太白山神也是自然而然的。

4. 崔浩

崔浩主要活动在北魏太武帝时期，其母原是一个道教徒，崔浩本人从小也偏好道仙之术，稍长后曾学过占星和阴阳术。在他的推动下，北魏太武帝和道士寇谦之推行了灭佛政策，后崔浩被杀，他也被认为是太白山神。

5. 从神应公到灵应公

朝廷从唐代开始册封太白山，对太白山神赐予人爵。尽管封号有所不同，但这一行为标志着太白山祭祀在国家祀典中的重要地位，太白山信仰从民间正式走向官方祭祀。最早的册封是在唐玄宗天宝八年封太白山神为"神应公"，十四年改封为"灵应公"。

6. 从济民侯到惠济王

宋朝初年，太白山地位有所下降，宋仁宗皇祐五年改封太白山神为"济民侯"，其爵位封号由"公"降为"侯"。由于被降爵后太白山神不再灵验，嘉祐六年，经苏轼上奏皇帝后恢复其爵位"明应公"。神宗熙宁八年又加封为"福应王"。哲宗绍圣三年，再次晋封为"惠济王"。

7. 三王并奉

元朝时，朝廷因太白山上有三个水池（大爷海、二爷海、三爷海），相应地将太白山神的封号一分为三，分别赐予“普济王”“惠民王”“灵应王”称号，民间相应地称之为大太白、二太白、三太白，并有非常可爱的昵称“大阿福”“二阿福”“三阿福”。至此，太白神再次一分为三。

8. 三官并奉

道教以神系中的天官、地官、水官等三官大帝当作太白神。据大太白池太白庙铁碑记载：“太白山者，秦中之名山也。秀岭拂云，高峰参天。山之巅有积雪，冬夏长存，为八景之一。山之天地池灵湫，春秋不凋，为三秦之胜，实中华之胜地，西秦之奇观也。古昔相传，有真人潜踪于此，而且顶上有洞，名十一洞天，三官大帝实托居焉。夫三官者，上职天条篆，下统地府，中司民命，为此山王，叩之即应，感之遂道，如音应声，如影随形，虽云之灵，实神之灵也。大清康熙二十年六月吉日。”从此碑文可以看出，当地人们也将三官作为太白山神来看待，这主要是道教进入太白山后道教化的说法。

图3　太白山平安寺遗址发现的水官铁像

9. 李柏

李柏（1603—1701），字雪木，号太白山人，陕西省眉县曾家寨人。天资聪颖，10岁便作文赋诗。明崇祯十二年父因病逝，母寡子幼，迫于母命，于崇祯十七年西上凤翔府参加童试，得中秀才。清顺治九年柏母病逝，他断然拒绝优等老秀才出仕杂职的地方贡举。他在太白山大雪崖生活了38年。朝夕讴吟，著书立说，写了许多脍炙人口的诗文，刊印成书，名曰《槲叶集》。李柏的著作有《一笑集》《勤学通录》《麟山十二诗》《可以集》等，而后人所辑《槲叶集》四卷为其代表作，今仍传世。据当地人传说，康熙皇帝极爱文学，细读李雪木槲叶诗文，后来下诏，把历次进呈的李雪木所写的槲叶诗文，精装成册，御笔亲提书名《槲叶集》，作为珍藏秘本，只供皇宫阅读。数年后到太白山访李雪木，听说李雪木已经过世，康熙御口亲封李雪木为“太白山神。”

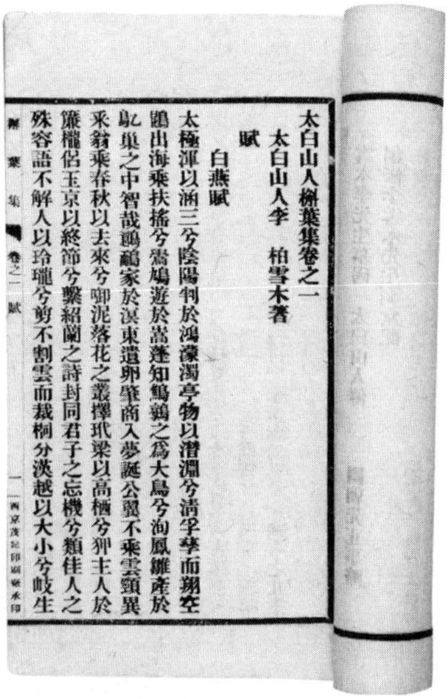
太白山人槲葉集卷之一
太白山人李　柏雪木著
賦
白燕賦
太極渾以涵三兮陰陽判於鴻濛濁亭物以潛淵兮清孚孳而翔空鷗出海乘扶搖兮鸞鳩遊於嵩蓬知鶺鴒之爲大鳥兮洵鳳雛產於鳦巢之中智哉鷄鷁家於溟東遺卵肇商入夢誕公翼不乘雲頸異釆翁乘春秋以去來兮啣泥落花之叢擇玳梁以高栖兮狎主人於簾櫳侶玉京以終節兮繫紹蘭之詩封同君子之忘機兮類佳人之殊容語不解人以玲瓏兮剪不割雲而裁桐分淡越以大小兮岐生
槲葉集　卷之一　賦　一　西京茂記印刷敬承印

图4　李柏著作《槲叶集》

10. 福应王

清人赵嘉肇曾对太白山神进行过考证，他说：“考太白者，西方神之名也，佐帝少昊，执矩而治，无所谓伯、仲、叔也。汉成帝时，有太白祠神，曰谷春，春为祠神，非太白山神。五代时，或曰崔浩，益荒诞不经。唐天宝七载封太白山神为神应公，十四载改封灵应公。宋皇祐五年封为济民侯，自是祷雨不应。嘉祐六年，苏轼代宋选上言，复封明应公。熙宁八年，进封福应王。绍圣三年，改封惠济王。至于有元，则析分为三王，曰普济，曰惠民，曰灵应（俗称曰大阿福、二阿福、三阿福），此大太白、二太白、三太白所由昉也。肖像以三池亦分隶之（俗呼曰大爷池、二爷池、三爷池），稽诸古籍无可依据（按：池有三，当曰太白大池、太白二池、太白三池为是）。乾隆五年，总督尹继善奏入陕西祀典。三十九年，巡抚毕沅奏封昭灵普润太白山之神，号曰福应王；并新保安宫、新开山各神庙，载在邑乘。”[①]

从以上各种各样情况来看，太白山神的信仰可以说源远流长，但太白

---

① 赵嘉肇：《太白游记》，载《终南仙籍》，三秦出版社，2014。

山神在不同的时代都有很大的变化。这些情况说明在不同的时代，太白神的形象因社会需求的变化而变动。在信仰者看来，这些不同时代不同的太白神，都是由同一个太白神在不同时期的化身。因此，太白神形象的不断变化并没有给信仰者造成太大的困扰。

（二）太白山北麓附近的太白庙

随着太白山神得到皇帝的赐封，太白神祭祀从民间“淫祠”纳入国家祀典体系。民间社会的太白信仰也大受鼓舞，太白神信仰走出太白山，逐渐扩展到眉县邻近的关中各州县。宋元以降，太白神信仰逐渐扩展至关中平原各地。到清代，太白神祠的修建，北到陕北的榆林地区，南达陕南的汉中地区，乃至外省。太白神信仰突破了原有的地域局限，不再是一个地方性神衹，成为跨省区的神衹。在太白神诸多神职功能中，影响最大的是其“兴云致雨”功能，官方和民间都热衷于到太白山祈雨，并因之留下了大量的历史文化遗存。据资料统计，在陕西眉县境内，曾有太白庙数十座，经过近几十年的破坏，现只有个别庙宇遗址存在。

1. 槐芽镇清湫太白庙

在所有太白庙中，眉县清湫太白庙应该是最古老的祖庙，历史上最早祭祀太白神，举行各种祈雨活动主要是在清湫太白庙进行。清湫太白庙位于眉县槐芽镇西二公里的清湫村中，与太白山南北相望，霸王河、渭河以及西沙河绕村而流，形成三面环水之势。其周围地势因南依太白山北麓形成南高北低之势，而太白庙庙址则是北高南低，太白庙就坐落在这片隆起的土台上，坐北向南。

北魏著名的地理学家郦道元在他的《水经注》中记载，“山上有谷春祠。春，栎阳人，成帝时病死而尸不寒，后忽出栎南门及光门上，而入太白山。民为立祠于山岭，春秋来祠，中止宿焉。山下有太白祠，民所祀也”。由此可知汉成帝时代，太白山神祠已有相当规模。后经历代修葺，不断扩大。唐朝中期，皇帝下令修建太白山祠堂，也就是太白庙。据《太白山祠堂碑并序》记载，碑文从颂扬太白山神奇的角度写起，先介绍了太白山的独特，又介绍了修建太白山祠堂的原因和邑令裴均的克勤克俭、尽职尽责，最后还重点记述了修建太白祠堂的第二天就迎来一场大雨。这篇碑文是最重要的反映太白庙修建过程的文献资料，也勾勒出了唐代以来太白庙的发展历史。北宋著名文学家苏轼在凤翔为官时，曾到过清湫并写了一首反映太白山灵验的诗："平生闻太白，一见驻行驺。鼓角谁能试，风雷果致不。岩崖已奇绝，冰雪更琱锼。春旱忧无麦，山灵喜有湫。蛟龙懒方睡，瓶罐小容偷。"

元朝时，清湫太白庙更加兴盛，镇上有太白行宫，殿宇宏大。据《陕西通志》记载，元至正十四年，遣将歹驴筑城于清湫镇以镇守斜谷诸口。至大二年至皇庆二年建成当时全县最大的庙宇——清湫太白庙。《重修太白庙记》详细记述了太白庙修建的情况：

太白山南距县四十里，山之阴一十五里，曰清湫镇者，即神祠之所在，其山雄杰奇秀，盘薄霄壤，拔出下于终南宝斜之上，山众峰，湫水鼎峙蜿蜒，侧经道溪而去，左右挟峻崖大壑，峭立穷林，业薄蔽□日月，盛夏积雪皎然，地高且寒，人跻之者，茹糗称旨，章历间信宿而后返，往往民惬怯畏 故四方香火率诣祠下，前有湫五分涌雨掖凡雨赐螟疫请必响应，然祠宇历年滋久，雀穿鼠穴，日就不支。大德丙午陈侯促宜来尉是县进谒丰礼，故而叹曰：惟神疏封，王爵策名巨镇泽物捍灾，功烈招晰祠迁卑，破露若此将何以答神之体，宁神之妻而声遐迩，之听也哉，事每患不立志，苟志立而因人之欲，岂拾潘尔，既而秋七月旱祷而雨，越期年夏旱祷，又雨，其后诊气间作祷雨辄雨，促宜迎告于众曰：神既不可以不□庙，貌不可以不修，神固靡责，怠而弗举，无迎为邑，人之羞乎？于是县帅府官吏望族，秦守王振提点希静大师，康德仁耆老李平，于庭秀李显张琳户克明陈德陈政张甫李琛赵文秀侯举李伯祥江泽周成等闻仲宜之言，莫不交欣踊跃竭力协志鸠皆相役，始于至大已酉之冬，终于皇 癸导之十月最材木之数，以千计，瓦壁之数，以十余万计，金谷之数，以三万□计，斫庆□□之功，皆极一时之选，仍命侍祠者董秀，以董之去旧基，可二十余，武为正殿一，凡四楹其广八寻，其高如之，制度□诡，百堵外施三间而列湫，各构堂于其上，或烟霏四开，山峰倒射，池影涵碧，树木环□，龟游鱼跃，光景炳耀，东水东西，奔流于渭，凉气喜人，衣被余润，南俯通达，田夫行旅，驾肩结轸，稻胜麦陇，□布森列，徙倚周览，一目千里，真天下之绝观也。夫天人之理，一尔人能为敬，以格于上神必垂诚以福于下，古之人鬼庞杂，虽圣人难绝地天通，使各有秩然□享之道，未常不致意焉，故类礼柴望之祭纪于书祈报由弥之羲者，于礼周官陈云崇之法，而诗列怀柔百神之颂，推而至于山林川泽丘陵，坟衍之族，兴夫八蜡顺成而索想之，其口世而设教也，详采后之，人信不足以，自浮，惑者则狎而玩之，诬者则疏而忽之，由是感通之道，不彰尔天人之理矣哉！国家恪遵古典□隆，圣化，德音屡降若曰：名山大川载在祀典者庙宇损坏官为修理，呜呼，仁泽宏深可谓得恤民之旨矣，然郡县长吏，不时奉行庆格沮挠视官舍如传舍，藐而弗茸尚奚暇以及此。今仲宜一尉耳，□盗职也，迁能上体，国家恤民之旨，鼓舞率道作新斯宫俾涣散之人，萃其为敬之心，以格于上，神锡丰年之庆，以福于天下人之理，合而永享太平之乐矣，岂不伟哉，一日季平等踵门应予曰：斯役也，陈侯之功居多，未有所达，何以示后？愿丐文以刻于石。余嘉仲宜立志有成，而悦邑之之向善也，遂为书其本末如石，而系以词。促宜名安義异宁，平定州人□宪吏而除是任，政绩著闻，擢陕省□今笔都盐运司，知事云其词曰：节彼太白群山之宗，祠宇倾圮，既□□陈汉泪止，惕然于中退而游□，律已奉公，□鼓夜闲，囹圄书空，迁卜高冈，迁建新宫，金碧□翼，气象显崇，玄衣赤□，为神圣愈隆。有□灾凶神赫，斯怒迁悯我农，变化挥霍，油然影后前驱列缺后驾临□□湫鼎沸，叱咤蛟龙，□

泽获此欢声四同，俯仰事俯育□□□□之赐亦侯之功报祀无缰，庆尔丹衷。[①]

图5　荒芜的清湫太白庙遗址

据当地人讲原来的庙宇占地二三十亩，后因历史原因，庙宇破坏严重，庙址范围只剩下现在的不到两亩。现仅存一座三间主殿和两间简易生活用房，砖木结构，面积300平方米左右。院中有康熙、乾隆、光绪年间所立石碑数块，朽木烂砖堆积，荒草丛生，很难想象当年的祭祀盛况。

2. 齐镇东凉阁村太白庙

在眉县齐镇东凉阁村还有一座太白庙遗址，东凉阁村据说因东汉时期权臣董卓为避暑在此修建行宫东凉阁而得名，相传董卓在修建宫殿时，也修建了一些庙宇。唐宋明清，太白庙香火旺盛。特别是遇久旱时，当地官民向太白爷祈雨的仪式十分隆重。唐代起，敬太白神、祈雨祈福活动不可胜数，为地方一大特色风俗。东凉阁太白庙经过历代多次修葺，现在可看到的文物是明隆庆年间所立的《重修太白庙碑记》。碑文显示在明弘治到隆庆年间有过两次修建。直到20世纪30年代，庙中山门、前殿、后殿均完整坚固，梁栋雕画及神像彩妆如新。国民时期办小学，将山门和献殿拆除，改建为小学教室。但后殿及东侧土地庙保存完好，直至“文化大革命”期间，全部拆毁。目前东凉阁太白庙仍有大殿及侧殿数间，有史碑数

图6　齐镇东凉阁太白庙遗址

① 2014年7月28日调查现场所录。

通。该太白庙现在已无长期驻守人员，只是由当地村民推选的庙会会长定期管理，每逢庙会期间，周围附近的村民会聚集在这里过庙会。

3. 汤峪镇汤峪口太白庙

汤峪口太白庙位于太白景区入口处，旁有神功石，群峰环绕，依山傍河。据庙中道士讲述，汤峪口太白庙始建于20世纪80年代，当时正值改革开放初期，国家逐步落实了宗教政策，岐山人张世贤在汤峪口出家，成为龙门派第三十一代弟子，草创了药王庙。1996年，张世贤在药王殿上方修建了斗姆宫。张世贤行医济世，为太白庙的建设付出很大的心血，奠定了太白庙的基础。1997年张世贤辞世后，眉县道教协会会长王兴理在香港慈善人士谭兆先生支持下把太白庙扩建成现在的规模，现在住持为倪世玄道长。

走进太白庙山门，迎面便是灵官殿，中间侍奉着道教的护法镇山神将王灵官。拜毕王灵官，拾级而上就是太白宫。由于太白庙建在半山腰，三层大殿逐级而上。上到太白殿，地势要比灵官殿开阔许多，太白殿由三孔窑洞组成，中间是太白宫，左面是观音洞，右面是三霄洞。太白殿是太白庙主要侍奉的神灵。主殿敬奉着大太白伯夷、二太白叔齐和三太白周贲。走出太白宫，左面的观音洞供奉着观世音、文殊和普贤三位菩萨。右面是三霄洞。三霄即云霄、琼霄、碧霄三姐妹，俗称三霄娘娘。

太白庙第三层是五间大殿，也是太白庙最高的一级庙宇，里面敬奉着五帝。他们分别是玉皇大帝、中天紫微北极太皇大帝、勾陈上宫天皇大帝、厚土皇帝和万灵南极长生大帝。大殿正面两侧是两通碑，一通是修建汤峪口太白庙碑记，另一通是一功德碑。在五间大殿右面

图7 汤峪口太白庙

还有上下两层建筑，它们分别是王母宫和药王殿。王母宫处上，药王殿坐下，各三间。王姆宫敬奉着王母、地母和斗姆三位娘娘。药王殿敬奉着药王孙思邈、龙王和送子娘娘。太白庙左面还有一个三进院，下面一层是二郎庙，里面敬奉二郎神杨戬。再后就是丹房，最上面是练功楼。

汤峪口太白庙其实是一座道教宫观，它与最早的各个太白庙不管是存在形式还是功能上都有很大的差别。在太白山各庙中，儒释道三教和各种民间信仰的神祇同处一殿是常见的现象，这既反映了太白山宗教起源的民间性，也能看到各种宗教的融合共生特点。

三　东线各种宗教文化遗存

东线是从太白山汤峪口开始入山的。秦岭北麓有两个汤峪，即东汤峪和西汤峪，两个汤峪皆因其为温泉汤疗养胜地而得名。东汤峪位于西安东南的蓝田县终南山石门岭东端，是著名的温泉疗养胜地，通常称为“蓝田汤峪”或“东汤峪”。西汤峪位于宝鸡眉县的汤峪镇太白山北麓，通常称为“眉县汤峪”或“西汤峪”，东西两个汤峪相互遥望。本文所指汤峪口，就是专指太白山北麓的西汤峪。汤峪口是由东边的“凤山”和西边的“龙山”对峙形成的一个进入秦岭，登临太白山巅的峪口。隋文帝杨坚曾在此建“凤泉宫”作为避暑洗浴之地，唐玄宗曾三临其地，赐名“凤泉汤”。

（一）青牛洞

在汤峪口右边的龙山上，目前存有道教活动场所青牛洞，其与汤峪太白庙隔峪相望。该道观宣传墙上有一处宣传栏写着《摸牛治病歌》：“2500年前，老子曾寄居龙山一宿。人们为纪念老子与青牛，便为之塑像。后来，人们向塑造的青牛求医，居然灵验，因为老子在龙山青牛洞留下了灵气。二十世纪七十年代，重建青牛洞道观时，在老君洞内挖出

图8　青牛洞的青牛塑像

一尊石牛，形象逼真，这就是老子留下灵气的见证。所以，摸牛治病很灵，诸位贵客，不上庙一测，将引以为憾。一摸青牛头，脑部疾病休；二摸青牛背，腰背疾病退；三摸青牛眼，双眼疾病减；四摸清牛腿，四肢疾患坠；五摸青牛蹄，手脚无病疾。摸牛治病好处多，希望大家都来摸。”[①]在这则宣传栏的诱导下，院子里的青牛石像被游客摸得溜光溜光的。老子是否曾经路过这里现在已无从考证，但这里成为道教活动场所应该是很久以前的事情。该道观现有数位道教神职人员在此经营看护。

（二）观音崖（洞）

沿着太白山景区修建的入山公路往山中行进一公里左右，就是太白山景区大门，从这里上山要在景区买门票。如果乘车也只能坐景区提供的中巴车，中巴车每到一处小景点，游客必须下车，如果不想观看，就改乘前面的中巴车继续前行。过了景区大门约五公里，路右边的山坡上，有新建观音庙一处，庙内有大殿一间，配殿数间，内供观音

图9　观音洞新修的山门

① 2014年7月29日调研现场所录。

图10　观音洞遗址

菩萨、送子娘娘和玄武大帝等圣像，现为道教活动场所，有常住道士两人。

在新建观音庙院内朝西边的山上遥望，隐隐约约可见后面高处的山崖上有庙堂旌旗，向上攀登一公里左右就到了观音洞。观音洞的建筑分布呈上下四层，最上边是一座天然石洞，洞中供观世音菩萨像一尊，洞中地面有天然小水潭，清澈见底。依次而下，还有数孔人工依山搭建堆砌而成的窑洞殿阁，里面供奉太上老君等神像。其中生活用房两处各三间，均为砖瓦结构。据资料显示，观音洞始建于民国时期，现已无人居住，道士迁往山脚新建庙宇内。观世音是佛教中最主要的菩萨之一，观音洞顾名思义应当曾是佛教的活动场所，但是，现在常住观音洞的是两位道士，而且登记为道教活动场所。这种情况在我国目前比较常见，是历史和现实的生硬焊接。

（三）下板寺

沿着景区修建的盘山公路爬行四十多公里就到达了公路的尽头，这里有一座寺庙，就是下板寺。这里是上下太白山的一处关节点，汽车只能行驶到这里，如果继续上山，只能坐索道缆车或者步行爬山了。这里海拔2830米，站在下板寺瞭望周围山景，已经是云遮雾罩，看刚才经过的盘山公路，就像一条细细的袋子缠绕在陡峭的山坡上。据

图11　下板寺遗址上新修的殿堂

资料记载，下板寺最早建于康熙二十二年（1683），曾经是一座佛教寺庙，旧寺现在已经难觅踪影，只有一座新盖的两层阁楼式建筑，顶层阁楼内供奉太白金星、三太白等神像，还有铁筑旧香炉一个。下板寺已经没有固定宗教人士常住，但从各种迹象来看，仍有游客信众在这里烧香礼拜。因为是盛夏，等待坐索道缆车的游客很多，游人在缆车乘坐点的入口处开始排队，长长的队伍沿着上山的台阶一直向下延伸，约有一百多米。

（四）拜仙台

徒步爬山的小道就在缆车线路下盘旋绕行，常见坐在缆车里悬于半空的游客与下面爬山的游客互相挥手致意。从下板寺沿山路而上数公里，到达拜仙台，索道缆车从下板寺到达这里就是终点了。这里海拔3200米，继续上山就只有步行爬山一种方式，走到这里，有些人已经明显感觉到身体出现了高原反应的症状，很多游客到此就不再继续往上走了。拜仙台旧庙原有十多平方米，现已经拆除，原来庙堂所在的一块平地正在搭建新的建筑，这里仅有的一尊神像被移至路边五平方米左右的一个简易棚子中供奉，只有棚子前面一块大石头上刻着的“拜仙台”三个字还能提醒游人这里曾经是一处宗教场所，传说苏东坡任凤翔评判时曾在此祈雨。由于接下来的路途更加艰险和遥远，所以很多想继续爬山的游客都会在这里烧香磕头，祈祷神仙保佑一路平安。

图12 拜仙台遗址上临时搭建的神庙

（五）上板寺

图13　上板寺遗址

从拜仙台往上继续行走数百米，就是上板寺。上板寺与下板寺遥相呼应，据资料记载，上板寺与下板寺于康熙二十二年同期修建，根据现有的遗址状况来看，最早建筑五十平方米左右，现已被拆毁，遗址上建有森林公园入口亭一座，遗址旁有乱石搭建的石洞一间，内供三太白神像。

（六）小文公庙

从上板寺沿山间小道继续走数公里，到达海拔3420米处，就会看到一处小石屋，这里就是小文公庙。小文公庙始建于清乾隆元年，从20世纪90年代当地文物部门的实地考察资料看，尚存有铁瓦、铁神像等。据说小文公就是八仙中的韩湘子。现已拆毁，只余旧庙遗址。小文公庙遗址已经被太白山自然保护站占用，修建了几座接待游客的板房。板房旁边搭建了一间十多平

图14　调研人员在小文公庙前留影纪念

方米大小的石棚屋，里面供奉的是两座新的小神像，一位是观世音菩萨、另一位是太上老君。从小文公庙继续上山到达下一个可以休整的站点只有大文公庙，其间二十多公里荒无人烟的行程，使很多游客到达小文公庙后就不愿再继续前行了。

（七）大文公庙

从小文公庙出发，刚开始沿途都是高山草甸，当时是七八月间，已经看不到积雪，但仍能感觉到雪消之后的气息，山脊平缓的坡地上，厚厚的草甸就像暗绿色的毯子随意地铺着，草甸上不时有几块大石突兀地摆放着。沿山脊中线被人踩出来的小道在草甸上划出了一条不规整的裂缝。继续走数公里后，就进入了乱石阵，这里被当地人称为“四十里胡基地”，当地人在山上忌讳“石头”而称之为“胡基”。这里已经很难看到植物了，硕大的石块犹如从山顶喷涌而出，怒涛奔涌般地泄向看不见的谷底，游人穿行在石缝中，感觉就像被裹进无边无际的奔牛群中，不禁使人想起

图15　大文公庙遗址远眺，板房为森林公园保护站的游客接待处

唐代诗人岑参的诗句："一川碎石大如斗，随风满地石乱走。"

经过数十公里乱石中的穿行，终于到了大文公庙。大文公庙其实是山脊上一处凹地，在此处我们见到的一块铁碑上，有铭文称此处为"大霍洛"。就是说，这里从远处看就是太白山脊上的一个大豁口，人站在这里就像一只昆虫站在两个巨大的驼峰之间，前后只能看到绵延而上的山头，左右两边是深不见底的山谷，不时就有强劲的山风裹着云雾从山口飘过。

从各种资料和铭文来看，大文公庙在清乾隆元年重建。由此推断，其始建时间应该更早。当地史志记载，大文公庙原庙宇建筑面积8000多平方米，里面供奉的主尊应该是文公韩愈，但现在仅存两间石垒房，石房内供奉无头铁像两尊，石房外面的地上遗有明正德十年香炉一座，铁瓦十多块。太白山上的大小文公庙是太白山上的重要地标，也是驴友往来宿营的主要地点。大小文公和八仙之一的韩湘子有密切关系。韩湘子是唐代著名文学家韩愈的族侄孙，韩愈崇儒家，辟佛老，韩湘子成仙得道后，一心想将这位族中长辈度入道门，并因此留下了许多传说故事，成书于五代的《仙传拾遗》，现存全本清代道情《韩湘子九度叔父十度妻》对这些故事进行了更精彩的演绎。按照道教说法，在朝为官的韩愈经历了一系列打击后，就随韩湘子修道也成为仙人。韩愈死后，朝廷谥号"文"，人称韩文公，因其系韩湘子长辈，太白山人就将韩愈称作大文公，韩湘子则称为小文公。大文公庙就是韩愈的庙宇，小文公庙则是以韩湘子为主神。在调研过程中，我们有幸看到了森林保护站的工作人员收藏的乾隆元年两座铁碑和一块铁牌，铁碑完整无缺，铭文非常清晰。

图16 大文公庙发现的有铭文的铁瓦

图17 调研人员在大文公庙遗址调研

（八）大爷海

沿着大文公庙南边的山头朝上有一条小道通往山顶，因为这里山路坡度大，再加海拔已高达3468米，很多人的高山反应很明显，上山时非常困难，爬几步就要坐下来喘息半天。爬过山头后，路就略微平缓一些，在蜿蜒的山路上穿行数公里，转过一座山头，远远就能看见太白山的最高峰——拔仙台，人走在这些山道上，犹如走在梦境之中，看着前方云雾缭绕的山峰就在眼前，但走了好久后，感觉与它的距离还是那么远。绕过不知多少个小山头后，突然眼前一亮，在远处几座山头交汇缠绕之处，一汪碧蓝的湖面兀自映入眼帘，这就是传说中的太白神湖——大爷海。

大爷海位于太白主峰西北侧，海拔3607米，地质学认为它是第四季冰川遗留下来的冰迹湖，湖面约十亩地大小，最深处达17米左右。周围无树木，仅有苔藓等植物。周围山岩环抱，可见古冰川遗迹地貌，山岩裸露，乱石遍野。

图18　山顶俯瞰大爷海，左侧板房为森林保护站，远处茅房为仅存的道观

大爷海曾是太白山上一处重要的宗教活动场所，据当地熟悉情况的人说，大爷海周围曾经有上百座铁质的神像，现已遗失破坏殆尽，仅能看到个别残缺不全的铁像和铁质的设施，现在的大爷海庙宇仅为两座石垒房，建筑

图19　调研人员在大爷海道观前向当家道士了解情况

图20 太白山上的宝仙洞

面积有一百多平方米。石房中也只有三个已破碎的铁碑，因分化严重，字迹模糊不清。无头神像一尊，有铁匾一个，上有“任意将军王爷神位，于康熙三十八年终”等字样。有铁磬一个，铁香炉三个，其中一个铁香炉上铸有“万历九年六月”等铭文。铁钗子一个，铁瓦数百片，其中一片铁瓦上有“万历四年”字样。清光绪铁钟一口，铁瓦数百片。

在大爷海岸边陡峭的山坡上，距离大爷海水面一百米左右的悬崖上有一个天然石洞，这就是被认为道教第十一洞天的太白仙洞，由于离地面比较远，也没有专门的平整路径，只能攀爬着山崖上的巨石逐渐靠近。洞口有几平方米大小的平台，石缝口有一些不知名的地衣植物随意生长着，为这里增添了些许生机。洞内阴冷潮湿，当时虽在七月盛夏之际，但洞内仍有冰凌悬挂洞壁，洞内有无头铁像两尊，残存木构件上有“三官太白地位，民国十二年秋”等字样。这就是传说中的道教第十一洞天，传说洞内有暗道可通大爷海底，但只有神仙可出入，凡人则不得其门而入。

（九）二爷海

从大爷海向西出发，绕道山峰后方，有一条小道通向太白山南坡，途经一处庙宇遗址，庙宇建筑已经荡然无存，但从遗留下来的建筑遗址可以清晰地看到原庙宇的建筑面积较大，约有二百平方米，后来在草丛中发现了一些破损的铁香炉和铁神龛等，此外还有一块保存较完整的小石碑，上面有“财神庙”等字样。山道沿南坡下行二百米左右，就到达二爷海。二爷海的水面比大爷海略小一些，但水质更加澄澈。海边有小石房一座，内供无名神像一尊，铁香炉、铁钟、铁瓦等残片随处可见。这里没有游客留下的痕迹，也见不到其他野生动物的踪影，有一种地老天荒之感，唯有道观遗址上的破钟烂磬使人感到一丝人间的气息。

图21　二爷海遗址

（十）三爷海与玉皇池

站在二爷海，朝东南方向向上看，就是拔仙台，沿着山谷往下看，远远就能看到三爷海，但从二爷海到三爷海，需要行走将近一个小时才能到达。三爷海位于太白山南坡海拔3458米处。三爷海处已经没有任何庙宇，旧庙遗址较大，目前仅残留康熙铁牌一个、破铁磬一个、香炉一个，光绪年间铁钟一口。

沿着三爷海继续下山数里，到达玉皇池。玉皇池位于海拔3270米处，其水量与面积较其他几个湖略大。玉皇池的宗教建筑为一主殿一副殿，主殿为凌霄殿，此外还有生活用房三间。现存六尊无头泥塑神像，光绪十四年、同治十二年牌匾各一，明天启六年香炉一座，康熙二十五年铁磬一个，嘉庆十七年铁瓦一片，道光铁磬一个，道光三年铁碑一座、铁钟一口。现有老道士一人在此看守。

图22　三爷海道观遗址上残留的光绪年间铁钟

（十一）拔仙台

从二爷海向东继续攀爬二百米左右，就是海拔3771.2米的太白山最高峰——拔仙台，它也是秦岭主峰的最高处。峰顶较为平坦，有数十亩地大小，但满眼都是大小不均的石头。

据说以前太白峰顶终年积雪不化，并因此形成“关中八景”之一的“太白积雪”，但近年来随着全球气候的变暖，盛夏时候，山顶很少有积雪存留，拔仙台上还有各种苔藓类植被生长开花。不知什么时候开始，到达这里的游人把石头垒成各种高低不同的石柱，这样的石柱有数百个，远远看去就像一群守护山峰的士兵，这个景象被当地人称为“万仙阵”。从太白峰顶放眼周围，犹如天上俯视人间，周围的山头随着云雾山岚的飘移而时隐时现。

在峰顶南端的最高处，就是拔仙台的庙宇。该庙宇始建于明朝万历年间，清朝道光年间重建。到了1990年前后，拔仙台尚有房屋十五间，前几年有一次雷电引起的火灾将主要建筑全部烧毁，现在只存残垣和石墙。拔仙台原有建筑体量较大，仅石墙以内占地面积就约六百多平方米，从远处

图23 太白山最高峰拔仙台遗址

图24　被烧毁的拔仙台主殿遗址

图25　拔仙台北边铁瓦石墙的雷公殿

看去，虽然不见了房屋，但高低重叠的石墙犹如一座城堡。沿着石台阶进入石墙内，随处可见火灾之后的焦黑木料，穿行于残垣断壁中，似乎火灾刚发生不久，残留的铁钟、铁神龛、铁磬、铁瓦等破烂不堪，随处堆放。石墙内有未烧毁的石墙木板房一间，里面供奉姜子牙泥塑神像一尊，有铁铸神龛一座，高约70厘米，宽约50厘米，有光绪十四年间铸造的铁香炉一座，光绪十三年铁钟一口，无年代铁钟一口，铁磬一个。

在拔仙台北边数十米的乱石场中，还有一间雷公殿，该庙宇由石块垒成，上覆铁瓦，面积约十平方米，殿内破败的神案上已无神像，只是立着一块铁牌，地上放着清代铁钟一口，钟已破裂，铭文模糊不清。殿内悬挂清道光十二年的木匾一方，上书“雷霆卿师”四字。

四　中线宗教文化遗存情况

太白山北麓中线是从小法仪镇的远门口开始进山，沿途经过钟吕坪、远门十三宫、香引山、接官厅、金锁关等地，在上板寺与东线会合，这是古代人们朝山的一条老路，但因该路线沿途较为艰险，后来从此上山的人越来越少。浅山的钟吕坪和远门十三宫等地曾是非常繁盛的道教活动场所，各种道教文化遗存非常丰厚，至今仍然是当地人们爬山游玩的热地。

（一）钟吕坪

钟吕坪位于眉县汤峪镇井沟村域内，东距汤峪口四公里，北临关中平原，南接太白山，现属于太白山国家森林公园。东、西坪海拔一千二百多米，两侧依傍“涝仓”“野峪”两大峡谷。钟吕坪生态植被良好，环境清静幽雅。东坪周围有橡树林五百多亩，中坪、西坪周围青冈树林一千五百余亩，橡树林与青冈林界线分明，端直参天，两抱合围，枝丫交错，遮天蔽日，钟吕坪被遮罩得微露微隐，有“仙家居地”之称。后山有成坡成片的松树和其他树种，春暖花开之际，满山翠绿，山花烂漫，蜂鸣鸟语，清香宜人，素有“仙家花园”之誉。

1. 钟吕坪的宗教文化概况

钟吕坪以昔日八仙中汉钟离、吕洞宾、韩湘子在此修道成仙而得名，号称道教第三十一洞天。钟吕坪由东坪、中坪、西坪构成，东西两坪高耸，中坪较低，三坪之上均建庙宇。钟吕坪地貌奇特，从北边的山口向钟吕坪进发，在进山口处要经过一条山沟，三坪两边的四条小山谷在这里交会成一条大峡谷。因为这种天然地形，当地人便附会是传说中的汉钟离用仙掌四指掀通四沟会合一处，故而称其“仙通沟”。这里被当地人称为“仙通神沟”，仙通沟两边悬崖陡壁，达百丈之高，状若一谷开三坪。但遇雨季，“湘子沟”中的山水倾泻而下，飞流奔涌，如银河落天。每到冬季则流水成冰，远看呈现“一柱擎三坪，玉屏映终南”的美景。

据明代《眉县志》记载，钟吕坪山不甚高而顶宽平，俗传汉钟离、吕洞宾、韩湘子得道成仙于此，故此易名“钟吕坪”。传说道教北五祖之首祖王玄甫，全真道创始人王重阳及道教当代宗师曹香真等曾在此修道。民间信众在每年农历正月初九（玉帝诞辰，称上九日）、三月十二日（地母诞辰）、七月十五日（王母诞辰）、九月九日（斗姆诞辰）前往钟吕坪举行规模宏大的庙会。庙会期间，人山人海，锣鼓喧天，鞭炮不断，烟雾缭绕。钟吕坪以其得天独厚的天然园林环境，以道教活动和深厚的道教文化吸引着无数游人香客登山朝拜，久为关中道教活动的主要圣地之一。

钟吕坪各种宗教场所始建于汉，而盛于唐，因唐王朝信奉道祖老子为始祖，道教得到空前发展，为钟吕坪的鼎盛和发展创造了良好的契机。在东坪、山神殿、老君洞、中坪、西坪等处均建有宫观庙宇，形成了东西横贯、左右连线的庙宇群落。清康熙年代，钟吕坪香火旺盛、山下村寨十里八乡筹款集粮重修庙宇。清咸丰七年、八年，山下六村再次募集钱粮，对东坪前后大殿进行了整修。民国23年，冯玉祥部队剿匪时，部分庙宇遭到焚烧。“文化大革命”期间，庙中塑像被清除。改革开放以来，庙宇得到一定程度修复，现又粗具规模。现存的庙宇主要有王母宫、斗姆宫、玉皇殿、山神殿、关帝庙、药王殿、吕祖洞、老君洞等，但这些建筑均已年久失修，毁损严重。

2. 中坪观音殿与山神庙

沿仙通沟朝山上行进，首先见到的一处宗教场所是观音殿。现有三座砖木结构的殿堂，分别是观音殿、山神庙和生活用房。主殿是观音殿，坐西朝东，内供观音菩萨等佛教塑像，观音殿的对面是一大间生活用房，坐东朝西。场地的北边一座小殿是山神庙，坐北朝南，山神庙内供山神像一尊，两侧墙上有壁画十多平方米，内容为木兰代父从军的故事。壁画是民国31年绘成，笔法简练，人物生动，有一定的文物价值。三座殿堂构成了一个开放式的院落，院子中间是一个大铁香炉和香鼎。香炉上书“山神庙，住持王宗信”。香鼎上铸书“钟吕坪道观 住持王宗信”及信众姓名。

图26 中坪观音庙与山神庙

3. 中坪老君洞

从观音庙继续上山，沿山路向右转，就到了老君洞。老君洞是中坪最有名的道教场所。此处有一个天然石洞，传说当年老子西行时路过此处，就在这个洞中修行，故名老君洞。洞前有大殿一间，供奉太上老君、孙思邈、吕祖等道教神仙。老君洞大殿依崖而建，采用明清建筑风格，青砖碧瓦，飞檐翘角，房脊饰各种鸟兽，古朴雅致又不失神秘庄严之感。大殿两旁各一生活用房，前有山门殿一小间供奉太乙天尊。19 世纪 80 年代，全真教龙门派第三十代弟子王兴理在中坪主持复修了老君洞，现任住持为五十岁左右的史道长。

在老君洞后山的牛槽梁上有“青牛卧梁”景观，相传为太上老君驾临钟吕坪后，老君的坐骑青牛遂爬到山梁顶上，被人间美景所迷，继而卧观人间，山梁被压成牛槽形状，当地人遂称此处为“青牛卧梁”或“牛槽梁”。

图27 老君洞旧殿

4. 中坪斗姆宫

从老君洞再向上朝右行走数里，就是斗姆宫。斗姆宫现有前、后两殿。后殿为旧殿，建筑面积约三百平方米，殿内供奉三官、玉皇、三法师、三宵娘娘等神像，殿内两侧山墙上绘有彩色壁画，后殿窗台下有砖刻对联一副“吕祖成道终南山，龙门坤道发□还”。据此，斗姆宫原来应该是住坤道的地方。前殿为香港信众募捐修建的钢筋水

图28 斗姆宫旧殿

图29 清代重修的斗姆宫碑

泥材质建筑，面积约三百平方米，殿内供奉八仙神像。在后大殿基座旁有一块石碑倾倒侧靠，其为咸丰九年《重修正阳山斗姥宫碑记》。此外，院内还有一块石碑躺在地上，查看碑文，是清代功德碑一块，前殿悬挂现中国道教协会会长任法融书法匾一块。殿侧新建两层生活用房一栋，约两百平方米。斗姆宫现任住持人白道姑生于1952年，系半路出家。白道姑2006年到斗姆宫，自己出钱整修庙宇，后香客和香港信众捐资修建两层生活用房和前殿。

5. 东坪道教宫观

相比较中坪庙宇比较分散，东坪的庙宇建筑比较集中成系统。东坪庙由广场、前院和后院三部分组成。广场上有湘子庙一座，坐北朝南，正对前院第一座殿，庙宇十多平方米，中间供奉韩湘子像一尊，左右侍神两尊，两壁绘有壁画约十平方米，内容是八仙故事。

前院是由三间大殿、左右数间道房形成的一个占地二亩左右的四

图30 东坪的关公殿

合院，第一座大殿是庙门，也是关帝殿，殿上有一横匾，上书“普渡万民”，中间供奉关帝神像一尊，两边分别站立周仓和关平，塑像较为生动。另有一眼光娘娘神像，手法粗糙。两壁有壁画约四十平方米，主要内容是三国演义的故事，场面活泼，人物生动，有一定艺术价值。墙上留有题字两幅，一幅写三国内容，另一幅是描写钟吕坪的游记。

第二座殿供奉送子观音，观音殿两侧有生活用房约十间，一边为砖、瓦、木结构，另一边为土墙、瓦、木结构。第三座大殿是王母殿，正中供奉王母娘娘神像，两边各一侍女神像。两侧各供奉八位神像，一侧是八仙，另一侧似乎也是八仙，但塑像手法粗陋。整个建筑面积约一千平方米。庙前有光绪年间石碑一块，碑文记述了东坪庙的修复历史。从后殿出，进入后院，后院高处有依山就势修建的三官殿和玉皇阁，两座建筑均为砖木结构。三官殿上下两层，下面一层是上山通道，上面一层是用来供奉天、地、水三官的，但现在有庙无神。从三官殿下穿行而过，攀爬数十米，就到达玉皇阁。玉皇阁在东坪的最南端，也是东坪的最高点，站在玉皇阁朝南望去，周围的山峰犹如海潮扑面而来，但在玉皇阁前突然止住，凝然不动。

东坪百年来遭到巨大破坏，20世纪80年代初，由住庙道士张生财、席理真等募捐，组织了井沟村一组村民对后殿等进行了修复，并先后重新修建了“湘子庙”“玉皇阁”等，90年代中后期，又有罗平主持修建西道房九间，从“湘子沟”压管引水到东坪。东坪庙现有道士两人，一位坤道姓权，已经在此十年。另一位曾崇高道长，已在此九年，擅长绘画、书法，

图31　东坪的玉皇阁

图32 东坪的王母塑像

抄写了不少道经。东坪主持道士张崇玄、坤道惠理真、居士罗坪先后修复王母宫三楹，玉皇阁、湘子庙各一楹，构建汤房九间，并由山神沟压管引水二里至东坪，解决了千百年香客游人引水困难。东坪在修复王母宫时特意保护了原建筑壁画的原貌，使我们能够更直接地感受到历史意味。

在东坪，有关道教的掌故非常多，如有韩湘子手植的“爪盘龙柏”，有东华帝君王玄甫在此为汉钟离、吕洞宾亲授天书的“二仙授书台”，有吕洞宾、汉钟离、韩湘子等避雨的“扶腰神石”等。

6. 西坪道教宫观

西坪庙位于西坪的山顶，地势开阔平坦，建有前后两座大殿，砖瓦结构。此外还有西厢房六间，灶房一间，土木结构。全部建筑面积约六百平方米。前殿供奉八仙，有塑像八尊，系现代重塑。后殿为斗姆宫，有塑像三尊，中间是斗姆娘娘，右边是黎山老母，左边是王母娘娘。此庙原有一方石碑，现寄放在

图33 西坪旧殿遗址

山下斗姥宫。西坪的庙会是在每年三月十二日举行。根据1994年《重修正阳山钟吕坪斗姥宫》碑记载，这里是住持全真派刘志鹏的俗家弟子右凤娥四处募捐修建。刘志鹏道长羽化后，现为张姓道长住持，问张道长的宗教生活方式，他说不念经，也很少打坐修行，就是看守这座庙。询问张道长生活状况，他说过一天算一天，我们就给他留了一点儿生活费用。在我们从其他地方调研回去的路上，刚好碰见张道长背着一袋面粉和其生活用品往回赶路，他见我们咧嘴一笑说："刚好没生活费了，神爷就让你们送来了！"

（二）远门口十三宫

从钟吕坪继续朝西南方向沿山谷进山就到达远门口。远门口是历史上攀登太白山的线路之一，道教活动频繁，香火不断，清末民初更是盛极一时。这里的道教十三宫，因为各个宫观由不同省份的人募资修建，故又称"九省十三宫"。据传从唐代开始，这里就有道教宫庙，经宋、元、明、清不断增修，最后形成十三宫的规模。宫观庙宇由南向北分三级分布，河边有三清宫、山西宫、福应宫；中间是万圣宫、保安宫、药王宫、新圣宫、紫阳宫、九阳宫、通天宫、北圣宫；上面是斗姆宫、玉皇宫。历史上十三宫占地达二百余亩，庙宇一百六十多间，塑像数百尊，是陕西道教的一个重要基地，经过近百年的战乱等摧毁，现在的远门十三宫只能从遗址和修复的个别庙宇中领略其曾经的繁盛景况。

1. 远门十三宫的辉煌

康熙年间，钟吕坪香火旺盛、周边村民热衷于筹款集粮重修庙宇，对此，清代学者李雪木著《槲叶集》中《重修钟吕坪募缘叙》有详载。清雍正年间沈卫荣领衔修撰的《眉县志》也对此事进行了记载。他说："太白神殿前各有地，殿各坍损过半，择于六月十六日开工。基不改辟，限于地也；宇不增高，虑其揭于风也；铸铁带瓦，虑其易于掀播也，则增。"[1]

---

[1] 《太白山人槲叶集·（点校注）》，政协眉县文史委员会编《眉县文史资料第十六辑》，2009。

清咸丰七年，山下六村又对东坪前后大殿进行了整修。清乾隆四十三年，眉县知县李带双重修太白山下院远门口十三宫，即玉皇宫、保安宫、山西宫、三清宫、紫阳宫、清阳宫、通天宫、九阳宫、福应宫、新圣宫、北圣宫、万圣宫、寿阳宫等。出资重修远门十三宫的功德主除了眉县本地人外，还有来自周边兴平、扶风、武功乃至山西等人，主要包括兴平人修的北圣宫、福应宫；山西人修的山西宫（雍正年间称晋皇宫，宣统年间称秦晋宫）；保甲里一带人修的保安宫、三清宫；扶风人修的九重宫（宣统年间称清阳宫）；穷人乞丐修的万寿宫；普集人修的玉皇宫，还有其他各界人士修的药王宫、斗姆宫、紫阳宫、通天宫、新盛宫等，总计房屋百余间，土地二百余亩，长住僧道数十名。保安宫是其中规模最大、影响最深远的一处道观。明清两代太白山上新修或重建的庙宇宫观有一个显著特点即材质多采用铁质，如大太白池、文公庙、三官庙、药王殿、太白庙、斗姆宫以上的庙殿多用铁瓦，神像多为铁铸或木雕，功德碑则用铁碑。至此太白山形成了一系列道教古建筑群，远门口和营头口两条入山路线上，从山口直至山巅，每隔十里或二十里左右便有一庙宇。如八仙殿、老君洞、黑虎关、大殿、斗姆宫、文公庙、三官庙、药王殿、太白庙、玉皇殿、真武殿、太阳庙、龙王庙、圣母庙、关帝庙等。宣统时太白山尚有住持道士诵经的宫观庙宇133处，道士二百余人，均受县道会司的约束。庚子事变，慈禧西逃至西安，保安宫道士频频遣人至西安问候御驾，深得圣心，乃远门口保安宫立碑勒石，封香山口王母宫主持道人张圆泰为铁赐玉冠紫袍至道真人。

2. 远门十三宫的衰落

民国时期，太白山多土匪，道居者少，其中大部分文化水平不高，仅仅守庙看山护林而已，正如当时任陕西省长的邵力子所言："太白山从山口到山顶，所有神庙，完全由道士奉香火。我们所遇见的道士，大都知识不足，难以相谈玄妙的哲理，山中的情况，说得不大清楚。但不能责怪他们。他们虽然不懂得植树造林，总把祠庙附近的林树看护住了。祠庙虽然破败，总能让游人休息借宿。他们的情状，憔悴可怜，但能守死不去，实在应当予以同情。我们在太白山遇着道士，都给予相当的慰藉。同时嘱咐他们，好好保管庙室，看护树林。”

民国时期冯玉祥督陕时，为清剿土匪，对当时被土匪据为巢穴的远门口十三宫及沿山一带庙宇以火焚之，后又经过“破四旧”和“文化大革命”的进一步毁坏，远门口附近的很多道观基本废弃。二十世纪八十年代以来，住远门口玉皇宫的道士郑明成、王至岳、刘至亮等先后又恢复修建了玉皇宫三楹，山门五楹。近年来，远门口附近的村民又募资投劳重修大殿，将玉皇宫整修一新。另外，在保安宫居住的道教弟子也对保安宫进行了整修。

3. 保安宫

保安宫建在中万圣宫北面，占地1600多平方米，在十三宫中规模最大，“保安”意味着保一方平安。据说建于唐初，宋元时期进一步完善。修建者是汤峪保甲里一带的群众。原庙为两进院落，山门高12米，宽10米，气势宏伟。进门后左右分别是鼓楼、钟楼，鼓直径1米，铜制而成；钟直径1.5米，高2.5米。正中是前殿，有三间，称魁星楼，祀奉奎星神。后殿是主殿，建有五间大殿两座，供奉三位太白神，左右两侧厢房各六间。

民国后期，主持道士黄祥鹤对保安宫重新修葺，规模可观。民国22年，大书法家于佑仁登太白山时为该宫题书楹联曰“泽润生民利而溥，高踞西北雄且尊”，镌在山门两边的石柱上，慈禧太后懿旨镌刻的石碑就竖立在该宫院内。

20世纪80年代，懂医道的坤道张爱仙将自己三十余年为群众看病积蓄下来的十余万元全部捐出，先后修复大殿五间，南厢房四间，北厢房三间。张爱仙逝世后，她女儿范金莲继承母志，拆去自家三间房屋，把材料用于修庙。后在信众支持下，在大殿中间塑三太白像，南边塑吕祖，北殿奉药王。南厢房供木刻王母圣像。此外，还奉有观音像、送子娘娘像及老母像。初见范金莲道长，以为她只有五十岁左右，但看她走路时非常轻盈，还蹦蹦跳跳的，且脸上不时露出小姑娘般的羞涩，就好奇地问她的年龄，她竟然七十多岁了。她说自己退休后来这里照顾母亲，母亲去世后，她就顺理成章地接替了母亲的角色。她的老伴儿是一位退休的大学教授，是位植物学家，也快八十岁了，现在也住在道观里颐养天年。老伴儿耳朵不太好，只是笑着和我们打了个招呼就忙自己的事儿去了。看到我们惊疑于她的年龄，范道长指着院子里的一辆摩托车说，这是她的交通工具，她常骑着摩托车到山下采购生活用品。

4. 玉皇宫

玉皇宫位于原斗姆宫北，始建于明中期，占地一千三百平方米左右。原有后殿三间，前殿五间，南北厢房三间，供奉玉皇大帝、斗姆、王母等神。现存后殿一间，供奉玉皇大帝、王母、斗姆。重建厢房两层一座，约一百平方米，钢筋水泥结构。另一座砖结构生活用房，约八十平方米。总建筑面积约四百平方米。现存咸丰十一年王母宫铁磬一个，同治十二年太白山斗姆宫香炉一个。住持人为坤道王至岳和刘志亮道长。

图34　玉皇宫主殿

图35　玉皇宫中的清代铜磬

5. 其他十一宫的基本情况

远门十三宫除了保安宫和玉皇宫之外，其他十一宫的建筑均已毁坏，只能从荒芜的草丛中看到一些遗迹。现只能根据当地各种文献资料的记载，勾勒出它们在清末到民国初年的概况。

斗姆宫，遗址位于上靠山坡的上阶南部，占地约六百平方米。原庙宇坐东朝西，有主殿三间，厢房九间，清前期建成，主祀斗姆神。

三清宫，原址在今护林站所在地。位于远门口东河岸南，原址占地一千多平方米，有主殿及道房十四间。主殿为三清殿，内供奉元始天尊、灵宝天尊、道德天尊。

山西宫，又称秦晋宫，为山西人所修。原址坐北朝南，占地约二千平方米，有前、中、后三大殿，两厢侧房十六间，主祀关圣帝君。据说，宫前、中、后三大殿全部使用铁瓦，铁瓦都是在山西铸好运来，每块铁瓦重九斤，长一尺二寸，宽九寸，厚三分。山西宫规模不次于保安宫。

福应宫，位于山西宫以北，坐南朝北，陕西兴平人所建，占地一千多平方米。建有正殿五间，中殿三间，厢房三间。殿内供奉太白、吕祖、药王。

万圣宫，建于清初，位于中阶台地南端，北邻保安宫。庙宇坐东向西，传说是穷人和乞丐所建，占地一千余平方米。有殿三间，厢房六间。所敬主神为孔子、孟子，故称“万圣宫”。

药王宫，现已不存，旧址位于保安宫北，清乾隆年间修建，主殿两座，各三间，厢房六间占地约一千二百平方米。主要供奉孙思邈，每年六月庙会。

新圣宫，现已不存，旧址在药王宫北，占地约一千五百平方米，民国35年重建。有窑洞三孔，外砖内土，宽三米，长十二米，供奉真武大帝。

紫阳宫，现已不存，旧址在原新圣宫北，始建于元末，占地约一千五百平方米，建筑坐东向西，主殿一座，西厢房十二间。主殿供奉张紫阳。

九阳宫，建在紫阳宫北侧，清前期始建，面积一千三百多平方米，规模仅次于保安宫和山西宫。有前后两殿，前殿供奉三霄娘娘，后殿祀奉玉皇大帝。中间建有一座高十多米、直径两丈、上下三层的八卦亭，八根柱子，每根直径三尺，工艺精巧，为十三宫之最。

通天宫，现已不存，旧址位于九阳宫之北，占地一千一百多平方米，清中期建成。整个庙宇正殿三间，厢房六间，殿内供奉山神和土地爷。

北圣宫，现已不存，遗址位于十三宫北端的中央。该宫是乾县人在清朝中期所建。建筑坐南朝北，主殿三间，厢房九间，殿内奉福、禄、寿三星。

太白山北麓中线沿途主要的宗教文化遗存集中在钟吕坪附近，钟吕坪的宗教文化遗存由中坪、东坪和西坪三部分构成，再继续往山中行进，就到了远门口，远门口附近的宗教文化遗存主要是“远门十三宫”，这两处宗教文化遗存以道教为主，从远门口上山，就是香山。

（三）烧香台

烧香台位于眉县县城东南五里左右，是太白山麓的一座小山丘。据资料记载，从明代开始，这里就有道教宫观，有道观一处，大殿前有一高

图36　烧香台新修大殿与殿前孔子像

台，被称为观星台，站在高台上，北望县城，尽收眼底，南观太白山，悠然眼前。原建筑现已荡然无存，现有一位投资者将这里作为一个经营性的旅游景点进行修建。新修大殿三座，生活用房一座，面积一千多平方米。第一殿供奉《封神演义》诸神，有一位泥塑工匠正在认真地塑造雷震子像。第二殿是玉皇殿，两侧供二十八星宿神。第三殿供奉三清，两侧壁画是万圣朝元图。殿前的观星台已推平，形成一个小广场，广场上塑造十多米高的孔子像一座。生活用房中有会议室、客房等设施，因为正在修建，这里除了看门的管理人员和塑像的工作人员，再没见到其他游客。

（四）梦泉寺

梦泉寺位于眉县小法仪村，相传玄奘法师西天取经途中夜宿眉邑小法仪村原头寺，梦见后殿下有一泉水，醒后果然发现泉眼，遂留言改寺名为梦泉寺。这座寺庙最早创建于南北朝时期，兴盛于隋唐时。

1999年，在寺西南出土三尊石佛像，其中一尊底座刻有铭文，“眉县太白乡教坊里小法泥，成化十九年三月一日”，系明代造像，三尊石佛现存后殿。“文化大革命”期间，后殿与圆形梦泉水池被毁。1993年，成为宗教开放场所。1997年，建成大雄宝殿五间，寮房五间。2001年，住持释

图37　梦泉寺明代石佛像

正道募款重修大殿五间，斋堂三间。现有大殿三座，面积约1000平方米。钢筋结构僧寮两座，仿古僧寮两座，面积约一百五十平方米。现有明代石佛三尊，供在后殿。

梦泉寺现有尼师二人，当家尼师似乎腿脚不便，行走时一瘸一拐，但她的精神状态很好。整座寺院殿堂里外都打扫得干干净净。当家尼师说当地村民对她们很照顾，农闲时常有信众过来帮忙干一些重活，她也常带大家一起念念佛经。

（五）十字山

十字山位于陕西眉县青化镇跑窝村，是中国天主教朝圣地，被称为“东方的加瓦尔略山”。据说清乾隆年间，陕西固县人刘嘉录到意大利那玻利城圣家学院学习并晋铎品。1771 年，他毕业回国前夕谒见教宗，恳请教宗给中国赐一个朝圣地，得到教宗的首肯。他回国后，在传教过程中发现眉县跑窝附近的地理环境和耶路撒冷的加尔瓦略山类似，就绘成图报送罗马教廷。罗马教皇庇护六世批准了刘嘉录的申请，命名该山为“十字山”。于是，刘嘉录就在此先后兴建若瑟堂、圣母亭、十字山小堂等十四处建筑。1777 年，工程完工，定于每年 5 月 3 日和 9 月 14 日为朝圣日。

清末，眉县大旱，灾民聚圣山逃税抗赋，官府发兵围剿，大炮轰击，建筑被夷为平地，因山上弹坑随处可见，故又称“炮窝山”。民国初年，司铎侯志文率领教友重建教堂，恢复旧观。1932年圣地划归周至教

图38 十字山教堂

区。“文化大革命”期间，建筑被毁。1984年，落实宗教政策，圣地归还教会，逐渐恢复，形成现在的规模。

图39　山顶朝圣者

十字山上最早在1776年有天主教堂一座，1941年翻修过。现有大教堂一座，小玫瑰圣母堂一座，厢房约六间，均为钢筋水泥结构。山顶有穹顶建筑一座，约五十平方米，用于朝圣时举行仪式。现在负责人是宋神父，另有修女两人。刚开始和这里的神职人员接触，明显感觉到他们的警觉和抵触。通过交谈了解我们的来意后，他们还是很高兴地带我们参观了教堂和其他各处建筑，并介绍了一些宗教活动情况。我们进入大教堂时，看见在空旷的教堂内有一位年轻的女性天主教徒，坐在风琴前正在练习赞美诗曲谱，我们的进进出出和拍照活动似乎并没有给她带来影响，她始终在专著地念谱弹曲。

五　北麓西线宗教文化遗存情况

经过一天的休整，我们从太白山北麓的眉县营头镇出发，开始了西线的考察调研活动。西线沿途经过蒿坪寺—中山寺—下白云—上白云—骆驼树—菩萨大殿—平安寺—斗姆宫—明星寺—放羊寺等十多个宗教文化场所，行程九十多公里，最后在大文公庙与东线中线会合。

（一）进林寺

进林寺，又名靖林寺，据说为唐初靖国公尉迟敬德所修，故名靖林

图40　进林寺遗址

寺。该寺位于在眉县营头镇附近的山脚下。寺院占地七亩左右，建筑面积约两千平方米。该寺院现有大殿两三间。分别是天王殿、大雄宝殿和三圣殿，小殿三间，除了供奉关帝外，还供有老爷、玉皇等道教神像。该寺院历史久远，但古代建筑悉数毁坏无存，现有的殿堂是20世纪90年代当地的佛教居士恢复修建的，也是眉县佛教协会所在地。寺院有生活用房两间，原来的年老僧人已于几年前圆寂，后来常有不同的僧人驻锡，但最终又离开了。现在又有一位年轻的僧人住在这里，他说这里居士不多，进香火的游客也少，除了庙会期间，平时比较冷清。

（二）黑虎观

从进林寺乘车继续上山，到达北坡海拔1100米处，就是道教庙宇黑虎观，黑虎灵官是道教中的重要护法神之一，但单独作为主尊敬奉的庙观比较少见。该庙观现有庙宇三间，生活用房六间，均为砖木结构，建筑面积约四百平方米，有新立青石碑两块。根据重修庙观石碑记载，这里也曾是一座老庙，但古建筑全部毁损无余，现有建筑均为1994年后重修。现有一耳聋道人长期住庙看守，我们之间的交流非常困难，在前言不搭后语的交流中知道，这庙主要是附近村民修建的，他在这里已经生活十九年了。

图41　黑虎观主殿

（三）蒿坪寺

图42　蒿坪寺内发现的古碑

从营头乘车出发，公路沿途经过进林寺，最后到达公路的末端，便是蒿坪寺。蒿坪寺坐落在浅山与深山的临界处，从此上山就无法乘车，只能步行上山了。蒿坪寺在太白山北坡海拔 1280 米处，现有庙房十三间，寺院占地约一亩，有两座大殿和几间生活用房。寺庙现存道光、同治年间石碑各一通。寺庙整体规模不大，但很紧凑，有几位尼师和几位女居士在此过着修行生活。该寺始建年代不详，但根据碑文内容推算，不会晚于明代，20 世纪 90 年代重修。现存道光、同治碑各一。近年新修功德碑四块。

蒿坪寺现由几位尼师常住，还有当地信佛的老年妇女常在此与她们一起生活，经过多年的化缘募捐，她们竟然修起了一座雄伟壮观的圆通宝殿。

图43 蒿坪寺大殿

（四）菩萨大殿

从蒿坪寺步行上山十多公里，就到达“菩萨大殿”，这是当地比较有名，且香火比较旺盛的一处佛教寺庙。菩萨大殿在太白山北坡海拔 2279 米处，现存大小庙房八间，建筑面积两千多平方米，民国 29 年的石碑三块，新塑佛像十多尊，属佛教活动场所，保存较好。

据《眉县志》记载，眉县曾有一座洪武寺，曾是眉县最大的佛教道场，是菩萨大殿的上院，该寺现已毁坏无存，遗址就在现在的洪寺中学。当地人传说，明太祖朱元璋在眉县行军打仗时得到观音菩萨的显圣护佑，故其当皇帝后专门

图44 菩萨大殿

图45　民国时期石碑

下旨修建了菩萨大殿。这种说法虽只是一种民间传说，有牵强附会之嫌，但其中也包含了菩萨大殿可能修建于明代的信息，原存康熙年间的重修菩萨大殿石碑碑文的内容也完全印证了这个情况。菩萨大殿在民国22年经历了一次重修。时任国民政府监察院长于右任和陕西省省长邵力子等人于8月登临太白山，行至菩萨大殿，于右任先生书写了“扶孤启家”匾额赠送给寺院，时任陕西省长的邵力子还为正在修葺的菩萨大殿捐俸银圆陆佰。重修菩萨大殿暨续定山界记：“太白山秦中第一仙境，钟五岳之灵，兴云施雨，泽润生民，御大旱而捍大灾，时忽阴而天忽情，具终南山之真脉，持清徐之清气，山高二百余里，横向八百之遥，真仙居之地也。但路途遥，申道无歇宿之处，每逢神会，香客多阻于地。为终南山要道，休息之站口。青山屏列，曲水抢流，修庙宇，盖造住房，以免四方香客蒙犯霜露（此碑仍立大殿）。”由此可知，菩萨大殿距离上下寺庙二十多公里，是朝山游客重要的中转歇息之处。

菩萨大殿现已无常住僧人，由当地的居士团体管理和维持，和其他庙宇道观的冷清衰败相比，这里就显得繁盛多了，院子里大概有十多个人前前后后地忙碌着，还有两位女居士专门为我们做了一顿饭。院中现有殿堂三座，其中一座是大雄宝殿，另一座是观音菩萨殿，还有一座是华严三圣殿。

（五）中山寺

中山寺位于太白山北坡海拔1360米处，有庙房十五间，砖木结构，面积约五百平方米。据传该寺院始建于唐贞观年，寺中曾有一尊贞观四年

图46 石碑

的佛教菩萨像，石像系汉白玉雕琢，通高0.92米，头高0.32米，座高0.75米，肩宽0.39米，座长0.78米，座宽0.27米，半跏趺坐伏狮，头戴莲花冠，胸佩莲花缨络，腰系宽带，右手握带，左手放膝前，面容丰满慈祥，形象逼真，栩栩如生，是一尊文殊菩萨像，石像背后有“唐贞观四载玄奘□”字样，据此推断，中山寺的建造和玄奘有密切关系。该寺院多次毁后重建，清道光、光绪重修后又毁坏，重建于20世纪90年代，寺院整体保存较完整，现存清雍正四年重修碑一块，还有1993年所立重修碑一块。

中山寺现只有住持释戒辉常住，戒辉师父在当地佛教界比较有名，他现在已经80多岁了。我们调研时老和尚正重病卧床，整个卧房飘荡着浓浓的中药味道，房子里面的老和尚虚弱地躺在床上，眼睛盯着床头的吊瓶。由于老和尚没有徒弟在身边，由其侄子一家照顾，光景甚为凄凉。

图47 中山寺殿堂

（六）下白云观

从中山寺出发，沿山道继续前行，到达太白山北坡海拔1586米处，爬上一段陡坡，就是一块四五亩大小的平地，在周围树林的掩映中，有

图48　下白云道观遗址

一座院落，院落门前小路两边有菜地，地里种着各种蔬菜，一派生活景象，这里就是下白云观。道观院落面积约占一亩地，院内有大殿两间，前殿供玉皇大帝等五尊神像，后殿为太上殿，供奉三清等神像，有生活用房三间，均为土木结构。有铁磬一个，铭文记载其为全真派道士住持所铸，还有2012年重修宫观功德碑两块，这里未见有常住僧道，但有人定期打扫管理。

（七）上白云观

从下白云观继续前行数里路，到达北坡海拔1860米处，就是上白云观。上白云观没有院落，平地上有三开间殿堂一间，殿堂两边有生活用房

图49　上白云观

图50　全真龙门派铁磬

数间，在现存庙房三间，生活用房三间，土木结构，庙宇总面积约三百平方米，有2000年重修碑一块。据该碑记载，现建筑为20世纪80年代后期修。另有全真派弟子新铸铁磬一口。

推开大殿进去，大殿墙角地上被人挖了一个深坑，挖出来的土都是新的，似乎正在进行的挖掘因我们的打搅而中断了，挖土的铁锨和手套随意地扔在坑边，挖出来的泥土中有一些神像碎片，但周围没有一个人影，我们怀疑有人在这里挖掘什么秘密埋藏物，但因为要赶路，我们最终也只能不知就里地掩上殿门离开了。

（八）骆驼树

从上白云观出发，沿着山道继续前行数公里，到达北坡海拔2047米处，远远看见一棵百年大栎树横亘在山道上，其形状就像一只骆驼横卧，这里有庙宇一座，因该树形似骆驼，故该庙宇名为骆驼树庙。该庙宇重修于七十年前，现有庙房四间，土木结构。庙宇内无人看管，殿门紧锁，无法得知殿内所供为何方神圣。

（九）平安寺

从骆驼树出发，穿过红豆杉林带，到达太白山北坡2780米处，绕上一座山头，就是一片五六亩地大小的山坪，这里是平安寺的遗址。这里古寺的建筑遗存几乎了无踪影，仅存一座土墙蓝色铁皮顶的大殿，殿内既是供神的地方，也是管理人员住宿生活的地方。殿前屋檐下有一块刻有“太白山平安寺重修碑记”的石碑，据碑文称：“太白山平安寺始建至今一千三百余年，清光绪二十九年夏六月，张清等公好善之士募施重修，至

图51　平安寺遗址

今近百年之久。庙殿失修，房屋倾覆，圣像被移露天淋漓，朝山拜佛无处歇宿。于一九九四年由眉县齐镇南门村原理事会筹备，委托庙主李至长鸠工募匠，重建平安寺正殿三间，庙貌焕然一新，雄伟壮观。为使虔诚信士忠心敬佛之功德不致湮没，故立石以记之。”石碑上记载的“焕然一新，雄伟壮观”的大殿就是指眼前的这间犹如临时工棚的大房子，看来碑文中溢美之词往往与现实是有差距的，至少在这里是。

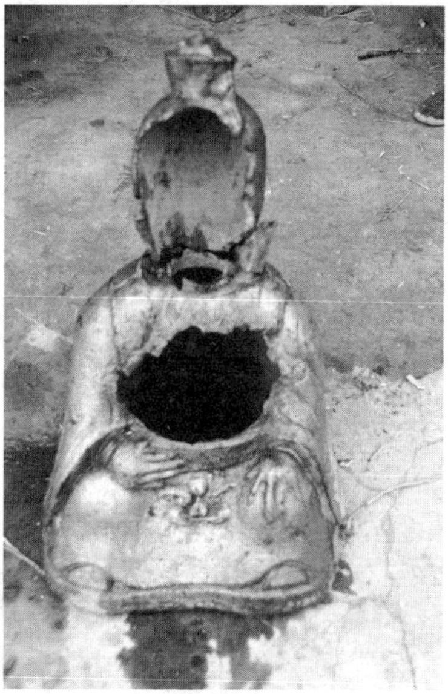

图52　平安寺的镀金铁像

看庙的是一位六十多岁的张姓老者，张老先生说他就是本地人，现在想在这里当道士，但道士证办了很长时间还没办下来，听说我们是“省上”来的，希望我们能关照一下这件事儿。听说我们是调研的，老者就从床下搬出来几尊破烂的铁筑神像和铁碑，其中一个铁神像的头已

图53 太白山平安寺的铁碑碎片

图54 平安寺遗址上发现的明心寺的铁磬

经被砸掉了，神像的背后有“水官”字样。刚开始以为铁像就是黑色的，为看清上面的字，用抹布擦了一下，铁像竟然露出金色来，最后才发现这个铁像是镀金的。我们又翻出了一个神像头部，按在铁像身子上刚好是一体的。把几块在院子角落捡来的铁碑碎片凑在一起，能看出来这是一个很大的铁碑，铁碑上刻着“太白山平安寺”等字样，但现在只能看到这样几块碎片。在院子里，看到一个盆状铁器埋在地上用来烧纸灰，外面只露出一圈圆边，我们挖出来洗掉粘在上面的泥土后才看清，这是一口铁磬，磬上的铭文为：“直隶天津县丛林创作太白山明心寺，胡至玉，宣统二年岁次京口孟夏吉日。”从这些铭文来看，这口铁磬原本属于明心寺，而且明星寺为直隶天津县的佛教丛林一个叫胡至玉的人所创立。该寺院现在称为“明星寺”是讹传，其原名为“明心寺”。

图55 调研人员在平安寺做饭

看庙老人善于种植，院子里栽种了各种蔬菜，菜畦陇行都很规整，各种菜都长势很好，他还喜欢摆弄电器，房子里有几个不同型号的发电机和交换机，到了晚上不仅有电灯，还帮我们解决了给手机和照相机充电的问题，但他不善于做饭，没洗过的锅碗瓢盆到处乱放。到达这里，天已经快黑了，离下一站还有四十多公里路，我们只能晚上在这里留宿。老人听我们说想做饭，非常高兴，跑前跑后地为我们提供各种蔬菜和面粉，说他不太会做饭，好长时间没吃到好吃的饭了。晚上休息后，这里就成了老鼠的乐园，向导老孙半夜被房顶打洞的老鼠抛了一脸土，他好几次起来赶老鼠。临晨五点多，老人起床煮了一大锅土豆，作为我们的早餐，山上种的土豆，还真是好吃。

（十）斗姆宫

从骆驼树继续前行，就逐渐进入了原始森林区，路也越来越难走，只能靠当地的向导在前引路。太白山不同高度分布不同树种的天然林带非常鲜明，脚下踩着多年积累的落叶，就像踩在地毯上，非常舒服，但爬山显得格外费劲。路两边的树皮被羚牛啃得伤痕累累。有些大石头上还有刺鼻的尿骚味，向导老孙说那是山豹的尿味。在原始森林中绕行二十多公里，就到达太白山北坡2840米处，道教庙宇斗姆宫就坐落在这里。从斗姆宫遗址来看，建筑占地面积约一千五百平方米，这里曾经有较大规模的建筑群，但现在除了一间小房还算完整外，其他殿堂均已坍塌，破败不堪。庙内一铁香炉上刻有“道光二十三年十二月吉日造”。庙旁边有李居士碑一块，道人墓一处。

有几位采药的人在废墟中休息，他们正在院中用自己便携式的天然气炉烧水做饭。攀谈中知道，他们就是眉县本地人，其中一位姓贾的中年男子是中医大夫，他的母亲得了重病，就专门到山上来采手掌参为母亲治病。太白山盛产名贵药材，其中手掌参最为有名。手掌参是一种名贵药材，因其形似人的手掌而得名，极其稀少。关于手掌参还有一个奇妙的传说。传说药王孙思邈想让人参在太白山生长，就在吉林长白山抓到了一个人参娃娃，用红线绳拴住了她的手腕牵往太白山，人参不愿离开长白山，一直挣扎，最后把手腕挣断跑掉，药王只能无奈地让人参手掌在太白山繁

图56 太白山独有的名贵药材手掌参

衍生长了。

贾大夫对我们非常友好，专门煮了一锅在太白山海拔三千米以上才有的一种云雾茶，他说自己原来一直很观照这座庙宇，前几年这里曾住过一位僧人，他还帮其维修过这里的房子，但后来那位僧人离开了，这里就越来越破败了。

（十一）明星寺

从斗姆宫出发，绕过很多山头，穿过很多山谷，有些地方的路只能手脚并用地往上攀爬。印象最深的是原始森林中的高山杜鹃林，杜鹃树都不大，最大的树干直径也就十多公分，但树木非常密集，好像被风吹过一

图57 太白山上的高山杜鹃林

样，整体性地斜向一方，几乎是一个挨着一个，树枝相互穿插缠绕，在小路两面形成了非常牢固的树墙，人和大型动物很难在其中穿行。

到达太白山北坡海拔2890米处，就是明星寺遗址。这里是一面高耸的山崖，山崖前面有一块两三亩大的坪地，山崖前现存破庙一间，土墙、瓦顶、木板门，庙位于一巨大石块下。根据我们在平安寺发现的铁磬可知，明星寺原名“明心寺”，是直隶天津县的佛教团体在这里创立的一座佛教寺院。在这里又发现了一个铁磬，上面铭文记载在“中华民国二十五年三月”这里进行了重修。由于当地人以讹传讹，这里现在被称为“明星寺”了。现在这里已经破败不堪，庙宇年久失修，屋顶已经穿了好几个大洞，屋内供奉神像的龛台上也没有神像，一片狼藉。

庙宇旁边的石崖下有一块天然凹进去四五米的石檐，石檐下形成了一块二三十平方米的空地，有人把庙宇的两扇门板卸下来放在地上当做临时床板。石崖旁边又有一石洞，石洞内有细细的山泉水流出。由于明星寺距其他庙宇上下都有二十多公里，所以这里就成了上下山休息休整的中转站，游客走到这里如果时间不早的话，也只能在这里歇脚过夜。由于庙宇内环境极其脏乱无法使用，所以很多游客就会在石檐下休息，

图58　明星寺遗址

从地上大量的灰烬和很多丢弃的燃气罐等垃圾可以看出，曾有不少人在这里休整过夜。

（十二）放羊寺

从明星寺出发到放羊寺，全程大概四十公里，穿行在原始森林中，路也越来越陡，越来越窄，行走了数十里，只碰到了一两个采药的人。向导老孙的放音机一直在唱歌，放音机中的流行歌曲飘荡在荒凉寂静的太白山上。疲惫不堪的我们问老孙哪来那么大兴致，他说是给山上的野兽听的，开始以为他在开玩笑，后来他说野兽听到声音就提早躲开了，免得与我们狭路相逢，我们不约而同地说，那就把声音开得再大点。

到达太白山北坡海拔3060米处，在几座山头相会处有一块一亩地大小的平地，地势开阔，周围山头深谷尽收眼底，这里就是放羊寺的遗址，据当地人说原庙内有一石羊，20世纪90年代被毁。遗址上现仅有一间临时搭建的草棚，棚内供有太白神位，有烧香的痕迹。

图59 调研组与采药人相遇，互相打量

图60　牧羊寺遗址

放羊寺又名芳香寺，在当地方志中记载比较多，但当地人更习惯称为放羊寺。当地人对放羊寺名字的来历还有一种很好的解释，因为太白山顶很多建筑大量地使用铁瓦，山高路窄，靠人力很难把铁瓦运送到山顶。后来当地人就想了一个办法，在放羊寺这里养了很多羊，每天早晨给每只羊身上绑两片铁瓦，牧羊人赶着驮着铁瓦的羊群，一边放牧，一边向山上进发，瓦片运送到目的地后，又赶着羊群返回放羊寺，因此这座寺院后来就叫放羊寺。

从放羊寺继续上山，经过二十多公里的山路跋涉，最后到达大文公庙，在这里西线与东线会合。与东线和中线相比，西线沿途佛教的寺庙更多一些，据说以前这条线也是上太白山的一条主线，但近几十年来东线公路的开辟，使中线和西线的行人越来越少，这条路线也越来越缺乏维护，很多路径几乎被荒草湮没了。

六　结语

在这次调研过程中，给笔者感受最深刻的是以下几个方面：首先，太白山现在虽然是以自然风光奇特而著称，但在调研过程中，蕴含于其中的宗教历史文化遗存积淀之深厚远远超出了笔者的想象。不管是在常年冰封雪裹的高山，还是丛林遮蔽的深谷，不时能看到宗教文化遗址，这种场景使人不得不惊叹古人在精神层面追求的不懈努力。其次，太白山上大量的铁铸神器为全国所罕见，太白山是一座遍地都是石材的石山，当地也并非钢铁产地，但太白山上庙宇的各种宗教器物大多用生铁铸成。在本次调研过程中我们了解到，太白山上曾经存有各种铁像、铁碑、铁磬等一千多件，很多庙宇屋顶上都覆盖铁瓦、铁脊，这是一个值得我们进一步深入研究的有趣现象。再次，当地人们对太白山的神圣感依然存在，我们调研，得到了当地很多热心人的帮助。在调研途中，我们曾经遇到一家人带着七十多岁的老奶奶和六七岁的孙子朝山的情景。

这次调研前后历时数月，行程数百公里，其中步行的山路有三百多公里，这一过程虽充满了艰辛，但所见所闻还是让我们的心灵受到很大的震撼和冲击，在这有限的篇幅内，只能对这次调研过程中形成的笔记略作整理后，择其要奉献给读者。

The Survey Notes of Religious Culture about North Taibai Mountain

Li Jiwu

Abstract: Mountain Taibai , located in the middle of Guan Zhong region in Shaan Xi province, which acrossing the Taibai, Mei and Zhouzhi three counties , where is the main peak of the Qin Ling mountains exist. There is an peak named Ba Xian Tai having an altitude of 3767.2 meters, which is the first peak in the east of the Qinghai plateau in China. Taibai mountain is not only having beautiful and steep natural scenery, but a sacred place with very thick religious and historical culture accumulation since the ancient times The key religious culture of Taibai mountains is mainly the white god faith, Taoist culture, Buddhist culture, etc. There are about one hundred variety of religious culture heritage, mainly distribut in plains near the north of Taibai mountains and three worship trunk roads. This article is the data compilation of religious culture resources of the Taibai mountains , it is also the real record about what we have saw and heard in our field survey.

Keywords: Mountain Taibai; Religious Culture; Survey Notes

（责任编辑：杨航）

民国作家笔下的西安城市影像与文化生活

刘　宁*

摘　要　文学的描写总能展现出一种对城市文化和生活的新想象。民国作家笔下的西安城市影像和文化生活，是对这座古老都市现代化转型以来的第一个阶段的呈现。从王独清笔下的西安起义和城市新文化空间创建，到康有为“盗经”、鲁迅“阅市”在西安城市的文化生活；从张恨水的西京社会生活书写，到林语堂、茅盾等作家的西安都市生活描摹，长期以来被遮蔽的20世纪上半叶西安都市影像和文化生活被廓清，而这正是西安都市现代性的种种表征。

关键词　民国作家　西安　现代性　城市影像　文化生活

1900年以来，从慈禧太后、光绪帝驻跸西安，到1911年西安发生支援武昌起义的反正事件；从1926年西安围城之役，到1930年代以来西安成为国民政府陪都和沟通延安的中转站，民国西安的复杂、多样性理应吸引着更多学人的深入研究。然而，长期以来这个时期的西安城市面貌、社会生活，以及文化活动却很少为人关注。鉴于此，本文拟以民国几位重要作家为中心，勾勒出西安这座古老城市在现代转型期间的身影，并书写下这些

---

* 刘宁，陕西省社会科学院文学艺术研究所，陕西师范大学西北历史环境开发与经济社会发展研究院博士后流动站。基金项目：中国博士后第52批科学研究面上资助项目：“文学视域中的西安城市研究：1900～1949”，项目编号：2012M521736。

作家在这座城市所从事的丰富的城市文化活动。

一 王独清笔下的西安起义与城市新文化空间

王独清乃创造社早期诗人，陕西蒲城人，赴法留学之前，曾随其父居住在西安。《长安城中的少年》记叙了他从1898年到1917年间，从一个接受传统经学教育的富家子弟转变为一位具有新知识、新思想的青年的过程，其间牵涉清末民初陕西政治风云变幻、上流社会瓦解、知识阶层和文化教育事业的现代化转型，因此，具有极高的史料价值。

作品描写的事件以发生在1911年支持武昌起义的西安反正为界限分为两部分。上半部分描写革命前夕，各种势力充斥着的西安，暗潮涌动。1900年八国联军攻打北京，慈禧携光绪帝仓皇逃至西安，在两宫驻跸西安的时候，修建了行宫，“那真是另外的一个世界。若根据我们现在的道理去想象时，那或者简直是不可能的事情，从北京逃难出来的清廷，并且还是逃到到处都有饿死的人的长安，而竟然能把那个住所建筑得那样的富丽，装修得那样的奢侈……真的，那儿是看不出甚么饥馑的大灾，甚至也看不出八国联军底破坏中国，那儿能看出的只是一个统治阶级底简单的享乐和踏在千万人以上的无限度的荒淫。”[①]作品里所讲的饥馑是发生在1898～1900年的陕西大灾荒。这场灾荒之严重，惊动了远在美国的各界民众。1901年，美国记者、探险家尼科尔斯被派遣前往西安“查赈”，在其著的《穿越神秘的陕西》里描述了这场饥荒形成的原因和惨状。从1898年春季到1901年5月，三年时间，陕西省72县中有63个县滴雨未降，黄河、渭河断流，井水干枯，以致于社仓存粮耗尽，饥荒接踵而来。加之，陕西深处内陆，交通不便，要想得到东部省区的支助也是极为不易的，所以饥荒非常严重。1900年冬，关中各县至少有30万灾民拥向西安，求官府救

① 王独清：《长安城中的少年》，光明书局，1935，第28页。

济。而巡抚端方却担心会发生抢粮事件，不许灾民入城，以致灾民们被迫在城外斜坡上挖洞栖身。尼科尔斯在郊外就看到数以千计的灾民饿以待毙的情景，而进入城中却发现行宫里装饰华美，与灾民饥寒交迫的生活构成了鲜明的对比。王独清父亲是当时西安城内有名的士绅，生活于这样的家庭，王独清自然也曾跟随父亲去行宫参观过，了解到当时西安城内饥荒的情景。因此，他对统治者的奢华无度、不顾百姓死活的做法深感不满。

王父与西安城中的新派人物颇有来往，因此，王独清很早就知道了当时陕西著名的新式学堂——陕西高等学堂，一心想到里面去读书。陕西高等学堂是光绪二十八年（1902年）正月创办的，采用的是西式学制和部分东洋教习，是晚清“新政”带给陕西教育制度变革的重要产物。王独清父亲的一帮朋友很多都在学堂里面做事，他们表面上在办学，实际上却是些反对新式学校教育的守旧分子，因此，在他们的劝阻下王独清终与陕西高等学堂无缘，然而，王父却从当时一所名叫“公益书局”的新式书局里买了许多粗浅的科学书籍回来，并请高等学堂的朱先生来教导儿子，这便是王独清接受的最初西式教育。

那时候陕西高等学堂首批留日学生，在日本创办了《秦陇》《关陇》《夏声》等刊物，积极呼应国内的陕西反清斗争。《夏声》是当时同盟会陕西分会的机关报，通过同盟会在西安一所名叫“公益书局”的书店秘密出售。“在当时陕西革命运动中，这书店起着很大的作用：这不但是当时新文化的传播的地方，并且是陕西同盟会底机关和一般新人物的聚乐部。因为要特别的联络父亲书店中的经理人常常把由上海新到的书物送给我们看，到我们眼里的壬寅年的《新民丛刊》，那是一个东洋留学生寄放在书店里的仅有的一捆实物。”[①]在王独清眼中，公益书局的价值，其一，是革命者的俱乐部。公益书局是清光绪三十四年（1908年）由焦子静（《长安城中的少年》写做焦子警，根据《西安老街巷》以及《西安老街

① 王独清：《长安城中的少年》，光明书局，1935，第72~73页。

村》等多种资料确定此人应该叫做焦子静）和张拜云、吴宝珊三人合资在南院门开设的。“表面上是收购和销售各种故旧书籍、碑帖，往往能在这里买到名贵的古典著作，还兼卖文具、纸张，实际上是陕西同盟会秘密革命活动的据点。”[①]清末民初，陕西留日学生有30余人，焦子静、王子端为陕西革命先驱景勿幕在陕发展的同盟会员，为了积极开展革命活动，他们就秘密筹建了公益书局。后来书局引起了官方的注意，不能继续开办下去，焦子静便在南院门街路南的南院广场对面买了一所房子，开设书局并附设“公益印书馆”，并将书局的名字改为“含璋书局”，过了年余又改名为“西山书局”，秘密翻印革命刊物，以及上海商务印书馆和中华书局出的课本，代印其他书刊，出售文化用品。其二，公益书局是新文化传播的空间。在这里王独清接触到《新民丛报》。这份报纸是戊戌变法失败后，梁启超亡命日本时创办的，历时1902至1907年之间，本色即在思想，梁启超文章汪洋恣肆，情感丰沛，远比严复严谨的翻译更易让人喜爱和接受，尤其是对那时只知四书五经孔孟老庄的封建传统文化的青年来讲，更有吸引力。对王独清来讲，就是通过它，“我知道了欧洲地学术，欧洲地历史，欧洲地政治和时事，我知道中国只是一个有值得记载的史迹而现在却是贫弱到万分的国家，我更知道了要把中国弄好非学欧洲各国地样子不可。”[②]毋庸置疑，这些传播新思想的新式学堂和书局的出现，为1911年的西安反正培养和储备了大量的革命力量。

在清政府风雨飘摇之际，西安城内的革命党人反清活动非常频繁。王独清与父亲看到按察司的驿传房焦子警（此人应为焦子静，可能是王独清的笔误）和高等学堂里的学生，健本学堂的教员走进一家胡同，秘密召开会议。就在此际，长安城内的官僚财主们纷纷走向了穷途末路，与王家交好的戴家和张家都先后败落了。以张家为例，其富庶程度在西安城内是少有的。车房里有好几辆陕西有钱人所坐的漂亮轿车，马房里塞满了好马和

① 西安文史资料委员会编《西安老街巷》，陕西人民教育出版社，2006，第155页。
② 王独清：《长安城中的少年》，光明书局，1935，第60页。

骡子，房子占据了一条街的一半。每个主人都有一群老妈子和丫头伺候，每个主人都有一间皮箱堆得骇人的储藏衣裳的房间。最腐败的是，除了孙少爷，余者都吸食大烟。他们最讲究的那些烟盘子、烟灯、烟枪、烟斗都价格不菲，烟盘子里面摆放着一些不是用具，而是单作装饰的东西，水晶球、猫儿眼之类。然而，随着这家老太太的去世，家境败落。

而这一切正是革命前夕风潮涌动的前夜，它们将为1911年西安起义铺平道路。10月22日起义爆发，激战中满城被摧毁。满城是17世纪清朝政府征服全国之后，在西安城内修筑的专供满人居住的城池。旧址在西安城东北隅，顺治六年（1649年）筑成，里面驻扎了三万人左右，五千马甲，原城内东北隅内的汉族居民、商户被迫迁移满城以外的区域。1683年又在满城以南修筑“南城”作为其驻防城。南城与满城紧紧相连，不仅南城因位于满城之南而得名，而且从选址、规模等方面都体现了其为满城之附属和补充。《长安城中的少年》详尽地描述了这次西安反正事件前后的情形。令作者记忆至深的是起义爆发后，新军占领行宫，以农民为主组织起来的刀客和土匪队伍如大潮般涌动起来，象征着清廷政权的行宫被占领，衙门被焚烧，所有的街道成了刀客、土匪的领土，他们打开牢狱放出犯人，搜查公馆抢劫官僚财主的财物，巷战也在紧张地进行着。秦陇复汉军大都督由陕西首批官费留日返陕的张凤翙担任，起义中攻打满城的主力是以张云山为首的哥老会。作品里描绘的那种老百姓家中今天挂白旗、明天换红旗的现象，则是革命党与会党斗争的真实反映。西安反正在陕西的意义不仅在于有力地支持了武昌起义，也在于它使一切依附于封建政体的思想文化、意识形态失去了依附的根本，从而为陕西现代化教育开辟了道路。

为了发展西北现代化教育事业，民国元年张凤翙在西安创设了西北大学，但是对王独清而言，最重要的还是自己曾经求学的三秦公学。三秦公学成立于1912年4月28日，以理工和留学教育为主，“三秦公学底规模虽然赶不上西北大学，但是它内边也有许多部门，除了中学部而外还有高等英文班，留学预备科等等。在性质上说来，这是一个包括中学和大学预科的学校。”[①]主要发起人有刘鼎球、田种玉（蕴如）、宋向辰、焦子静等，著名的水利工程专家李仪祉曾任该校教务长兼德文、物理教员，渭南人严敬斋曾任教务长兼英文教员。在当时，虽然晚清的陕西高等大学堂、三原的宏道学堂，以及师范等各学堂均以引入西学为目的，但是它们当时引入的东洋教习充其量不过五六位，而留学生尚未归国，因此，实际上，陕西晚清时期所谓的新式教育与真正的现代教育尚有一定距离。而三秦公学的教员中懂西文与日文者竟占半数以上，仅在公学任上前后留日者就有10余位，还开创了以留日、留英、留德等留学预备教育为特色的办学模式，这就极大地提升了学校的西学水准。

近代中国城市文化是在政治权威与价值权威双重空缺的情况下发生的，绝大多数有革命意义的事件均发生在城里，尤其是民国元年之后，各式新学校蓬勃兴起，报纸、杂志、学术、政论骤起，不仅为城市知识分子提供了进行思想文化创造的广阔空间，而且，这些新式知识分子所从事的文化事业活动也带来了城市文化空间数量的剧增。从1905年科举废除之后，在西安以及其他城市，要想取得上层人物的身份就必须进入新式学校。无疑，王独清这一代知识分子是西安城内最早接受现代新理念的青年，他决然背叛了自己的封建家庭，倾心社会变革，并于其中扮演着最为激进的社会角色。

二　康有为的“盗经”与鲁迅的“阅市”

1923年维新派领袖康有为来到西安，这是康有为后期政治与学术生涯的一个重要缩影，也是他青壮年时期激扬政坛、倡导君主立宪活动的继续。而对西安这座城市而言，因为康有为“盗经”事件，民国历史上最早的《宋版碛砂藏经》横空出世，此可谓是佛学界的盛事，更是近代西安城市文化史上

① 王独清：《长安城中的少年》，光明书局，1935，第60页。

的大事。鉴于此，康有为在西安便有着极大的城市史价值和意义。

刘镇华邀请康有为来西安讲学，主要目的，一是想借“圣人”之口压制新文化与新思想，二是想利用康有为的影响缓解当时因为文庙朝孔而引起的反对教育厅长的风波。康有为到西安，受到了极高的礼遇，省长刘镇华亲率军政学绅商各界人士迎康有为于八仙庵。在西安期间，康有为四处演讲、题字、访古、寻幽。他演讲的内容无非是宣传孔教，这为本来就落后的西安平添了一份复古气息，因此，引起了许多西安进步人士的不满。除讲学之外，康有为遍游城内外的名胜古迹，四处赋诗。尤其是，到卧龙寺参观引发的“盗经”事件轰动全国，致使他声名狼藉地离开了西安。

卧龙寺在西安碑林的柏树林文昌门里，据说创建于隋时，初名福应禅寺，曾有唐代吴道子手绘的观音像，刻石立碑于寺内，因此也叫观音寺。据《类编长安志》里记载卧龙寺：“在本府草场街，宋龙泉院也。前三门乃汾州刘所塑，善神严毅，号为奇绝。”[①]宋时，一位名叫维果的和尚长卧寺中，时人称之为“卧龙”。庚子事变时，慈禧至西安，曾亲笔御书“慈云悲日”“三乘迭耀”匾额赐寺，还为山门书额“敕建十方卧龙禅寺”，当时西藏喇嘛、王公都千里迢迢送来各类贡品、佛像，其中佛像均诏令送卧龙寺供养，因此，卧龙寺迎来了它历史上极为辉煌的时期。康有为到寺里参观，见到寺中珍藏的《宋版碛砂藏经》似乎残缺不全，于是，就和主持僧定慧商量，想用北京内务府的三部佛藏，来换这部旧版残经。定慧没敢擅自作主，康有为却强行用车来装经卷，遭到陕西佛学界及社会各界的强烈抗议，连夜联名陕西省高等法院控告康有为盗经。佛教协会也派人登门质问康有为，许多学校组织学生截留康有为启程。一时间，舆论大哗，同声斥责康有为盗经行为（有关康有为是否真的“盗经”，尚需专门撰文述之，此处不再多论）。康有为因《宋版碛砂藏经》在西安闹得非常被动，却使陕西有一部宋元本《碛砂藏》的消息传遍全国，于是在1928

① 骆天骧：《类编长安志》，三秦出版社，2006，第133页。

年10月，陕西省教育厅便将存于卧龙寺的《碛砂藏》移交给省图保管。此后，成为陕西省图书馆的镇馆之宝。

宋版《碛砂藏》是著名的佛教典籍丛书，这部藏经在历史、艺术以及学术资料方面都具有极高的研究价值。它是南宋理宗时平江府碛砂（今江苏吴县）延圣禅院大藏经局开版雕印的。这部大藏经从宋理宗绍定四年（1231）开始刊印，到元至治二年（1322），才全部刊完，历时91年，堪称佛教史上的一项壮举。历经战乱，如今延圣禅院早已废弃，《碛砂藏》雕版在江南亦散失无存。所以1923年在陕西省卧龙、开元二寺收藏着数千卷《碛砂藏》的消息惊动国人。1931年朱庆澜等人发起影印《碛砂藏》，就是以陕西省图书馆所藏为底本，以北平松坡图书馆之思溪本、番禺叶恭绰之宋景定陆道源本、南海康有为之普宁本、福州涌泉寺之元亦黑迷本等补配，到1935年全书影印完毕。

就康有为在西安所发生的“盗经”风波来看，可能康有为最初是出于文物保护的念头，但是其刚愎、夸张的个性和做法引起了陕西人的反感，于是酿成了一场风波。考察当年这场公案，即使对康有为无好感的知情人，如马凌甫、刘安国均证明《大藏经》并未带走，《宋版碛砂藏经》现收藏在陕西省图书馆里，即是明证，包括康有为在西安期间还为陕西省图书馆题写了“兰台石渠”的匾额，这些都增益于近代西安城市文化建设。

继康有为到西安之后，1924年鲁迅先生应西北大学校长傅铜邀请也来到西安。他到西安的活动主要有三方面内容：一是讲学。1924年21日上午，开始演讲，讲题为《中国小说的历史的变迁》，29日全讲俱讫，共十二小时。30日下午，他又往讲武堂演讲约半小时。二是为写历史小说《杨贵妃》而作准备，来考察唐朝故都的遗物。1934年鲁迅致山本夫人的信中说：“五六年前，我为了想写关于唐朝的小说，特地到长安去了一次。”[①]鲁迅先生想写这部历史小说，他对唐明皇和杨贵妃的性格，以及

① 鲁迅：《鲁迅全集》（第十四卷），人民文学出版社，2005，第279页。

升堂的时代背景、地理、宫室、服饰、饮食、乐器等考证研究得很详细。另外，鲁迅赴西安讲学，还希望能搜集一些古代文物。鲁迅为了整理古籍碑帖，曾通过不少友人，尤其是在陕西工作的老友杨莘士那里得到《诸葛武侯祠唐碑》拓本，《大秦景教流行中国碑额》拓本、《陕西碑林目录》《颜鲁公象拓》《刘丑奴等造象拓》《石刻拓本》《梵汉合文经幢》《摩利支天等经》《田仅敬造象记》《夏侯纯陀造象记》《钳耳神猛造象记》《周天成造象》，以及唐塑印佛像和古泉、小铜器等。因此，在西安期间，鲁迅游碑林、孔庙、大小雁塔，看灞桥曲江，前后七次“阅市”，穷搜西安古碑。

西安街市距离西北大学最近，较繁华的为东大街，街西头有古刹开元寺。其余如钟楼北的北大街，鼓楼附近地区及南院门等，都是当时商业较为繁华的地区，尤以南院门为书局、旧书铺、古董店荟萃之所，所游不外为上街市。鲁迅还见识了几乎家家户户门上都贴有画幅或律诗，四幅或四首。鲁迅认为这正是“唐人的遗风”，理由是唐玄宗自己大造宫殿和私第，上行下效，其臣下也就效仿起来，以至于“竟务豪奢”，建筑物无一不雕梁画栋；此风扩而大之，蔓延到民间，房屋画图案也就成了风气。至于题壁，原是诗人用以彰显才华的手段，唐诗兴盛也就演变成了美的装饰。故此，体现在建筑上就是诗与画结合起来，成了一种风尚而遗留于后世了。

鲁迅到西安所作的第三件大事就是到易俗社看戏。易俗社是西安久负盛名的秦腔剧团，“中华民国元年，秦省军府创设修史局，以李桐轩为总纂，孙仁玉为修纂。二君于整理史稿之暇，研究改良社会；仁玉谓中国旧社会率由旧戏曲熔铸而成；拟组新曲社，编演新戏曲，改造旧社会。”[①]鲁迅先生在西安仅20天，就到易俗社看戏5场，《鲁迅日记》记载：7月1日晴。晚易俗社观剧，演《双锦衣》前本。17日昙。夜观《双锦衣》后

① 单演义：《鲁迅在西安》，西北大学出版社，2009，第75页。

本。18日昙。夜往易俗社观演《大孝传》全本。月甚朗。26日晴。晚王捷三邀赴易俗社观演《人月圆》。8月3日晴。刘省长在易俗社设宴演剧饯行。在鲁迅创作的三十余年里，还从来没有这样集中地、连续地观过戏剧。鲁迅先生对易俗社有好感，对秦腔应该喜爱有加，不然何故在西安近20天，看戏就5场。鲁迅还特意为易俗社赠送“古调独弹”的匾额，这是易俗社社史上最为光辉的一笔。“鲁迅先生以易俗社同仁，能于民元时即站在平民的立场，联合艺人，改良旧戏曲，推陈出新，征歌选舞，写世态，彰前贤，借娱乐以陶情，假移风易俗，唱工艺精，编述宏富，因题‘古调独弹’，于褒扬之中，寓有规勉之意。”[①]

回京后，鲁迅写下《说胡须》：“想，陕西人费心劳力，备饭化钱，用汽车载，用船装，用骡车拉，用自行车装，请到长安去讲演，大约万料不到我是一个虽对于决无杀身之祸的小事情，也不肯直抒自己的意见，只会‘嗡，嗡，对啦’的罢。他们简直是受了骗了。”[②]显然，鲁迅对西安没有留下什么深刻的印象，因为“到那里一看，想不到连天空都不像唐朝的天空，费尽心机用幻想描绘的计划完全被打破了，至今一个字也未能写出。”[③]鲁迅对近世西安的失望是奠定在对汉唐盛世文化的向往基础之上的，他曾经在《看镜有感》里说：“遥想汉人多么闳放，新来的动植物，即毫不拘忌，来充装的花纹……汉唐虽然也有边患，但魄力究竟雄大，人民具有不至于为异族奴隶的自信心，或者竟毫未想到，凡取用外来事物的时候，就如将彼俘来一样，自由驱使，绝不介怀。”[④]从这个意义上讲，鲁迅对近世西安的看法，体现着在现代化思想的推动下而诞生的一种渴望民族强大、精神强盛的心理。因此，虽然鲁迅在西安时间非常短暂，但是对于西安城市现代文化的建构意义很重大。

---

① 单演义：《鲁迅在西安》，西北大学出版社，2009，第78页。
② 鲁迅：《鲁迅全集》（第一卷），人民文学出版社，2005，第185页。
③ 鲁迅：《鲁迅全集》（第十四卷），人民文学出版社，2005，第279页。
④ 鲁迅：《鲁迅全集》（第一卷），人民文学出版社，2005，第208页。

三 张恨水的西北考察与西安城市生活叙事

九一八事变爆发后，为抗日民生计，国民政府大力倡导开发大西北，以作为抗日救国之基地，故此，1934年5月张恨水携北华美专工友小李前往西北考察，游历近三个月，先后到达陕西、甘肃等地。随后，张恨水写出了《燕归来》《小西天》两部长篇小说和游记《西游小记》。这部游记是张恨水应上海中国旅行社《旅行杂志》主编赵君豪之邀请而撰写，连载于1934年9月至次年7月《旅行杂志》，不仅介绍了西安街市景观、旅馆、饭店，以及衣食住行，而且对城内外的名胜古迹都作了描述，显然成了西安城市的旅游手册。

与《西游小记》相辅相成的是张恨水的章回体小说《燕归来》，相比较于前者，《燕归来》描写更加细腻。张恨水首先描绘出一幅西安荒城饿殍图：城里的店铺十有八九关闭，到处是灾民，人们瘦得都只剩下一把骨头，躺在地上的时候，活像仪器馆里的骸骨标本，外面蒙上了一层蜡纸。民国十七八年，西安刚刚经过了1926年的围城之役，以刘镇华为首的反动军阀围城八个月之久，城内军民伤亡惨重，因此可以想象当张恨水到达西安之际，“这个古代的废都，却是满眼带了病色的黄土，很不容易看出一点汉唐遗迹了。”[①]不过，还是看到“汽车在街上转了两个弯子，到了大街上，这里的确是新的建设，是一条东方马路式的宽街道。中间，预备车马，两边是人行道，在人行道外，也栽了两行白杨，可是这马路并不曾用石子铺垫，还是黄土原质，所以汽车经过，像在城外一样，卷起很重的灰尘。两旁的店户，全是旧式的门面。有两三间将面墙起得高一点，开两个圆洞式的窗户，那就算洋房了。”[②]显然，1930年代的西安仍是落寞与荒凉的。

---

① 张恨水：《燕归来》，国际文化出版公司，2013，第181页。

② 张恨水：《燕归来》，国际文化出版公司，2013，第181页。

因此，作家即使在游碑林、买古帖，观赏大唐景教流行碑，看武家坡，唐时的曲江池，仍然摆脱不了一种黍离之悲。“在干沟的南岸，层层土坡向上，闪出一所白墙红檐的瓦屋。在土崖边一带，黄土短垣当了栏杆，配着两三棵白杨臭椿，都是很瘦小的。远远听到有一阵木鱼声，那可以证明，这正是一幢庙。”[①]然后，作家写着一群到西安的青年们吃水盆大肉、赏秦腔，在西安的夜市上游荡，“只见星光下黑沉沉地两排屋檐，一条直街，不见一星灯火。家家都紧闭着两扇大门，露出那店门外凸出来的土柜台，更显着这街上是分外的萧条。”[②]西安城市的萧条是显而易见的，作者用了很多这样的标题：第十七回“灞水长桥仰先民伟大 曲江荒草伤逝近代凋零”，第二十三回“荒冢成群见咸阳古道 流氓接踵过西北高原”，第二十四回“破屋寒窑餐黑馍白水 斜风细雨看荒草空城”。破败、凋零、荒芜，这些有关“颓废”的词语的使用更见西安凄凉了。

如果说《燕归来》是以散点透视的形式，通过作品中的主人公寻亲旅程将西安城内的生活展现出来，那么张恨水的另一部章回体小说《小西天》则是以定点透视的方式将西安城内上层阶级与底层老百姓的日常生活，通过对比的方式描述出来。甘肃女子朱月英因为西北灾荒，被迫要卖给富商为妾，由此引发了一些居住在小西天宾馆的一群年轻人为其抱打不平的事件，由于官员的插手，从而阻止了这场悲剧。在这部小说中商人、穷工人、暗娼、官员、富太太、弱女子出入于小西天内，从而将西安城内的上层与下层的生活勾连起来。20世纪以来，西北人民生活状况非常贫乏，只要翻阅历年来中外人士到西北考察的报告就可以看到这一点。真所谓“天灾流行，民不聊生”，看张恨水《小西天》里描写的西安城里底层百姓的生活令人痛心不已。“仿佛这炕上中间的地方，铺了一张破烂的灰色毛毡子，靠墙角的所在，又是破木盆子，又是破藤篓子，里面一些乱七八糟的东西，全拥了出来。靠墙一路，有大小七八个瓦罐子，还带大小

① 张恨水：《燕归来》，国际文化出版公司，2013，第188页。

② 张恨水：《燕归来》，国际文化出版公司，2013，第234页。

十几个纸盒子，无非都是装香烟装肥皂的，可不料到他们家来，都成了陈设品了。”[①]西安老百姓吃饭相当简陋，“在他们许多人中间，有个大藤萝，里面装着拳头大的冷黑馍，箩边有只带了盖的木桶，盛了一桶水，看去纵然是热的，也不是煮开了的水，因为看到工人喝水，很随便地喝下去，并不像个烫嘴的样子呢。这里另有几十只瓦质的碗和一双筷子去。于是拿筷子的手，在箩里拿去一块黑馍，那瓦碗呢，却在桶里，舀了大半碗水。”[②]西安城中饮水只有西关里面一口井的水好，全城有钱人都是喝那里的水，而一般老百姓是喝不起的，小西天喝的水每个月就一百多块钱。据民国《西北导游》里写：“西京水有甜苦之分，甜水井仅西门有之，全市人民饮料多取购于西门，取价颇昂，且含泥汁，除西门外其余各井水均属苦汁，不能取饮。”[③]老百姓吃饭是一块黑馍，半碗冷水，所谓的菜是两只瓦碟子里，其中一个小碟子里盛些辣椒粉，用液体拌湿了，而富人们“只看那桌面上铺着雪白的桌布，银光的刀叉，高高的玻璃杯子，层层叠叠的，顺了桌沿摆着”[④]，阶层之间的差异甚大，底层老百姓的疾苦令人痛心疾首。

自清末以来，西安元气大伤，民国17年革命军北伐，又遭到围城之难，兵荒之后是天灾，因此，弄得老百姓的生活凋敝之极，张恨水的西京书写就展现出这样一副生动的社会画卷。于这幅画卷中，一方面包含了旧式文人访古记游的心理——怀古凭吊；另一方面还有一种近于现代人旅游的思想观念——察今。作者在《燕归来》中借人物之口说：“满清三百年，只有两个人在西北有点建设，一个是毕秋帆，一个是左宗棠。就是这两个人，一个谈点古董文学，一个带十几万湖南人来驻防，对人民的利益上，还没有多大好处。这么大的地方，一扔几百年，安的不成为沙

① 张恨水：《小西天》，中国文联出版社，2005，第41页。

② 张恨水：《小西天》，中国文联出版社，2005，第33~34页。

③ 胡时渊：《西北导游》第4章《西京之金融业与食宿》，《中国西北文献丛书·西北民俗文献》（第十一卷），第127册，兰州古籍书店，1990。

④ 张恨水：《小西天》，中国文联出版社，2005，第97页。

漠？”[①]同样这种思想在《小西天》里也呈现出来，第十四回的标题是：“别有悟心西人谈建设 不无遗憾寒土种相思”，作品里人物谈到泾惠渠修成，陕西石油开发，这些显然寄托着作家对西安重建的美好意愿。张恨水的这种心理可以用史学家顾颉刚在《西北考察日记》里所讲的话来表述：“当其登名山，渡大川，吊故城，搜残碑，沨沨乎其观，醰醰乎其味哉！然而农村之凋敝，人民之暗弱，刺于目而伤于心，恍若末日之将至。”[②]

四 林语堂、茅盾等作家西安之旅及文学书写

抗战后期，林语堂有过一次西部之行，之后写下了长篇小说《朱门》。这是一部以1930年代西安城市为主要背景，表现青年男女跨门第恋情的小说，其中牵涉新旧交替中的西安都市景观和生活画卷。都市生活本身就是时间、空间、文化等元素构成的一个宇宙。林语堂对中国本土城市的体验，其中一个重要因素来自域外，特别是经历过对欧美发达地区的游历之后而产生的，强烈的世界意识和同样强烈的民族感情，常常使得他滋生出中西文化比较的心理，竭力想呈现西安城市的现代化进程。在《朱门》里，他多次描写到西安火车站来来往往的生活场景。“陇海铁路兴建于清光绪二十一年，至二十六年，开封与洛阳间开始通车，是为汴洛线，全线仅长一百十五英里，民国五年东段延展至观音堂，全线长一千一百华里。……民国二十三年底，潼西段正式通车，而西京便有铁道可以直达海口连云港。”[③]随着火车通达西安，人们的生活有了变化。从陇海车上载出大量的当地出产的棉花和麦子，又从外省运进各种商品和物资。火车改变了西安城与外界的关系，加快了人们的生活方式。上等的舶来品，在火车没有到潼关，汽车不能到西安的时候，西安城里只有几家店里可以买得

① 张恨水：《小西天》，中国文联出版社，2005，第185页。
② 顾颉刚：《西北考察日记》，甘肃人民出版社，2002，第167页。
③ 倪锡英：《西京》，南京出版社，2012，第42~43页。

到，自从火车通到了潼关，公路通到了西安，形势就大变了。

小说总是通过丰富的日常生活细节来呈现作家的思想与情怀，林语堂在展现西安的现代化时也是借助衣食住行、文化娱乐活动。现居住在这座城里的军阀、士绅、太太们在西安最豪华的西京招待所里举办盛大的舞会。这个舞会没有“上海的子夜因无数的珠宝而闪闪发亮。夜生活的中心就在那巨大的灯火电焰处。印度手鼓的节拍，色欲的交响乐，上百个乐队的音乐声，曳步而舞，身体摇摆，休止符，欲望的浓烟——灯海里的鱼网，那就是欢乐，就是生活。快乐，杜松子酒，爵士乐。上海一切都是无拘束。伴舞女郎——一毛钱到一美元，她们亲亲热热，俄国的，中国的，日本的，朝鲜的，欧亚混血儿，有时还有其他的。”[①]“西安很少有这么显赫的聚会，所以城里也很少开舞会。”[②]因而，一旦举行舞会，重要官员和眷属，不论会不会跳舞，都被邀请了。女士们穿着优雅高贵的丝绸袍，年轻的女人梳着波浪式卷发，“这是西安正流行的发型，不过西安的潮流要比上海晚了两年。”[③]杜范林的侍妾春梅穿了件镶黑边的粉红色礼服出现在舞会上，而放置在平时，这些富人家的妻子小妾女儿们都喜欢穿旗袍，头发剪短烫卷，可谓摩登之至。就以春梅为例，原本是一个女佣，按照传统的着衣规矩，她只能穿长裤，不能穿裙子，但是由于得到杜范林的宠爱，地位逐渐上升，更由于时代的变迁，“二十世纪二十年代的现代女性突然换下短衣长裤，改穿旗袍了。”[④]在礼制严格的古代中国，服装也是一种身份的自我演示，从20世纪20年代至40年代末，旗袍风行了20多年，款式几经变化，领子的高低、袖子的短长、开衩的高矮，这些变化改变了中国妇女长期以来束胸裹臂的旧貌，把东方女性体态和曲线美充分展示出来。

---

① 〔美〕李欧梵：《上海摩登》，毛尖译，上海三联书店，2008，第27页。

② 林语堂：《朱门》，湖南文艺出版社，2012，第97 页。

③ 林语堂：《朱门》，湖南文艺出版社，2012，第97 页。

④ 林语堂：《朱门》，湖南文艺出版社，2012，第96页。

烫发是二三十年代全国重要的大都市普遍流行的时尚，几乎每所都市的摩登女性都是以大上海为模仿的对象，西安城里的摩登女子大多烫着头发，穿着高跟鞋，旗袍瘦瘦的拖平了脚背，很是摩登。少女则“穿了一件长过腹部的短衣，一条黑裙子，高吊在膝盖上，露出两只雪白的袜子裹着大腿。便是头上的头发，也是剪着平了后脑勺子”[①]。少妇的打扮是“她的上装是粉红色，外罩了青色薄呢短大衣。下面宝兰色的裙子，走的飘飘荡荡的，风韵十分的好。西安剪发的女子就不多，而她的头发呢，还是烫着弯弯曲曲的”[②]。然而，西安城里普通妇女的穿着基本上落后于南方，人们都想模仿东方人的生活，而对于穷人家的女孩子来讲，为了穿着摩登，很多都做了妓女。

都市的现代化生活似乎总是以女性引领风尚，而男士们的服饰也在悄然发生着变化，“杨主席很突出，饱受风霜的脸和身上的丝袍极不相称。那位满洲客则和其他年轻男士一样，穿着西式小礼服……稍微年轻的男士穿着蓝色中山装，很引人注目。”[③]在居家生活里，富裕家庭的小男孩穿着鲜红的长袍，留洋的祖仁则一身白麻中山装。林语堂笔下关于西安人的服饰描写细致入微，与30年代张恨水观察到的西安人着装比照来看：“西北人的衣服，都很朴实，男子有终身不穿绸缎的。近年来，年轻的女子，也慢慢染上东方人士奢华的习气，但是也不过穿人造丝织的衣料而已。”[④]人造丝是当时社会时兴的一种面料，只有富家女眷才有条件穿，据西人普实克的描述：西安城里“比较多的作坊里是生产带白花纹的蓝布，有些像日本农民穿的和服的料子。我们参观了一个这样的染坊，其工作程序是惊人的原始。花纹用某种白粉及豆子的提取物印在布上，于是就没有被蓝色染料染上。然后把布浸入热水，使沉积物溶解，在作坊前的绳

---

① 张恨水：《西游小记》，甘肃人民出版社，2002，第28页。
② 张恨水：《西游小记》，甘肃人民出版社，2002，第247页。
③ 林语堂：《朱门》，湖南文艺出版社，2012，第96~97页。
④ 张恨水：《西游小记》，甘肃人民出版社，2002，第56页。

子上晾干就完事了”[1]。所以说，普通平民家庭的妇女们根本是没有可能穿人造丝的，更别说烫发旗袍，她们基本上是缠足留发，脑后挽髻。于是，“在西安的街上你可以看到裹小脚的母亲和她们在学校念书、穿笔挺长裙、头发烫卷的女儿们同行。”[2]

1940年茅盾西行至西安，辗转间写下了《西京插曲》和《市场》两篇描写西安的记游作品。对于一个外来者，茅盾最先看到的是街市：“炸飞了瓦面，震倒了墙壁和门窗的房屋，还没有着手清除，瓦砾堆中杂着衣服和用具；有一堵巍然独峙的短垣，还挑着一枝晾衣的竹竿，一件粉红色的女内衫尚在临风招展，但主人的存亡，已不可知。”[3]“1938年10月下旬武汉和广州失陷后，日本人不加区别地空袭军事和居民的目标。与破坏军事设施和工厂相比，它们的目标更重在使民众在精神上垮掉，包括桂林、昆明和西安，都遭到了空袭。”[4]相比之下，重庆遭受空袭最为严重。1939～1941年轰炸了268次，城市大部分毁坏，成千上万的人死亡。旷日持久的战争迫使人们付出了惨重的代价，留下了痛苦而深刻的记忆。空袭中，茅盾在西安集市上看到，“测字摊的旁边，一溜儿排着几副熟食担子，那是些膳羊肉，瘟猪脏腑，锅块——但花卷儿却是雪白；它们是不远的更多的面摊和饭店的‘前卫’。……两面都是洋杂货的铺户，花布、牙刷、牙粉、肥皂、胭脂、雪花膏、鞋帽、手电筒……伙计们拿着鸡毛帚无聊的拍一下。有一块画得花花绿绿的招牌写着两行美术字：新法照相，西式镶牙。夹在两面对峙的店铺之中，就是书摊；一折八扣的武侠神怪小说和《曾文正公家书日记》、《曾左兵法》之类，并排放着，也有《牙牌神数》、《新达生篇》，甚至也有《麻将谱》。但‘嫖经’的确没有，未

---

① 〔捷克〕雅罗斯拉夫·普实克：《中国：我的姐妹》，丛林、陈平陵、李梅译，外语教学与研究出版社，2005，第397页。

② 林语堂：《朱门》，湖南文艺出版社，2012，第16页。

③ 茅盾：《西京插曲》，《茅盾散文速写集》（上），人民文学出版社，1980，第347页。

④ 费正清、费维恺编《剑桥中华民国史：1912—1949年下卷》，中国社会科学出版社，1994，第563页。

便捏造。……在这‘市场’的一角已有了‘实践’之区。那是一排十多个‘单位’，门前都有白布门帘，但并不垂下，门内是短短一条甬道有五六个房，也有门帘，这才是垂下的，有些姑娘们正在甬道上梳妆。”[①]这里是西安城的一个缩影，除了现代工厂，里面应有尽有，茅盾依次排列出民众市场的饮食、货物、书铺，以及娼妓等街市场景。战乱之中的都市破败沉寂，但仍有操人肉生意者穿插于此。民国西安娼妓事业的发达在全国都很闻名，最著名的是开元寺里的妓女们，那是陆建章督陕时留下的产物，抗战时期，国难中，仍不见减，不禁令人唏嘘不已。

在中共中央进驻陕北之后，西安就成为全国进步人士到延安去的中转站，1940年茅盾从新疆到延安，途经西安，“头天晚上敌机炸坏了发电厂，今天尚未修复，这一晚西安市没有电灯。这次空袭，西安的繁华街道落弹数枚，造成了伤亡和损失，更引起市民的惊慌。”[②]这天晚上，茅盾和家人在西安郊外躲避日本飞机的轰炸，之后到碑林游览了一番，回来路过民众市场，便顺便参观，看到了西安城内的娼妓、烟馆。民国西安城内几乎到处都有烟馆，妓女以开元寺的最为著名。据说是玄宗与胜光大师论佛恩德，乃令天下州府各置开元寺一所。民国时期的开元寺在东大街开元商场的位置，1914年陆建章督陕，他在开元寺周围的空地上，修建了许多简陋的小平房，开设妓院。西安市内的大烟泛滥，可从鲁彦的《西京印象记》里看到：作者前往同学家拜访，同学的父亲端出一副精致的烟具，请他吸食鸦片。这种以吸食鸦片作为待客之礼，就足以说明西安烟毒之泛滥。据当时人回忆：“一九二四年，西安的教育文化与社会一般的情形，实在是使一个新从美国留学归国的人不容易接受的。那时西北一带，吸鸦片烟的习惯极为普遍；拜会朋友，照例有鸦片烟接待。若客人拒绝吸烟，主人就认为是一种没有礼貌的行为，有一次我们两人(李济和蒋廷黻) 在晚饭后出门散步，到了一处古庙，庙内有一座荒废的戏台，谁也没想到在戏

---

① 茅盾：《茅盾散文速写集》，人民文学出版社，1980，第353页。

② 茅盾：《延安行》、《新文学史料》1985年第1期，第8页。

台上所见的，是三对并躺在一块儿抽鸦片的叫花子！这一景象在我们心中都留下了极深刻的印象。”[①]尤能反映西安烟毒泛滥的是报纸上登了一段荒唐的新闻，说是西安某寡妇，平日养着一只花猫，数日因事他去，留花猫在家，回家发现猫竟然奄奄一息，喂水、喂食都牙关紧闭，然而，寡妇烧起烟来解闷，几分钟后，猫儿活了起来，才知道它是闻烟味上了瘾。

上述作家除王独清外，余者皆为外省文人，他们在西安文化活动几乎无一例外都要览胜游赏，购买古帖，但是他们又从不同角度对民国西安的都市景象进行了自己的文化创造，无论是他们对西安都市宏观景观的描摹，还是对日常生活的展现，都表现出这座千年古都的现代化发展进程。显然，民国时期的西安与同期上海无法相提并论，它太古老了，以至于现代化转型太缓慢，但是通过革命，旧有的城市格局被打破，新兴的城市文化新空间涌现出来；通过现代化推进，代表着现代新都市生活的火车的开通，西安城里人们的生活日渐现代化，新式宾馆的建成保证了上层社会奢华生活，而这一切刚刚滋生出来的现代都市文明又在抗战后期日本的轰炸下被消解。于是，他们在表达对这座城市的感慨、矛盾心理之外，还更多地寄托着重建的心理。而他们一方面通过自己在西安的文化活动极大地丰富了近现代西安的城市文化；另一方面也通过自己的西安城市文学创作提升了这座都市的文化品位，于是，我们终于在这些零星甚至是片断的描写中看到千年古都现代化的过程。

① 李光谟、李济：《学术文化随笔》，中国青年出版社，2000，第369页。

Xi'an City Image and Cultural Life in the Republic of China Writers Works

Liu Ning

Abstract: The literature of description always shows people for a new imagination of urban culture and life. In the Republic of China Writers described Xi'an city's image and cultural life which was showed the first stage of this ancient city run to modernization. In this article, From Duqing Wang's work which was referred to Xi'an uprising and a new culture space built to Youwei Kang's "Stolen Buddhist Sutras" and Lu Xun's "Read City" in Xi'an city cultural life; From a writing filled with Xijing's social life by Henshui Zhang to Mao Dun as well as others of Xi'an city life description. It took a long time that has been obscured by the first half of the twentieth century, but these are precisely the various characterization of Xi'an urban modernity.

Keywords: the Republic of China writers; Xi'an; Modernization; City Image; Cultural Life

（责任编辑：吴南）

征稿启事

《质性社会学研究》2010年创办，由陕西省社会科学院社会学研究所、陕西省社会学会共同主办。随着办刊目标的逐步提高和内容的深化丰富，2014年起从内刊改版为《质性社会学研究》集刊，由社会科学文献出版社出版。本集刊注重理论反思与实践探索，提倡具有创新意识的研究尝试，欢迎社科各界专家学者及其相关专业研究生投稿。

1.本集刊为专业性学术集刊，重点刊登质性研究、质性社会学及其他学科（如人类学、民族学等）相关研究领域的学术论文、调研报告、书评等。

2.本集刊设有“刊首语”“专题研究”“理论视界”“田野印迹”“影像笔记”“质性圆桌”“札记•书评”“热点聚焦”等多个栏目，刊登不同文章体裁的学术作品。

“刊首语”刊载与质性社会学相关的前瞻性学科思考与概括性观点阐述；

“专题研究”栏目属于本集刊每期的重点内容，反映学科视角下当前社会的焦点、热点议题；

“理论视界”栏目刊登对质性研究、质性社会学及其他学科（人类学、社会工作等）相关研究领域的理论自觉与文化反思；

“田野印迹”栏目发表基于实地调查与参与观察基础上的一系列跨学科研究报告；

“影像笔记”栏目以“一张/一组照片”的形式展现相应的学术思考，并辅以文字解读，字数可长可短，重在言之有物；

“质性圆桌”栏目刊发“质性研究”领域的关注焦点问题、重点人物评介、历史回眸梳理等；

“札记·书评”栏目发表田野手记、学术随笔等，及评点社会科学领域有关著作，文章长短不限；

“热点聚焦”栏目登载质性研究视角下有关社会发展过程和阶段的关键性议题内容。

3.来稿一般以10000～15000字为宜。来稿请寄：陕西省社会科学院社会学研究所《质性社会学研究》集刊编辑部，地址：陕西省西安市含光南路177号，邮编：710065。或投至编辑部电子邮箱：zxshxyj@163.com。

4.本集刊评审稿件重在学术水平，来稿必须符合学术规范，凡采纳或引用他人成说，均须以页下注形式加以说明。

5.本集刊仅发表首发稿，恕不接受通过互联网或其他出版途径（如公开出版的刊物、集刊、论文集、专著等）以中文或任何其他语种发表过的文章。

6.来稿中应包含以下信息：①文章标题、中文摘要（不超过300字）、关键词；②文章英文题目、英文摘要（不超过200字）、英文关键词；③正文、页下注和参考文献；④作者姓名、单位、职称、学位、联系电话（手机）、电子邮箱、通讯地址和邮政编码。

7.本集刊所发文章均为作者本人的研究成果，不代表本集刊编辑部的意见。凡涉及国内外版权问题，均遵照《中华人民共和国著作权法》和有关国际法规执行。本集刊刊登的所有文章，未经授权，一律不得转载、摘发、翻译，一经发现，将追究法律责任。

8.本集刊编辑对来稿有修改和删改权，如不同意请注明。论文一经发表，版权即归本集刊编辑部所有。本集刊刊登的所有文章，均加入本集刊相关的网络信息系统。

9.请勿一稿多投或学术造假，如出现类似情况，一经核实确认，将采取严厉措施。因人力有限，本集刊概不退稿，投稿2个月未收到刊用通知者，请自行处理。来稿一经采用，即奉当期刊物两册。

10.同意在本集刊刊发文章，即视为作者同意上述约定。

《质性社会学研究》集刊编辑部

图书在版编目(CIP)数据

质性社会学研究. 2015年. 第1期: 总第2期 / 石英主编.
—北京: 社会科学文献出版社, 2015.12
ISBN 978-7-5097-8641-3

Ⅰ.①质… Ⅱ.①石… Ⅲ.①社会学—研究 Ⅳ.①C91

中国版本图书馆CIP数据核字(2015)第309892号

质性社会学研究 2015年第1期 总第2期

主　　编 / 石　英
副 主 编 / 尹小俊

出 版 人 / 谢寿光
项目统筹 / 陈　颖
责任编辑 / 陈　颖　陈晴钰

出　　版 / 社会科学文献出版社·皮书出版分社 (010) 59367127
地址: 北京市北三环中路甲29号院华龙大厦　邮编: 100029
网址: www.ssap.com.cn
发　　行 / 市场营销中心 (010) 59367081　59367089
读者服务中心 (010) 59367028
印　　装 / 三河市尚艺印装有限公司

规　　格 / 开　本: 787mm×1092mm　1/16
印　张: 16.25　字　数: 255千字
版　　次 / 2015年12月第1版　2015年12月第1次印刷
书　　号 / ISBN 978-7-5097-8641-3
定　　价 / 79.00元